本书系教育部人文社会科学研究规划基金项目（项目编号：13YJA790019）

新驱动与财政转型对接研究

范毅 著

知识产权出版社
全国百佳图书出版单位

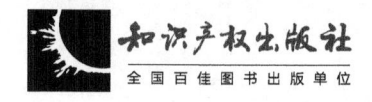

图书在版编目（CIP）数据

创新驱动县乡财政转型对接研究／范毅著．—北京：知识产权出版社，2019.9
ISBN 978-7-5130-6052-3

Ⅰ.①创… Ⅱ.①范… Ⅲ.①县—地方财政—研究—中国②乡镇—地方财政—研究—中国 Ⅳ.①F812.7

中国版本图书馆 CIP 数据核字（2019）第 171406 号

责任编辑：彭小华　　　　　　　　　　责任校对：潘凤越
封面设计：韩建文　　　　　　　　　　责任印制：孙婷婷

创新驱动县乡财政转型对接研究

范　毅　著

出版发行：	知识产权出版社 有限责任公司	网　　址：	http://www.ipph.cn
社　　址：	北京市海淀区气象路 50 号院	邮　　编：	100081
责编电话：	010-82000860 转 8115	责编邮箱：	huapxh@sina.com
发行电话：	010-82000860 转 8101/8102	发行传真：	010-82000893/82005070/82000270
印　　刷：	北京建宏印刷有限公司	经　　销：	各大网上书店、新华书店及相关专业书店
开　　本：	710mm×1000mm　1/16	印　　张：	17
版　　次：	2019 年 9 月第 1 版	印　　次：	2019 年 9 月第 1 次印刷
字　　数：	322 千字	定　　价：	78.00 元

ISBN 978-7-5130-6052-3

出版权专有　侵权必究
如有印装质量问题，本社负责调换。

学术创新的层次、视角、时势与思路
（代前言）

创新是学术研究的生命。如果说，学术研究项目申报中的选题论证是一个在理论和逻辑上力求理性、客观、严谨的学术创新过程，那么，学术研究项目申报通过后的调查研究过程，则更是一个力求在实践基础上不断向客观实际靠近的学术创新过程。在后一过程中，它不但在逻辑上应再现前一过程的创新思维，更应从实际出发，在研究实践中证实并超越前一过程的创新思维，即学术的再创新，以回应研究实践所出现的新情况和所提出的新问题。

本书是笔者2013年申报的教育部人文社会科学研究规划基金项目的最终研究成果。项目名称是"创新驱动县乡财政转型对接研究"，其实质是研究"乡财县管"财政体制改革的深化和完善。其总体思路，就是坚持在科学发展观的指导下，运用创新驱动县乡财政的转型对接，以克服"乡财县管"在推行阶段存在的问题和局限，促进"乡财县管"在下一阶段的深化和完善，并为"乡财县管"的终结即省以下分税制的实质性推进和贯彻奠定坚实的客观基础。

但随着2013年党的十八届三中全会的召开，《中共中央关于全面深化改革若干问题的决定》（以下简称《决定》）对财政和财税体制的全新定位；2014年中共中央政治局审议通过的《深化财税体制改革总体方案》对深化财税体制改革的全面布局；2016年《国务院关于推进中央与地方财政事权和支出责任划分改革的指导意见》及其阐释；2017年党的十九大对财税体制改革部署的深刻变化，使我们对本项目的研究内容、研究目标、研究层次、研究视角、研究思路及其方法等发生较大变化，并带着相关问题拟定提纲，分赴中东西部若干省、市、县、乡，重新深入调查研究，以求其最终成果尽可能多地汲取并体现党的十八届三中全会以来党中央国务院对全面深化财税体制改革的一系列重大认识、决策和部署的精神实质，导致本项目研究的最终成果推迟到2018年才完成并顺利结项。

然而，庆幸的是，研究项目的结项虽然推迟，但项目研究的全过程及项目研究的最终成果，却让我们经受了一次创新思维的实践熏陶，并体验到一次对学术创新实践的全新认识和全新思考。其体会主要有以下几点：

一、提升学术创新的层次

所谓提升学术创新的层次，并非对研究对象的层次加以变更，而是从更新的高度去认识和定位研究对象的层次，使对研究对象层次的认识和实践达到新的高度和深度。

就"财政"概念而言，在党的十八届三中全会之前，学术界对财政定位的代表性表述包括："财政是政府集中一部分社会资源用于生产或提供公共物品及服务，以满足社会公共需要的活动，可简称为政府的收支活动"[①]；"财政是一个经济范畴，是政府集中一部分国民收入用于满足公共需要的收支活动，可简称为以国家为主体的分配活动"[②]；"财政是国家为执行各种社会职能而参与社会产品分配的活动，其实质是国家在占有和支配一定份额的社会产品过程中与各方面发生的分配关系"[③]。

而中共十八届三中全会的《决定》在上述关于财政概念的传统表述基础上，赋予财政概念以全新的内涵，即"财政是国家治理的基础和重要支柱"。将"财政"概念的表述由"政府的收支活动"或"以国家为主体的分配活动"提升到"国家治理的基础和重要支柱"的高度和层次以定位。如此重大的变化，是前所未有的。[④]

"财政"概念既然定位于"国家治理的基础和重要支柱"，我们在本课题的研究中，也就可以顺理成章地认为，财政不但是国家治理的基础和重要支柱，也是乡村治理的基础和重要支柱。从国家治理的高度来认识和看待乡村治理，必然使我们对乡村治理的认识提升到国家治理的高度，即学术创新的层次由乡

[①] 高培勇主编：《财政学》，中国财政经济出版社2004年版，第15页。
[②] 陈共：《财政学》，中国人民大学出版社2012年版，第12页。
[③] 许毅，沈经农主编：《经济大辞典·财政卷》，上海辞书出版社1987年版，第1页。
[④] 高培勇："论国家治理现代化框架下的财政基础理论建设"，载《中国社会科学》2014年第12期，第103~104页。

村治理的层次提升到国家治理的层次。

二、转换学术创新的视角

学术创新的一个重要方面,就是坚持从不同的视角观察和认识客观事物,从而得出与众不同的观点和结论,这就是转换学术创新的视角,即所谓"横看成岭侧成峰,远近高低各不同"。

就"财税体制"而言,党的十八届三中全会以前,所谓财税体制,就是对用以规范政府收支及其运行的一系列制度安排的统称。财税体制的功能和作用,主要是通过处理政府与企业和居民之间的分配关系,以及处理不同级次政府之间的分配关系体现出来的。这种功能和作用,通常被概括为优化资源配置、调节收入分配和促进经济稳定①,或概括为"资源配置职能、收入分配职能、经济稳定和发展职能"② 等。由此,不难发现,上述对财税体制功能与作用的概括,主要是基于政府收支的视角,在关于政府收支活动的认识基础上得出来的。

而随着财政与国家治理体系相对接并获得全新的定位,中共十八届三中全会《决定》对财税体制的功能与作用也给出了新的阐释:"科学的财税体制是优化资源配置、维护市场统一、促进社会公平、实现国家长治久安的制度保障。"③

值得注意的是,由"优化资源配置、调节收入分配和促进经济稳定"到"优化资源配置、维护市场统一、促进社会公平、实现国家长治久安",绝非仅仅是功能与作用概括上的数量添加或项目整合,而是在充分认识财税体制功能与作用的基础上,从国家治理体系的总体角度对财税体制的全新定位。这是因为,如果把财税体制理解为政府收支领域的制度安排,那么,事关所有领域的总的制度安排,或者覆盖国家生活领域所有的制度安排,便是国家治理体系。因此,财税体制不仅是经济体制的重要内容,而且是国家治理体系的一个重要组成部分。

"财税体制"既然是国家治理体系的重要组成部分,那么,我们在本课题的研究中,也就可以顺理成章地认为,县乡财政体制也是国家治理体系的重要

---

① 高培勇等:《公共经济学》,中国社会科学出版社2007年版,第18~21页。
② 陈共:《财政学》,中国人民大学出版社2012年版,第25~30页。
③ "中共中央关于全面深化改革若干重大问题的决定",载《光明日报》2013年11月16日,第2版。

组成部分，而且是乡村治理体系的一个重要组成部分。创新驱动县乡财政体制改革，与乡村治理体系的健全、乡村治理机制的完善、乡村治理能力的增强息息相关。转换学术创新的视角，从国家治理体系或者乡村治理体系的视角来认识和看待县乡财政体制，必然使我们对县乡财政的创新驱动、转型对接的研究实践展现出全新的视野，产生出全新的认识。

三、顺应学术创新的时势

所谓时势，即客观事物发展的大的走向，或者说社会经济政治发展的大趋势、大潮流或大走向。顺应客观事物发展的大趋势或者说社会经济政治发展的大趋势，是学术创新的不二选择，亦即常说的与时俱进。《创新驱动县乡财政转型对接研究》这一项目的深入调查研究阶段，既是党的十八届三中全会以来党中央国务院对全面深化财税体制改革的一系列重大认识、决策和部署的陆续出台期，也是"四个全面"转型理论视野下深化财税体制改革的攻坚期，又是建立与国家治理现代化相匹配的现代财政制度的探索期，还是党的十九大对财税体制改革部署的深刻变化期。党的十九大明确指出，经过长期努力，中国特色社会主义进入了新时代，这是我国发展新的历史方位。而新时代的社会主要矛盾已经演变为"人民日益增长的美好生活需求和不平衡不充分的发展之间的矛盾"。

值得注意的是：人民对于美好生活的需求不仅体现在传统意义的物质文化层面，而且越来越多地体现在民主、法治、公平、正义、安全、环境等涉及制度安排和政策设计的层面。更值得注意的是：不平衡不充分的发展，既包括物质文化领域发展的不平衡不充分，也涵盖制度安排和政策设计领域的不平衡不充分。毫无疑问，财政制度和国家治理的现状也存在不平衡和不充分的问题，其中，包括县乡财政制度和乡村治理的现状同样存在不平衡和不充分的问题。正是这些问题的存在，才需要我们顺应时势，面对矛盾，创新驱动，在建立与国家治理相匹配的现代财政制度的过程中，建立起与其相适应的乡村治理体系和县乡财政体制。如果不能顺应社会主要矛盾演变和中国特色社会主义进入新时代这一大的时势，学术创新必然远离客观实际和正确理论的指导，不可能有所作为。这也是本课题研究之所以果断放弃原调查研究计划，从而根据时势变化重新拟定调查提纲，再次赴中东西部诸多省、市、县、乡深入调查研究的关键所在。

四、优化学术创新的思路

学术创新，贵在思考。项目研究，贵在思路。有没有一个好的思路，往往是一个学术研究项目得失成败的关键所在。但好的思路并非远离实践的空想和臆测，而是建立在实践基础上理性思考即创新性思考的结果。不同的思路，决定学术研究的不同水平及其建树。然而，学术研究项目的思路即学术创新的思路也不是一成不变的，它既要随着实践及其认识的变化而变化，还要善于根据实践变化不断地加以优化，以使其不断地成熟和完善。

《创新驱动县乡财政转型对接研究》这一项目，我们在申报时的思路，受当时学术界主流观点的影响和束缚较大，认为中国县乡财政困难"主要源于制度缺陷"，其体制上的原因，在于现行中国五级政府（中央、省、市、县、乡）五级财政框架下，省级以下财政事权重心下移而财权、财力重心上移，实际上始终没有进入真正的分税制状态而演化成了弊端明显的分成制。其对策思路，应是在坚持 1994 年改革基本制度成果的基础上，推行减少省以下财政层级的扁平化改革，按照中央、省、县三级财政的架构来优化政府间的事权划分，才能像世界主要国家一样，合理明确设定与各级事权相对应的财权，在省以下实质性地推进和贯彻分税制，并最终推进我国的分税制走向完善。而要实现这一目标，关键是实行"省直管县"和"乡财县管"。

受上述观点的影响，我们申报中的研究思路始终局限和束缚于"乡财县管"为核心的县乡财政体制改革的框架之中。认为，以"乡财县管"为核心的财政体制改革，既是一个由推行阶段到完善阶段再到终结阶段的不断发展过程，又是一个由政策创新到机制创新再到体制创新的不断创新过程。目前，由于"乡财县管"以监管为主的推行阶段已基本结束，而以服务为主的终结阶段因条件不具备尚未来临。因此，本课题的研究必然从监管为主向服务为主的转型入手，即从"乡财县管"深化完善阶段的监管为主向服务为主转型、监管与服务有机结合的契合点切入，通过创新驱动，让县乡财政在有效转型中实现良性对接，在良性对接中完成有效转型，建立起县乡财政转型对接的创新机制。对上，它可以进一步打开"乡财县管"终结阶段以服务为主的体制性创新的空间；对下，又可以与"乡财县管"推行阶段以监管为主的政策性创新形成很好的互动，从而综合起来形成政策、机制、体制三个层面协同创新的良性互动，从整体上推动"乡财县管"的深化完善和持续发展。

上述思路，应该说我们还是反复思考精心设计了的，并且在中期成果中具体展开进行了论述。

然而，面对新的时代、新的实践、新的理论和新的变化，我们深深意识到，上述思考仍是十分粗浅和不足，为了反映新的时代、新的实践、新的理论及其变化，上述思路必须优化。

在艰苦细致深入调查研究的基础上，本项目组认为，如何在习近平新时代中国特色社会主义思想的指导下，在"四个全面"转型理论的视野里，在深化财税体制改革、构建与国家治理体系和治理能力现代化相匹配的现代财政制度的过程中，紧紧抓住解决县乡财政困难的问题导向，创新驱动县乡财政体制改革，实现县乡基本财力保障机制的有效完善、乡财县管的有效转型与农村公共服务项目制供给有效对接的有机结合，走出一条既能从根本上解决县乡财政困难，又能稳步实现县乡基本公共服务均等化的县乡财政体制改革的创新之路，无疑是本项目研究的努力方向。

本书对创新驱动县乡财政转型对接问题的研究，遵循了县乡财政体制改革由缘起—应对—现状—反思到突破—调焦再到转型—挑战直至创新的层层递进的逻辑思路。

在这九章中，第一至四章（缘起—应对—现状—反思）主要是提出问题并进行反思。从1994年分税制改革到现在，县乡财政困难问题持续20余载，为此从中央到地方陆续出台了包括乡财县管在内的各种应对措施，其间困难程度时有缓解，上下波动不断。但为什么总体上始终没能从根本上缓解我国地方财政紧张，尤其是县乡财政困难、债务负担沉重的局面？事实上，中国县乡财政困难"主要源于制度缺陷"，"这是中国社会结构转型之中制度转型有效支持不足而积累的矛盾在基层政府理财层面上的反映"。看起来问题发生在县乡两级，实质上是内在于整个体制运行的，其制度性的财政体制才是县乡财政困难的更深层次的原因。而县乡财政困难的制度性成因主要是走了样、变了形的残缺的分税制、不完善的转移支付和政府间事权、财权和财力划分的不相匹配，以及省以下过度的分权分税。

第五至六章（突破—调焦）主要是阐述并分析党的十八届三中全会以来党中央国务院对深化财税体制改革的一系列重大认识、决策和部署，以及党的十九大对财税体制改革部署的深刻变化，从而为根本解决县乡财政困难、推动县乡财政体制在创新驱动中转型对接奠定坚实的理论依据和科学依据埋下伏笔。如果说，在深化财税体制改革方面，党的十八届三中全会《决定》突出的亮点是对"财政"和"财税体制"的全新定位，以及在此基础上提出的深化财税体制改革的新取向、新思路和新举措，其重点是在"三个制度"或三个举措上，即"改进预算管理制度，完善税收制度，建立事权和支出责任相适应的制度"。那么，党的十九大对财税体制改革部署的深刻变化则突出体现在：一是在党的十八届三中全会提出的"建立现代财政制度"前添加了前缀"加快"——"加快建立现代财政制度"。二是将党的十八届三中全会部署的三个方面财税体制改革的内容的排序作了调整：中央和地方财政关系改革跨越其他两方面改革，从尾端跃至首位，预算管理制度改革和税收改革则相应退居第二和第三。三是相比党的十八届三中全会关于财税体制改革内容相对完整而系统的近千字表述，党的十九大报告对于财税体制改革的画龙点睛式的表述，则仅78个字。上述三点所凸显出的变化，意义极其深刻。

第七至八章（转型—挑战）主要是阐述并分析：深化财税体制改革，建立现代财政制度，既是一次转型，又是一场挑战。说它是一次转型，是因为财政是国家治理的基础和重要支柱，财政治理现代化是国家治理现代化的重要内容，深化财税体制改革，建立现代财政制度的财政转型与财政治理现代化必然息息相关。在这一前提下，无论是大国财政转型的世界潮流，还是这一世界潮流下的中国财政转型，最终都要聚焦于"四个全面"转型理论视野下中国财税体制改革的全新思路，即从危机应对到长效治理；从单兵突进到全面深化；从技术缓解到制度建设；从"政策主导"到"法律主治"。

说它是一场挑战，是因为新一轮财税体制的改革和现代财税制度的建立，绝不是体制机制的修修补补，而是一场关系我国现代化事业和国家治理现代化的深刻变革，它既要借鉴西方现代财政制度变迁中的经验，又要避免中国传统财税体制改革中的弊端；它既是对现行财税体制和制度的继承与创新，又是适应国家治理现代化新形势，对财税体制等基础制度的系统性重构。因此，必然是一场牵一发而动全身的硬仗，必然是一场充满了困难、问题和矛盾的挑战。

县乡基层财政体制改革是国家层面财政体制改革的组成部分，国家层面的财政转型必然影响并决定着县乡基层的财政转型，国家层面建立现代财政制度的挑战也不可避免地影响到县乡财政体制的改革创新。

第九章（创新）主要是阐述作者对中央与地方财政事权和支出责任划分改革下的县乡财政体制改革，即创新驱动县乡财政转型对接研究的若干思考：一是县乡基本财力保障机制的有效完善；二是"乡财县管"的有效转型；三是农村公共服务项目制供给的有效对接（整合与协调）。

创新思路之一：县乡基本财力保障机制的有效完善。

在公共财政框架下，县级基本财力是指维护县乡政权机构正常运转，保证县乡政府履行公共职能和提供公共服务的财政支付能力，按照财力与事权相匹配的原则，形成的符合正常支付标准的县级基本财力需求。但长期以来，县乡基本财力保障机制并不合理。造成县乡财力保障机制不合理的原因很多，从财政体制分析，各级政府间的事权、财权与财力没有形成合理的匹配是主要原因。一般而言，事权、财权、财力三要素达到对称，才能使一级政府运转正常。但在分税制体制下，省以下各级政府的事权、财权、财力是确定的，事权、财权、财力的演变轨迹取决于各级政府间博弈的程度、方式和手段，县乡财政困难即是这种博弈的一种结果。从这个意义上说，合理界定或划分县乡财政的事权、财权和财力（事权和支出责任）是完善县乡基本财力保障机制的首要前提。与此同时，还要明确县乡基本财力保障的对象、范围和标准；努力培植财源，增强县级财政的自身保障能力；以公共服务均等化为目标设计转移支付体系；进一步完善县乡财力保障的激励机制；建立健全县乡财力保障机制的监督约束机制。

创新思路之二："乡财县管"的有效转型。

以"乡财县管"为核心的县乡财政体制改革，作为党和国家1994年分税制财政体制改革在"省以下实质性推进和贯彻"的重要举措之一，既"带有强烈的制度创新性质"，又"仍然带有强烈的过渡色彩"。目前，"乡财县管"的实践已进入深水区，其政策性创新的空间相当有限。因此，从更高的层面、更高的视角重新反思"乡财县管"的"过渡色彩"和"制度创新性质"，尤其是政策、机制和体制的协同创新、良性互动和有效转型，以实现对"乡财县管"全过程的完整把握和科学认识，值得引起高度重视。展开来说，以"乡财县管"为核心的县乡财政体制改革，是一个由推行阶段到深化阶段再到终结阶段的不断发展过程。相应地，也是一个由政策创新到机制创新再到体制创新的不断创新过程。对"乡财县管"财政体制改革全过程的科学认识和完整把握，仅有制度性创新中的政策性创新或体制性创新或机制性创新,都是不全面、不科学的。只有在"乡财县管"财政体制改革的各个阶段,尤其是"乡财县管"财政体制改革的全过程中,实行政策、机制和体制三个层面的协同创新和良性互动,"乡财县管"才能得到科学发展和持续发展。其具体思路,就是从"乡财县管"深化阶段的"监管为主"向"服务为主"的转型和对接入手,通过创新驱动,让县乡财政在有效转型中实现良性对接,在良性对接中完成有效转型,建立起县乡财政转型对接的创新机制。对上,它可以进一步打开"乡财县管"终结阶段以"服务为主"的体制性创新的空间;对下,又可以与"乡财县管"推行阶段以"监管为主"的政策性创新形成很好的互动,从而综合起来形成政策、机制、体制三个层面协同创新的良性互动,从整体上推动"乡财县管"的深化完善和持续发展。

创新思路之三:农村公共服务项目制供给的有效对接。

如果说,"监管为主"是"乡财县管"的最低价值取向,那么"服务为主"则是"乡财县管"的最高价值取向,也是现代公共财政的最高价值取向。这一价值取向,在现阶段的中国,体现为城乡基本公共服务的均等化,在现阶段的中国农村,则体现为县乡基本公共服务的均等化。而农村公共服务项目制供给,既是县乡基本公共服务均等化实现之前的现行供给模式,更是分税制改革以后政府推动农村公共服务有效整合与供给的主要方式。分税制改革 20 余年来,国家的汲取能力不断强化,中央政府的财力不断加强,地方政府在"分灶吃饭"的财政体制下财政支出日趋吃紧,央地之间的财权与事权关系日益不平衡。与此同时,中央政府试图以"项目"为载体的专项资金来调节央地之间财权与事权的不对称问题,以保障基本公共服务的有效供给。而现阶段我国农村基本公共服务主要依靠自上而下的项目来供给,上级政府设立项目,下级政府申请项目获得财政专项资金来提供公共服务。不仅如此,税费改革以后,乡镇政府失去了财力支撑,农村公共服务在很大程度上依靠自上而下的项目来维持供给,项目制也正是在这种背景下逐渐成为当前我国政府一种新的治理体制。从农村公共服务项目制供给的运作实践来看,项目是自上而下由各级政府部门负责管理,由各级政府进行统筹,项目制在很大程度上调动了各级政府及其部门的积极性,尤其是县(市)级政府及其部门的积极性,受到乡镇政府、村级组织和广大农民群众的欢迎和支持。因此,项目制在推动农村公共服务整合,实现农村公共服务有效供给方面发挥着积极作用。

但同时又不能不看到，现行农村公共服务项目制存在有程度不同的"碎片化"问题。一是政府之间、政府职能部门之间、政府与社会之间缺乏协作，导致公共服务供给过程中的资源浪费和效率低下；二是分税制改革和税费改革之后，基层组织之间的竞争使乡村公共服务供给成为其彰显政绩的重要途径。政府官员和乡村干部并非为了有效提供公共服务而去争取项目或筹集资金，在很大程度上是为了在与其他政府与乡村之间的竞争中获得优势才去争取项目资金；三是在当前以政绩为导向的官员考核机制下，乡村公共服务供给的碎片化不仅导致各自为政，还会使基层政府好大喜功、不切实际，盲目追求政绩导致乡村公共服务供给与村庄需求不符，对于有利于凸显政绩的项目盲目上马，对于有利于民生而不显政绩的项目则一拖再拖。

整体性治理理论是乡村公共服务供给"碎片化"治道变革的理论基础。整体性治理视角下农村公共服务项目制供给"碎片化"的破解之路是有效对接、有效整合与有效协调。

有效对接：农村公共服务项目制供给碎片化整体性治理的必要前提。首先要做到有序对接。所谓有序对接，即按层级有序对接。县（市）级政府和部门应就项目运作的基本要求和相关程序首先与乡镇政府对接，然后由乡镇政府就项目运作的相关要求与村庄进行对接。其次要做到有机对接，即"以县为主"的统筹对接，县（市）级政府在有序对接的基础上，将县（市）级政府部门之间的横向对接与县、乡、村三级政府与组织的纵向对接，按一定原则结合为一个有机的整体，以指导、安排和统筹全县乡村公共服务的项目运作。最后要做到有效对接。有效对接的要义是有效。作为判断对接是否有效的标准，主要是看在项目运作中，县乡村三个行动主体间的信息是否对称，思路是否对接，自上而下的项目供给与自下而上的利益诉求是否对接。对上述问题肯定的回答就属于有效对接或良性对接，否则就属于无效对接或非良性对接。

有效整合：农村公共服务项目制供给碎片化整体性治理的核心内容。首先是项目的横向层级整合，即村庄之间的项目整合、乡镇之间的项目整合与县（市）级政府部门之间的项目整合。其次是项目的纵向层级整合。项目的纵向层级整合主要体现在乡镇政府层面，是指乡镇政府在县（市）级政府的宏观组织协调下，将自上而下的项目加以整合、细化和分类，并传递到村庄。再次是项目的统筹整合即县（市）级政府在项目横向整合与纵向整合的基础上，根据国家和上级政府在一段时期的中心工作，以及本级政府一定时期内经济社会发展的规划、战略、方案、思路和目标，将现有的相关项目进行更高层次、更高程度、更高水平、更大力度、更高目标上的合并和重组，即综合性整合或统筹整合，让统筹整合后的项目为县（市）的经济社会发展长期、持续地发挥作用。最后是项目的有效整合，有效整合的有效性判断标准，主要是看整合后的项目是否满足了村庄公共服务的需要；是否受到村民群众的好评；是否发挥出它应有的公共服务的效能等。如回答是肯定的或基本肯定的，则该项目整合就是有效整合，否则就是无效整合。

有效协调：农村公共服务项目制供给碎片化整体性治理的关键环节。首先，协调是纵向层级间的协调。主要是指县（市）级政府对乡镇之间为项目竞争而产生矛盾、分歧的协调以及乡镇政府对村庄之间为项目实施而产生矛盾、分歧和冲突的协调。就乡镇政府之间的协调而言，县（市）级政府起主导作用，成为项目协调中的主角。就村庄之间的项目实施而产生矛盾的协调而言，乡镇政府起主导作用，成为协调村庄之间矛盾的主角。其次，协调是横向部门间的协调。分工过细就会凸显职能部门之间的"缝隙"而导致相互之间的推诿扯皮以及职责不清。如何解决科层制体系中分工过细导致政府职能部门之间职责不清、推诿扯皮而造成的农村公共服务项目制供给碎片化问题，就需要发挥县（市）级政府的协调功能。因此县（市）级政府需协调各职能部门之间的关系，明确各部门的职责，在此基础上实现各部门之间关于农村公共服务供给项目的职能整合。再次，协调是项目的有效协调。有效协调的有效性判断标准，主要是看项目实施中的矛盾、纠纷和冲突是否已经化解；项目实施中的矛盾双方是否还存在纠纷或遗留性问题；经协调后的项目当事方事后是否发生上访等群体性事件；项目当事的乡镇各方或村庄各方是否在协调后的施工中和谐相处并圆满完成项目施工任务等。如果答案是正面肯定的或正面基本肯定的，则该项目协调就是有效协调，否则就是无效协调。

上述关于学术创新的几点认识和思考，可能比较粗浅，也可能还有很多不足之处，还望各位专家同行不吝指教。

可喜的是，关于县乡财政体制创新和乡村治理、乡村振兴等问题，党中央和国务院已引起高度重视。2018年5月31日，中共中央政治局召开会议，审议

《乡村振兴战略规划（2018—2022）》和《关于打赢脱贫攻坚战三年行动的指导意见》。会议指出，要按照产业兴旺、生态宜居、乡风文明、治理有效、生活富裕的总要求，建立健全城乡融合发展体制机制和政策体系，统筹推进农村经济建设、政治建设、文化建设、社会建设、生态文明建设和党的建设，加快推进乡村治理体系和治理能力现代化，加快推进农业农村现代化，走中国特色社会主义乡村振兴道路。规划中明确提出，要"健全现代乡村治理体系"，"建立健全党委领导、政府负责、社会协同、公众参与、法治保障的现代乡村社会治理体制"，"夯实乡村治理基础"。在县乡财政体制改革方面，提出要"明确县乡财政事权和支出责任划分，改进乡镇财政预算管理制度"。在城乡基本公共服务均等化方面，明确指出要"增加农村公共服务供给"，"逐步建立健全全民覆盖、普惠共享、城乡一体的基本公共服务体系，推进城乡基本公共服务均等化"。

2019年1月3日，《中共中央国务院关于坚持农业农村优先发展做好"三农"工作的若干意见》（2019年中央一号文件）更进一步提出，要"完善乡村治理机制"，"增强乡村治理能力"，"建立健全党组织领导的自治、法治、德治相结合的领导体制和工作机制，发挥群众参与治理主体作用。开展乡村治理体系建设试点和乡村治理示范村镇创建"。"推进农村基层依法治理，建立健全公共法律服务体系"。要"坚持把农业农村作为财政优先保障领域和金融优先领域，公共财政更大力度向'三农'倾斜，县域新增贷款主要用于支持乡村振兴"。要"优先安排农村公共服务，推进城乡基本公共服务标准统一、制度并轨，实现从形式上的普惠向实质上的公平转变"。

我们坚信，在习近平新时代中国特色社会主义思想的指导下，通过贯彻落实党的十八届三中全会以来尤其是党的十九大以来的一系列重大认识、决策和部署，乡村治理、县乡财政体制改革、农村基本公共服务的均等化等问题，一定会在实践中发生极为深刻的变化，而学术界对其的认识和思考，也必将会上升到新的高度、新的水平和新的层次。

目 录
CONTENTS

第一章　缘起：县乡财政困难 ··· 1
  第一节　中国县乡财政困难的表现 ·· 1
    一、县乡财政收入大幅度减少，人均财力水平低下 ················· 1
    二、县乡收支缺口不断加大，财政自给能力逐渐降低 ············· 2
    三、财政供养人口居高不下，基层政府运转困难 ···················· 3
    四、公共基础设施和社会公共产品供给缺乏，公共服务成本不断上升 ·· 4
    五、县乡财政债务负担沉重，潜在风险显著加大 ···················· 5
  第二节　县乡财政困难的衡量标准 ·· 6
    一、闫坤在《中国县乡财政体制研究》中的评判指标体系 ········ 6
    二、刘尚希、傅志华在《缓解县乡财政困难的路径选择》中对县乡财政困难的评判指标体系 ·· 10
  第三节　县乡财政困难的区域非均衡性 ··································· 13
    一、县乡财政困难在财政自给率方面的区域非均衡 ··············· 13
    二、县乡财政困难在人均财力（财政）状况方面的区域非均衡 ··· 15
    三、县乡财政困难在政府债务方面的区域非均衡 ··················· 18
  第四节　县乡财政困难的科学界定 ·· 21

第二章　应对：乡财县管、省直管县及其他 ··································· 24
  第一节　乡财县管 ·· 24
    一、乡财县管的主要内容 ·· 24
    二、乡财县管的基本原则 ·· 25
    三、乡财县管的主要成就 ·· 26
  第二节　省直管县 ·· 26
    一、"省直管县"财政改革推进的动因 ································· 26

二、"省直管县"财政体制的内容 ·· 27
　　　三、省直管县财政体制的积极作用 ·· 29
　第三节　乡镇撤并 ·· 30
　　　一、"乡镇撤并"是我国应对县乡财政困难的又一举措 ················· 30
　　　二、我国"乡镇撤并"的由来与发展 ··· 30
　　　三、农村税费改革后"乡镇撤并"的新进展 ································· 31
　　　四、"乡镇撤并"的积极作用 ·· 32
　第四节　"三奖一补" ··· 33
　　　一、"三奖一补"的主要内容 ·· 33
　　　二、"三奖一补"的核心与力度 ··· 33
　　　三、"三奖一补"的积极作用 ·· 34

第三章　现状：县乡财政收支运行面临更加严峻的局面 ······················ 37
　第一节　县乡政府财政收入增速显著下降甚至负增长 ······················ 37
　　　一、中国经济发展已进入新常态阶段，即从高速转为中速
　　　　　发展的阶段 ··· 37
　　　二、增速回落在财政上的反映就是财政收入增速显著下降
　　　　　甚至负增长 ··· 38
　　　三、地方财政收入出现增速放缓和质量降低的双重趋势 ··············· 38
　第二节　县乡政府财政支出刚性和增长的压力日趋加大 ··················· 42
　　　一、地方支出范围不断扩大，财力需求持续"升温" ····················· 43
　　　二、专项转移支付挤压了地方财力，降低了地方财力的自主性 ····· 43
　　　三、县级基层政府财政自给压力加大 ·· 44
　第三节　县乡政府负债规模逐步扩大，偿债压力越来越大 ················ 45
　　　一、县乡政府负债的规模逐步扩大 ·· 45
　　　二、县乡政府负债的特点 ·· 47
　　　三、县乡政府偿债违约的风险凸显 ·· 49
　　　四、县乡政府债务主要形式 ··· 50

第四章　反思：为什么县乡财政困难问题持续20余载却始终未能
　　　　从根本上得到解决 ··· 52
　第一节　县乡财政困难的历史与社会成因
　　　　　——城乡二元结构 ··· 52
　　　一、中国的国家工业化与城乡二元结构 ····································· 52

二、城乡二元结构的概念、逻辑、特征、表现及其意义 …… 54
　　三、1978年以前的中国城乡二元结构 …………………… 56
　　四、1978年以来的中国城乡二元结构 …………………… 58
　第二节　县乡财政困难的政策性成因 ………………………… 62
　　一、农村税费改革——农民负担重与县乡财政困难的零和博弈 … 62
　　二、"乡财县管"改革存在有待解决的问题 ……………… 68
　　三、"省直管县"与"乡财县管"改革存在的值得理性思考的
　　　　问题 …………………………………………………… 69
　　四、"三奖一补"政策的局限 …………………………… 72
　　五、"乡镇撤并"缺乏实效 ……………………………… 73
　第三节　县乡财政困难的制度性成因 ………………………… 74
　　一、走了样、变了形的"残缺"的分税制 ……………… 75
　　二、转移支付制度不完善、不规范 ……………………… 76
　　三、政府间财权、财力和事权划分不相匹配 …………… 77

第五章　突破：十八届三中全会以来党中央国务院对深化财税体制
　　　　改革的一系列重大认识、决策和部署 ………………… 79
　第一节　十八届三中全会《决定》对财政与财税体制的全新定位 … 79
　　一、《决定》对"财政"的全新定位及其意义 …………… 80
　　二、《决定》对"财税体制"的全新定位及其意义 ……… 82
　第二节　十八届三中全会《决定》对深化财税体制改革的基本取向 … 83
　　一、为什么要深化财税体制改革 ………………………… 83
　　二、深化财税体制改革的新思路 ………………………… 84
　　三、深化财税体制改革的新举措 ………………………… 85
　　四、深化财税体制改革的目标 …………………………… 87
　第三节　中共中央政治局对深化财税体制改革的全面布局 …… 89
　　一、新一轮财税体制改革的路线图和时间表 …………… 89
　　二、新一轮财税体制改革的思路和原则 ………………… 90
　　三、预算改革瞄准"七项任务" ………………………… 90
　　四、"六大税种"引领税制改革 ………………………… 91
　　五、明确中央和地方事权与支出责任 …………………… 91
　第四节　国务院关于推进中央与地方财政事权和支出责任划分改革的
　　　　指导意见及其阐释 ……………………………………… 92
　　一、概念更新：从"事权"到"财政事权" …………… 92

二、问题导向：现行的中央与地方财政事权和支出责任划分还不同程度存在不清晰、不合理、不规范等问题 …………… 93

　　三、国家高度：突出党和国家、中央政府在事权划分中的支配地位 ………………………………………………………… 95

　　四、改革方向：加强中央财政事权；保障地方财政事权；减少并规范共同财政事权 ……………………………………… 96

第六章　调焦：十九大对财税体制改革部署的深刻变化 ………… 98
　第一节　十九大对下一步财税体制改革的战略部署意义极其深刻 …… 98
　第二节　加快建立现代财政制度，建立权责清晰、财力协调、区域均衡的中央和地方财政关系 ……………………………… 100
　第三节　建立全面规范透明、标准科学、约束有力的预算制度，全面实施绩效管理 …………………………………………… 102
　第四节　深化税收制度改革，健全地方税体系 ………………… 103

第七章　转型："四个全面"视野下的财税体制改革 …………… 105
　第一节　社会转型与国家治理现代化 …………………………… 105
　　一、转型与社会转型 ……………………………………………… 105
　　二、治理与国家治理现代化 ……………………………………… 112
　　三、法治与国家治理现代化 ……………………………………… 118
　第二节　大国财政转型的世界潮流 ……………………………… 122
　　一、构建现代税制体系 …………………………………………… 122
　　二、变革公共支出功能 …………………………………………… 123
　　三、建立现代预算制度 …………………………………………… 124
　　四、加强赤字与债务管理 ………………………………………… 124
　第三节　世界潮流下的中国财政转型及其面临的挑战 ………… 125
　　一、新阶段中国财政体制改革的主要目标 ……………………… 125
　　二、中国财政转型面临的主要挑战 ……………………………… 127
　　三、中国财政转型的理论支撑 …………………………………… 129
　第四节　"四个全面"转型理论视野下的中国财税体制改革 …… 136
　　一、从危机应对到长效治理 ……………………………………… 137
　　二、从单兵突进到全面深化 ……………………………………… 138
　　三、从技术缓解到制度建设 ……………………………………… 140
　　四、从"政策主导"到"法律主治" ……………………………… 141

第八章　挑战：建立与国家治理现代化相匹配的现代财政制度 …… 145
第一节　现代财政制度：基本原则与主要特征 …… 145
　　一、现代财政制度建立的基本原则 …… 145
　　二、现代财政制度的主要特征 …… 147
第二节　西方现代财政制度的变迁与中国现代财政制度建立的探索 …… 149
　　一、西方现代财政制度的变迁 …… 149
　　二、西方主要经济发达国家的现代财政制度 …… 152
　　三、中国现代财政制度建立的探索 …… 155
　　四、借鉴与启示 …… 159
第三节　国家治理现代化与现代财政制度 …… 161
　　一、深化财税体制改革是关系国家治理现代化的深刻变革 …… 161
　　二、新一轮财税体制改革的目标是建立与国家治理现代化相匹配的现代财政制度 …… 161
　　三、建立现代财政制度是对现行财税体制的继承与重构 …… 162
　　四、加快建立现代财政制度，既是中国特色社会主义进入新时代的必然要求，又是围绕下一步深化财税体制改革做出的战略部署 …… 163
第四节　建立与国家治理现代化相匹配的现代财政制度面临的挑战 …… 164
　　一、财政收支形势进入新常态，即财政收支矛盾呈现加剧趋势 …… 164
　　二、全口径预算管理的力度与国家治理现代化的要求不相适应 …… 165
　　三、财政收入结构尚不具备现代财政制度的特点 …… 167
　　四、中央与地方财政关系有待理顺 …… 169
　　五、社会主要矛盾的变化对国家治理现代化和现代财政制度提出了新要求 …… 170

第九章　创新：中央与地方财政事权和支出责任划分改革下的县乡财政体制改革及其思考 …… 173
第一节　创新在地方财政体制改革中的意义 …… 173
　　一、改革开放以来中国财税体制的变迁 …… 173
　　二、分税制下当今中国地方财政之本质 …… 175
　　三、新时代地方财政体制改革的转型 …… 179
　　四、创新在地方财政体制改革中的意义 …… 181
第二节　新时代地方财政体制改革全面深化的方法论意义 …… 185
　　一、党对改革的领导和人民群众主体作用相结合 …… 185

二、体制改革与依法治国相结合 …………………………………… 186
　　三、顶层设计和基层探索相结合 …………………………………… 187

第三节　完善县乡基本财力保障机制
　　　　——县乡财政体制改革创新思路之一 ………………………… 188
　　一、县乡基本财力保障机制及其现实难题 ………………………… 188
　　二、合理界定或划分地方各级政府的事权和支出责任是完善县乡
　　　　基本财力保障机制的首要前提 ………………………………… 190
　　三、明确县乡基本财力保障的对象范围和标准 …………………… 195
　　四、努力培植财源，增强县级财政的自身保障能力 ……………… 196
　　五、以公共服务均等化为目标设计转移支付体系 ………………… 196
　　六、进一步完善县乡财力保障的激励机制 ………………………… 198
　　七、建立健全县级财力保障机制的监督约束机制 ………………… 199
　　八、江苏省完善县乡基本财力保障机制的思路和实践 …………… 201

第四节　"乡财县管"的有效转型
　　　　——县乡财政体制改革创新思路之二 ………………………… 202
　　一、推行阶段以"监管为主"的政策性创新：成就与局限 ……… 203
　　二、终结阶段以"服务为主"的体制性创新：理想与现实 ……… 204
　　三、深化阶段"监管为主"向"服务为主"转型对接的机制性
　　　　创新：态势与思路 ……………………………………………… 206
　　四、从转型对接到协同创新 ………………………………………… 209

第五节　农村公共服务项目制供给的有效对接
　　　　——县乡财政体制改革创新思路之三 ………………………… 211
　　一、农村公共服务项目制供给的由来 ……………………………… 211
　　二、农村公共服务项目制供给的内涵及其本质 …………………… 214
　　三、农村公共服务项目制供给存在的条件及其运作 ……………… 218
　　四、农村公共服务项目制供给的实践意义 ………………………… 221
　　五、农村公共服务项目制供给存在的问题："碎片化" …………… 223
　　六、农村公共服务项目制供给的完善："整体性治理" …………… 230

参考文献 ……………………………………………………………………… 238

后　　记 ……………………………………………………………………… 248

第一章　缘起：县乡财政困难

深化财税体制改革，构建与国家治理体系和治理能力现代化相匹配的现代财政制度，是党的十八届三中全会《关于全面深化改革若干重大问题的决定》中的重要内容。地方财政体制的改革创新，是深化财税体制改革，建立现代财政制度的题中应有之义。而县乡财政体制改革创新，又是地方财政体制改革创新的重中之重。然而，要深入研究中国的县乡财政体制改革创新及其实践，就不能不从中国的县乡财政困难问题说起。

第一节　中国县乡财政困难的表现

县乡财政是国家财政体系的基础，是推动地方政治经济和社会发展的财力保障。在分税制改革之前的财政包干制下，县乡财政虽然也有过这样那样的困难，但并不严重，也没有大范围发生。县乡财政困难的大范围发生，始自1994年的分税制改革；2002年的农村税费改革和2005年的全面取消农业税，又使县乡财政困难问题雪上加霜，严重地影响到农村、农业和农民问题即"三农"问题的解决。这一阶段县乡财政困难的主要表现如下。

一、县乡财政收入大幅度减少，人均财力水平低下

县乡财政困难首先表现在财政收入大幅度减少。据统计，税费改革前，我国乡镇财政每年要从农民手中收取大约1200亿元，其中包括农业税、乡统筹、村提留和各种乱收费。税费改革后，要把乡统筹和村提留的600亿元和大约100亿元的行政性收费一律减免，乡镇每年要减少大约700亿元的收入。而国家对税费改革后乡村政府财力减少所给予弥补的转移支付却远不足以填补缺失，甚至可以说是杯水车薪。[1]有学者曾根据2004年至2005年湖南、重

---

[1] 范毅：《走向财政民主：化解乡村债务长效机制研究》，法律出版社2013年版，第32～33页。

庆和吉林的3省（市）12县和12个乡镇的调查资料，就税费改革前一年调查的乡镇的农民负担与税费改革当年的农民负担和转移支付进行了比较，发现被调查乡镇改革后的财力比改革前的财力有明显下降。下降的幅度各地不等，但除了个别乡镇外，其他乡镇的下降幅度在30%。实际上，该比较尚未计算那些不规范的乱摊派和乱收费，如果计算在内，下降的幅度则远远不止30%。①

县乡财政收入的大幅度减少，还意味着县乡无论是以常住人口还是以财政供养人口计算的人均财力，都处于较低水平。

2003年，我国2872个县级单位中，有974个县实际人均财力低于基本支出需求，约占县级单位数的1/3。其中，人均财力低于工资性支出的县有291个，占10%；人均财力低于工资性支出和公用经费之和的县有362个，占12.6%②。

根据2006年全国各级财政供养人员和财政支出规模测算，我国中央政府人均财力约33万元，省级政府人均财力约14万元，市级政府人均财力约14.3万元，县乡政府人均财力约4.2万元。县乡两级人均财力仅相当于省市的29%，中央的12.7%。③

据调查，海南省15个县级市，县人均占有财力330元，为全省市县平均水平448元的73.84%，财政供养人口人均占有财力23 002元，为全省市县平均水平31 277元的73.54%。就天津而言，天津市宝坻区，人口占全市的比重为6.4%，国内生产总值占全市4.2%，财政收入占全市1.1%，人均财政收入仅相当于全市平均水平的17.3%；汉沽区，人口占全市1.8%，国内生产总值占全市1.2%，财政收入占全市0.74%，人均财政收入仅相当于全市平均水平的40.8%。据统计，汉沽区与全市发展最快的西青区相比，2003年国内生产总值相差4.5倍，财政收入相差2.9倍，财政支出相差2.4倍。④

二、县乡收支缺口不断加大，财政自给能力逐渐降低

伴随着县乡财政收入的大幅度减少，县乡财政支出却迅速增加，一反一正之下，导致县乡财政收支缺口不断加大。如云南省，1998年全省县乡缺口91.8亿元，占财政支出的51.2%，到2004年缺口达244亿元，占财政支出的

---

① 周飞舟：" 从汲取型政权到'悬浮型'政权——税费改革对国家与农民关系之影响"，载《社会学研究》2006年第3期。
② 李萍主编：《中国政府间财政关系图解》，中国财政经济出版社2006年版，第174页。
③ 王恩奉：《县乡财政面临的问题及对策研究》，经济科学出版社2009年版，第18页。
④ 刘尚希，傅志华主编：《缓解县乡财政困难的路径选择》，中国财政经济出版社2006年版，第42~43页。

63.4%。又如山东全省与税费改革前相比，乡镇可用财力平均减少 20% 左右。其中山东省德州市 2004 年全市乡镇财政总收入为 6.24 亿元，乡镇支出为 11.22 亿元，收支缺口为 4.98 亿元。①

县乡财政收支缺口加大，必然导致县乡的财政自给能力逐渐降低。根据安徽省县乡财政 1994～2006 年的收支情况发现，农村税费改革后，安徽省县乡财政一般预算收入多年徘徊在 100 亿元左右，而支出总量却由 1994 年的 44.6 亿元上升到 2006 年的 457.3 亿元，13 年增加 9.3 倍；财政自给能力则由 1999 年的 78.8% 下降到 2006 年的 36.4%，7 年下降 42.4 个百分点，以致约 64% 的财政支出需要上级政府通过转移支付的方式予以解决。② 由于财政自给能力降低，财政平衡的责任便随之弱化，有些县乡只得依靠举债或者转移支付勉强维持。

三、财政供养人口居高不下，基层政府运转困难

财政供养人口增加迅速且居高不下，是县乡财政困难的重要方面。财政供养人口多，供养支出尤其是工资性支出成为县乡财政的主要支出，以致有人形象地称为"吃饭财政"。更令人头痛的是，许多县乡因财政困难连工资都发不出来。根据相关资料，2004 年全国财政供养人员和总人口的比例是 1∶28。以河北省为例，1995 年到 2003 年财政供养人员从 157 万人增加到 219 万人，8 年增加了 52 万人，相当于一个中等规模县的人口。"文革"时期，该省的财政供养人员所占比例是 1∶62，1995 年是 1∶42，2003 年是 1∶30。增加的人员主要集中在县乡两级，全省 219 万财政供养人员，县乡占 167 万。以安徽省为例，1991 年年底全省财政供养人口只有 121 万人，2003 年年底达 167.3 万人，比 1991 年增加了 46.3 万人。财政供养人口中，县级 92.4 万人，平均每个县财政供养人口 1.5 万人；乡镇 26 万人，平均每个乡镇财政供养人口 150 人。全省县乡财政供养人口占全省财政供养人口的 70% 以上。③

受可用财力的限制，"僧多"必然"粥少"。"粥少"，首先意味着低工资的执行标准，同时意味着低标准的工资还面临着少发、迟发、欠发甚至发不出来的危险。凡属财政困难的县乡，多数存在不同程度的欠发工资问题。如 2004 年，山西全省有 46 个县区发生赤字，全省县区可用财力的 60% 主要用于工资发放。截至 2002 年年底，县乡累计拖欠工资 408 亿元。从地区分布来看，拖欠

---

① 李一花：《中国县乡财政运行及解困研究》，社会科学文献出版社 2008 年版，第 135 页。
② 王恩奉：《县乡财政面临的问题及对策研究》，经济科学出版社 2009 年版，第 13 页。
③ 赵树凯：《乡镇治理与政府制度化》，商务印书馆 2010 年版，第 85～86 页。

集中在中西部地区。据统计，1999年和2000年，全国欠发工资县乡分别达到779个和797个，出现欠发工资的县涉及全国23个省（自治区、直辖市）。截至2002年年底，全国仍有11个省、100多个县（大部分为中西部地区）欠发工资，欠发额达17亿元之多。①

财政困难的县乡，由于工资的支出占了大头，公用经费严重不足，因此，很难保证政府的正常运转。据调查，内蒙古凉城县2004年人员支出占可用财力的72.8%，维持运转的公用经费每人每年500元。山西省平陆县公务费标准每人每年200元，原平县每人每年300元。有的县乡政府机关、办事机构由于没钱交水电费、电话费和支付差旅费、燃油费，导致被停水、断电的情况时有发生，公安、司法部门缺乏必要的办案经费，直接影响了正常的执法活动，导致了社会治安水平下降，影响了农村基层政府在人民群众心目当中的威信和农村基层政权的稳固。②

四、公共基础设施和社会公共产品供给缺乏，公共服务成本不断上升

我国县乡数量众多，其所管辖的居民人口占总人口的绝大部分。因此，在全国财政和地方财政支出中，县乡财政支出占据重要地位，直接影响到农村基础设施和社会公共产品的数量和质量。但从"一保工资、二要建设"的支出顺序看，大多数困难县乡的财力水平只能勉强保工资和机关运转，没有财力搞建设。农田水利、道路桥梁、排污管网等基础设施大都年久失修，县乡生产生活环境得不到治理，对教育、文化、科学、卫生等社会公共产品的投入欠账较多，行路难、上学难、看病就医难等问题长期得不到解决，各种公共服务成本不断上升。

根据世界银行的相关人员的调查，中国省级以下的地方政府（地区、县和乡/镇级）支出责任非常沉重，这与国际通行的做法有很大差异。在县和乡/镇级政府尤其如此。两级政府共同提供了大部分重要的公共服务，包括70%的教育预算支出，和55%~60%的医疗卫生支出。③ 例如，2004年，山西全省县区可用财力的60%主要用于工资发放，而教师工资又占县级工资总额的60%以上，教育支出已成为县级财政的沉重负担。全省不少贫困地区教育、教学环境较差，危房改造、基础设施建设由于资金不足而导致许多项目一拖再拖。由于

---

① 资料来源：《2003年中国财政年鉴》，中国财政杂志社2003年出版。
② 刘尚希，傅志华主编：《缓解县乡财政困难的路径选择》，中国财政经济出版社2006年版，第43页。
③ 黄佩华，迪帕克等：《中国：国家发展与地方财政》，中信出版社2003年版，第72页。

"普九"级危房改造使许多县负债累累。① 像山西这样的情况,在全国尤其中西部地区,可以说非常普遍。实际上目前全国义务教育投入中,乡镇财政负担78%左右,县财政负担约9%,省地财政负担约11%,而中央财政只负担2%左右。地方财政收入太少,而负责的事务太多,不对称的财权和事权,是农村义务教育经费欠缺的重要制度原因。②

五、县乡财政债务负担沉重,潜在风险显著加大

为了落实上级政府层层下移的事权,县乡财政在财力层层上移而困难得不到根本解决的情况下,只能通过举债来完成任务,造成了县乡财政负债问题严重,县乡财政潜在风险显著加大。在分税制改革尤其是农村税费改革和全面取消农业税后,全国的县乡债务,包括显性债务和隐性债务,其总额究竟有多少,由于种种不便言说的原因,没有哪一个人能说清,也没有哪一个相关部门能说清,或者根本就说不清,甚至根本就不可能搞清楚。而从地方各级相关部门得到的数据,虽令人半信半疑,但仍然使人感到震惊和沉重。根据安徽省人大财经委员会的调查,截至2003年年底,安徽省县乡政府负债约313亿元,其中,县级政府负债181亿元,县均负债2.29亿元;乡镇负债132亿元,乡均负债753万元。③ 有资料分析,到2004年年底,全国乡镇的债务总额已上升到6000亿~10000亿元,负债面达90以上。④ 根据湖南省税改办2004年的调查,该省共有2480个乡镇,2003年全省负债乡镇2411个,占乡镇总数的97%,乡镇负债总额达168.19亿元,乡镇平均负债678万元。另据湖南省农调队2004年年初的《湖南省桃源县乡村负债分析》,截至2003年年底,桃源县40个乡镇负债11.49亿元,乡均2872万元。负债1000万元以上的23个,占乡镇总数的58%,负债2000万元以上的15个,最高的观音寺镇仅镇级负债就高达1.0933亿元。⑤ 据广东省省情研究中心对广东省云浮市20个乡镇的调研报告,2004年政府负债总额就超过10亿元,其中债务最高的镇达25949万元,最少的镇也有486万元,平均每个镇5430万元。报告认为,"乡镇债务如此之庞大,已超过实际偿还能力"。在个别县市,地方政府的债务率已超过100%,部分已超

---

① 刘尚希、傅志华主编:《缓解县乡财政困难的路径选择》,中国财政经济出版社2006年版,第43~44页。
② 阎坤:《中国县乡财政体制研究》,经济科学出版社2006年版,第170页。
③ 赵树凯:《乡镇治理与政府制度化》,商务印书馆2010年版,第118页。
④ 温铁军:"关于化解乡村债务的提案",载《改革内参》2005年第11期。
⑤ 陈文胜:《乡村债务的危机管理》,湖南人民出版社2007年版,第11~16页。

过了200%，远超警戒线。还有一些政府融资平台公司的资产负债率超过了60%，有的甚至超过90%。"一旦发生债务风险，地方财政将不得不为这些债务兜底。""而如果出现经济增长和财政收入增长放缓，也有可能诱发地方偿债风险。"①

可见，我国县乡基层政府财政困难已经不是个别现象，也不是偶然性问题。作为一个普遍性问题，县乡财政困难已经影响到广大基层政府应有职能的履行，也影响到我国财政体制的整体规范运行。

第二节 县乡财政困难的衡量标准

如何理解县乡财政困难？或者说，县乡财政困难及其程度用什么来判断？"一般认为是政府收不抵支，即当一级政府的总财力不能满足财政支出时，财政困难"。② 如果用国家规范性文件如预算法的规定，对于县乡政府而言，应该理解为"地方各级预算按照量入为出、收支平衡的原则编制，不列赤字"。或者说，从满足公共财政职能的视角，当县乡级政府没有足够财力保障辖区范围内政府公共支出职能的最基本支出需要时，县乡财政困难。更客观地评判县乡财政困难，需要科学的评价标准或评价指标。下面，我们仅对以下两种评价标准或评价体系予以介绍：

一、闫坤在《中国县乡财政体制研究》中的评判指标体系

闫坤认为，县乡财政困难具体到收支方面就是收不抵支，财政赤字逐年加大。她主要是从县乡财政收支的总量分析、县乡财政支出的结构分析以及县乡财政自给能力系数三个方面对县乡财政困难进行评价。

第一，她用1987年、1989年、1991年、1993年、1995年、1997年这六年的地方财政一般预算收支比重（见表1-1）③得出三个结论：

---

① 范毅：《走向财政民主：化解乡村债务长效机制研究》，法律出版社2013年版，前言，第4~5页。
② 刘尚希，傅志华主编：《缓解县乡财政困难的路径选择》，中国财政经济出版社2006年版，第3页。
③ 转引自闫坤：《中国县乡财政体制研究》，经济科学出版社2006年版，第73页。

表 1-1　地方财政一般预算收支比重　　　　　　单位:%

年份	地方合计比重 收入	地方合计比重 支出	省本级比重 收入	省本级比重 支出	地方本级比重 收入	地方本级比重 支出	县本级比重 收入	县本级比重 支出	乡级比重 收入	乡级比重 支出
1987	66.50	62.60	15.80	21.10	25.60	15.40	16.10	20.20	9.00	5.90
1989	69.10	68.50	10.70	19.30	29.60	19.30	16.50	21.30	12.30	8.60
1991	70.20	67.80	9.90	15.70	31.20	21.30	17.70	22.70	11.40	8.10
1993	78.00	71.70	12.80	17.60	31.80	21.90	18.50	22.30	10.70	9.90
1995	47.80	70.80	8.70	16.90	18.90	23.90	11.10	21.20	9.10	8.80
1997	49.30	71.10	10.30	17.80	18.50	23.70	11.10	20.80	9.40	8.80

说明：
1. 比重系指中央与地方合计的财政收支的比重。
2. 计算 1987~1993 年和 1995 年的收支比重时，作为分子的地方各级政府的财政收支数据，分别引自《地方财政》杂志 1995 年第 1 期和 1996 年第 7 期；作为分母的各年财政收支总额数据，引自《2002 年中国统计年鉴》。
3. 收入指本级负责组织的收入，支出包括了来自上级财政的转移支付形成的支出，本级对下级或上级的转移支付在内。

一是从中央到乡镇的五级政权序列中，层级最低的县乡两级政府合计的公共支出比重平均达 30% 左右，既高于省级政府支出比重，也高于地市级政府支出比重。在地方财政中，最基层的县乡政府在提供公共服务中的作用非常突出，地方公共服务的 43% 是由县乡两级政府提供的。

二是 1994 年分税制改革前，县级公共支出比重大约高于地级支出比重 2 个百分点；改革之后地级支出比重大约超过县级支出比重 3 个百分点。说明 1994 年分税制改革对县级财政影响比较大。

三是地方政府由分税制前收入征集职能强于支出职能，转变为分税制以后收入征集职能远弱于支出职能。如果不辅之以大规模转移支付，势必加剧地方财政特别是县乡财政的困难。

第二，她用 1996 年和 1997 年县乡政府在各类支出中所占的比重，得出如下四个结论（见表 1-2）[①]：

[①] 转引自阎坤：《中国县乡财政体制研究》，经济科学出版社 2006 年版，第 76 页。

表1-2　各类支出中县乡政府所占比重　　　　　　　单位:%

	总额（亿元）	中央	省本级	地本级	县本级	乡本级
维持性支出						
1996年	969.00	6.90	9.20	32.50	38.40	13.00
1997年	1137.00	6.20	10.60	33.10	37.30	12.80
经济性支出						
1996年	1473.00	37.80	25.30	27.70	8.50	0.70
1997年	1715.00	36.30	25.40	26.90	8.90	0.90
社会性支出						
1996年	1832.00	8.90	14.00	25.00	29.40	22.70
1997年	2046.00	9.20	15.40	25.40	27.90	22.10

资料来源：转引自王雍君：《中国公共支出实证分析》，第211页。

一是维持性服务供应的高度分权性和递减性。从表1-2看，最基层的县乡两级政府提供了除国防外的全部维持性服务的50%，而各级政府从县乡到地市、省和中央维持性支出所占比重依次递减。换句话说，维持县级政权运作的费用比其他任何层级的政权都高。由于这些费用属于消费性支出，"吃饭财政"特征在县乡财政中尤为明显。

二是经济性服务供应的高度集权性和递增性。从经济支出比重看，县乡两级财政的经济功能最弱。比重不超过10%。另外，省与地市两级政府经济性支出超过50%，从县乡到中央经济性服务是集权的，比重也是递增的。

三是社会服务供应的高度分权性和递减性。县级财政在教育等社会性服务方面花费最多，支出比重最高，接近30%；县乡两级合计的福利支出，高达全部社会性支出的一半。在提供教育、卫生保健、抚恤和社会救济等福利性服务方面，乡财政功能比中央财政强得多。

四是中央政府提供与居民生活及公民权利密切相关的基本公共服务较少。县乡政府提供了绝大部分与公民权利及日常生活关联度较高的基本服务。

第三，她用县乡财政自给能力系数的高低作为县乡财政困难的判定标准。

阎坤认为，各级政府为本级支出筹措收入的能力称为财政自给能力。如果一级政府自己负责组织征收的收入足以满足本级的公共支出，则该级政府就具有财政自给能力，反之则被视为财政自给能力不足。各级政府负责征收的收入与其本级支出的比值，称为财政自给能力系数，即：

财政自给能力系数＝本级负责征收的收入／本级公共支出

显然，财政自给能力是个大于零的正数。如果系数恰好等于1，说明该层级政府刚好具有财政自给能力，虽然没有能力向其他政府层级提供转移支付，但也不需要其他政府层级提供转移支付，也不需要举债。如果系数大于1，说明该级政府具有充分的财政自给能力，即除了满足本级支出需要外，还有能力向其他级别的政府提供转移支付。如果系数小于1，说明该级政府的财政自给能力不足，需要其他级别的政府向其提供转移支付，或者需要通过举债满足支出需求。不然，则被视为财政困难。其财政自给系数越小，则财政困难愈加严重。

但各层级政府的财政自给能力可能是大不相同的，这种差异来源于三个因素。首先是受政府间支出责任的分配影响。支出责任较重（或事权较多）的政府层级，财政自给能力相对较弱。其次是受政府间课税权的分配模式影响。与课税权较少的政府层级相比，拥有较多课税权的政府层级具有较强的财政自给能力。再次是受各辖区的经济发展水平影响。经济越发达，税源越丰裕的辖区，财政自给能力就越强。[①]

由上可知，第一个因素导致县乡基层因支出责任重而财政自给能力系数偏低；第二个因素导致县乡基层因无课税权而财政自给能力系数偏低；第三个因素导致中西部县乡基层因经济发展水平低而财政自给能力系数偏低。

正因为上述因素的影响，1994年分税制严重削弱了所有四级地方政府的财政自给能力。由"县乡财政自给能力系数动态变化"（见表1-3）[②]可知，分

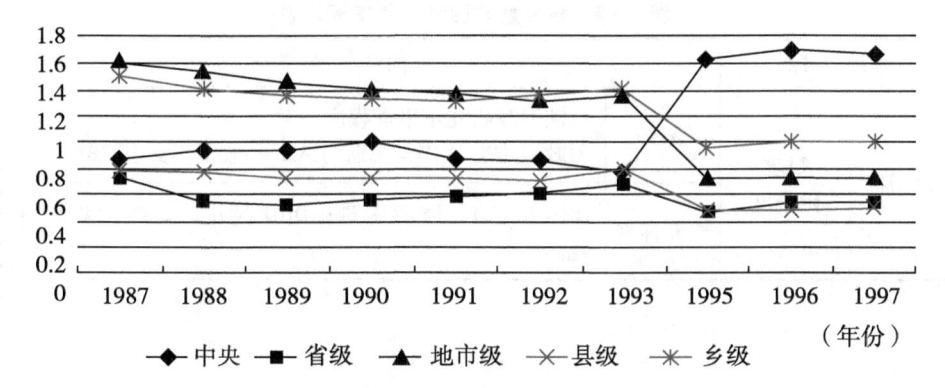

表1-3 县乡财政自给能力系数动态变化

[①] 王雍君："地方政府财政自给能力的比较分析"，载《中央财经大学学报》2000年第5期，第21~25页。

[②] 转引自阎坤：《中国县乡财政体制研究》，经济科学出版社2006年版，第80页。

税制前只是省和县级财政不能自给,地和乡略有结余,其中地级财政自给能力系数在 1.3~1.6,乡级财政约在 1.3~1.5。分税制后,除乡级财政尚可基本自给外,省、地、县三级财政全部不能自给,其中县级财政缺乏自给能力最高,财政缺口将近一半,从趋势上看乡镇财政自给系数也正在降低,基本不能自给。1997 年以后县级财政自给系数略有上升,乡级财政有所下降,合理解释原因之一就是县级财政困难对乡级财政的转嫁。①

二、刘尚希、傅志华在《缓解县乡财政困难的路径选择》中对县乡财政困难的评判指标体系

刘尚希、傅志华认为,从概念上阐述县乡财政困难相对容易,但如何界定某县某乡的财政困难及其程度,则必须用结果指标而不是用过程和原因指标来解释。一般说县乡财政困难,是指县乡财力不足以满足支出需要或者县乡财政不能提供基本的公共服务。然而,财力要多少才能满足公共服务支出要求,在不同地区有不同的标准,因为至少由于地理面积、气候、市场发育程度、经济发展水平等原因而导致的公共服务成本是不同的。因此,反映县乡财政困难的指标必须能够反映在特定地区、特定时段和特定条件下不足以满足支出的程度,而不能孤立地用收入或者支出指标来反映。因此,他们设计了三个层次的指标体系来客观而又辩证地认识和评判县乡财政困难问题。

第一个层次,是运用评判指标的全面性,即多种评判指标从不同角度来综合衡量县乡财政的困难程度(见表 1-4)②。

表 1-4 县乡财政困难评判指标体系

指 标			内 容
总指标	财政困难度	含义	反映财政收支不平衡程度 财政困难度 DBD = 总财力 AR/一般预算支出 GBE
		判断标准	DBD 小于 1,财政困难;DBD 越小,财政困难程度越高

---

① 阎坤:《中国县乡财政体制研究》,经济科学出版社 2006 年版,第 72~80 页。
② 刘尚希,傅志华主编:《缓解县乡财政困难的路径选择》,中国财政经济出版社 2006 年版,第 3~4 页。

续表

指标			内容
支出类	人均支出	含义	反映政府公共产品提供水平 人均支出 PCE = 一般预算支出 GBE/全县人口 P
		判断标准	PCE 越小，政府提供公共品的能力越低，财政可能困难
	基本行政支持比重	含义	反映政府运转成本高低 基本行政支出比重 PBAE = 基本行政支出 BAE/一般预算支出 GBE
		判断标准	PBAE 大于 1，财政困难；PBAE 小于 1 时，比重越大，财政有可能越困难
收入类	财政自给度	含义	反映出县乡财政自给自足的程度 财政自给度 DBR = 一般预算收入 GBR/一般预算支出 GBE
		判断标准	DBR 大于 1 的县乡财政一定不困难；DBR 小于 1 时县乡财政未必困难，还需要进一步分析
	转移支付力度	含义	反映本级财政对上级财政的依赖程度 转移支付力度 DTR = 转移支付 TR/一般预算支出 GBE
		判断标准	DTR 大小并不能绝对确定财政困难与否，但 DTR 越大，困难的可能性越大
	人均财力	含义	从财政供养人口角度来计算财政的财力状况 人均财力 PCR = 总财力 AR/财政供养人口 PMG
		判断标准	各地区的人均财力标准水平并不一致；若某县 PCR 低于本地区的标准，财政可能困难
债务类	财政偿债率	含义	这是指在一个财政年度内，还本付息额占财政收入的比重 偿债率 SR = 还本付息额/一般预算收入
		判断标准	20%
	财政债务负担率	含义	这是指债务余额占 GDP 的比重 债务负担率 RDB = 债务 AD/一般预算收入 GBR
		判断标准	60%

在这一指标群中，他们设计了一个总指标（财政困难度），三个分指标即支出类指标、收入类指标和债务类指标。支出类指标又细分为人均支出和基本行政支出比重两项指标；收入类指标又细分为财政自给度、转移支付力度和人均财力三项指标；债务类指标又细分为财政偿债率和财政债务负担率两项指标。于是这一评判指标群总共由八个方面的指标构成。每个方面的指标又由含义和判断标准两方面构成。这种评判指标群的设计既具体又翔实，既严谨又全面，可说是已知县乡财政困难评判指标体系设计中最具有科学性的一种。

第二个层次，是运用评判指标的重要性，即从现有评判指标体系群中选择最能反映县乡财政困难的若干重要指标来集中衡量县乡财政的困难程度。即财政自给率、人均财力和政府债务三项指标。

一是财政自给率。地方财政自给率是县乡财政一般预算收入占县乡财政一般预算支出的比例，财政自给率越低说明该地区财政状况越困难。财政自给率被认为是衡量财政困难的核心指标（张维等，2005）。不过，这种指标的缺陷是，它并不能反映出地方财政收不抵支的情况。如果县乡财政仍能通过转移支付或其他预算外收入解决，财政维持收支平衡，就不能说明该县乡财政困难。

二是人均财力。它是指全部财政收入（或支出）与辖区内居民总人数的比值。与全省或全国人均财力相比，如果县乡人均财力严重偏低，则说明该县乡财力基础比较薄弱。但是，如果就同一级次的政府（省、市或县乡级）而言，人均财力水平的高低并不一定能反映出财政困难的严重程度。人均财力与县乡财政困难程度的非一致性，很大程度上是由于人口密度的差异、国土面积和恶劣的自然条件所致。

三是政府债务。我国《预算法》规定，地方政府不允许出现赤字。但由于基层财政矛盾尖锐，县乡财政还是出现了事实上的赤字，这种赤字的弥补是通过各种形式来筹集资金。从政府会计的角度看，它表现为政府债务余额，是一个存量指标，当然也是一种结果指标。在现行的财政体制框架下，县乡两级政府举债的原因是财政正常的预算收入不能满足支出需要，并且在上级政府（中央、省级政府）没有给予足够的转移支付或者各种补贴之后形成的产物。

第三个层次，是运用评判指标的优越性，即从若干重要评判指标中选择既能反映县乡财政收不抵支状况，又能反映县乡财政困难程度，因而是较好衡量县乡财政困难的指标——政府债务。这是因为，只有当县乡财力不足以满足其事权支出的要求时才出现县乡财政困难，而县乡政府债务是"不得已而为之"的结果。因此，与其他评判指标相比，政府债务是衡量县乡财政困难的最好指标或者较好指标。

在对县乡财政困难评判指标体系的三个层次进行科学设计并理性分析的基础上，他们又进一步对这一科学设计做出了必要的补充说明。

一是经济发展水平与财政困难程度有密切关系。一般经济发展水平高的地区财政比较富裕，表现在财政自给度较高。而一般经济发展水平低的地区财政困难，自给度较低。

二是财政债务负担率可以在一定程度上反映县乡财政困难状况，但从调查数据测算结果看，并不是债务率越高财政越困难。一般来说，经济发达地区的债务率较高，是由于负债进行基础建设，公共财政职能发挥较好。而经济欠发达地区虽然债务率不太高，但公共财政职能却难以保证。这是因为经济欠发达地区财政困难县的财政收入和借债资金主要用于维护基本行政运转，用于公共服务和公共产品生产的支出不多，甚至由于缺乏资金几乎没有农村公共产品提供。[①]

三是判断财政困难的指标体系由财政收入、支出、债务三要素组成，相互交错，相互影响，在考察时应综合考虑三方面因素。[②]

第三节　县乡财政困难的区域非均衡性

我国县乡财政困难不仅普遍存在，而且不同区域之间还存在严重的区域非均衡现象。换句话说，我国县乡财政困难的程度，在东部、中部、西部之间具有严重的非均衡现象。下面，我们着重分别从前文所述的财政自给率、人均财力和政府债务三个方面作比较分析。

一、县乡财政困难在财政自给率方面的区域非均衡

财政自给率被认为是衡量财政困难的核心指标（张维等，2005）。所以，我们要了解县乡财政困难在财政自给率方面的区域非均衡，首先就应采用财政自给率这一指标予以比较（见表1-5）。[③]

[①] 参见范毅：《走向财政民主：化解乡村债务长效机制研究》，法律出版社2013年版，第72~76页关于苏南、苏中、苏北2002~2009村级债务情况的分析。

[②] 刘尚希、傅志华主编：《缓解县乡财政困难的路径选择》，中国财政经济出版社2006年版，第3~4页。

[③] 转引自朱钢、贾康：《中国农村财政理论与实践》，山西经济出版社2006年版，第27页。

表1-5 用地方财政一般预算收入衡量的县（市）财政自给率（2002年）

单位：%

	自给率		自给率		自给率
北京	42.09	福建	67.77	云南	32.45
天津	59.10	江西	40.39	西藏	10.11
河北	39.20	山东	65.36	陕西	37.79
山西	30.47	河南	41.88	甘肃	22.04
内蒙古	28.86	湖北	42.58	青海	22.28
辽宁	50.80	湖南	43.71	宁夏	21.71
吉林	32.72	广东	47.18	新疆	35.32
黑龙江	37.15	广西	46.35	全国	44.90
上海	53.93	海南	42.27	东部	61.09
江苏	70.38	重庆	31.66	中部	40.18
浙江	69.80	四川	30.15	西部	32.22
安徽	47.31	贵州	32.76		

资料来源：根据财政部有关资料整理。

由表1-5可见，2002年，用地方一般预算收入衡量的县（市）财政自给率，全国县（市）平均财政自给率为44.9%，东部县（市）平均财政自给率为61.09%，中部县（市）平均财政自给率为40.18%，西部县（市）平均财政自给率为32.22%。东部县（市）平均财政自给率最高，西部县（市）平均财政自给率最低，两者差距在28.87个百分点。其中，东部12省（直辖市、自治区）：北京、上海、天津、辽宁、吉林、黑龙江、河北、江苏、浙江、山东、广东及海南高于全国县（市）平均财政自给率16.19个百分点，西部10省（直辖市、自治区）：内蒙古、宁夏、云南、广西、贵州、新疆、青海、甘肃、西藏和陕西则低于全国县（市）平均财政自给率12.68个百分点。只有中部9省（直辖市、自治区）：山西、安徽、福建、江西、湖北、湖南、河南、四川及重庆与全国县（市）平均财政自给率比较接近，但也相差4.72个百分点。由此可见，在2002年，用地方财政一般预算收入衡量的县（市）财政自给率，东中西部县（市）财政困难程度差别巨大，即非均衡明显，且呈梯次下降的趋势。

但值得注意的有两点：第一，自给率高并不意味着支出水平高，一些地区虽然自给率较高却只能满足较低水平的支出需求。第二，由于自给率是以省（直辖市、自治区）为单位计算，忽略了各个省（直辖市、自治区）内县（市）之间的区别，因而尽管一些中西部地区省份达到了较高的自给率，但实际上有相当多的县的自给率很低①。

二、县乡财政困难在人均财力（财政）状况方面的区域非均衡

县乡财政困难的区域非均衡不仅需要从财政自给率方面加以把握，还需要从人均财力或人均财政状况方面进一步深化其认识。人均财力或人均财政状况是衡量县乡财政困难程度的又一重要指标。

2002年，我国县（市）人均财政总收入为553.64元，东部地区为723.61元，中西部地区分别为450.5元和534.9元，中部地区只相当于东部地区的62.3%（见表1-6）②，有14个省（直辖市、自治区）县（市）人均财政总收入低于全国县（市）平均水平。人均地方财政一般预算收入，中西部地区分别只及东部地区的44.2%和44.6%，有19个省（直辖市、自治区）低于全国平均水平。如果就各省（直辖市、自治区）之间的县（市）级人均财政总收入和人均地方财政一般预算收入最高最低水平进行比较，其差距之大，其非均衡程度之巨，更是惊人。

表1-6 分地区县（市）级人均财政状况（2002年）　　　　单位：元

	总收入	地方财政一般预算收入	财政支出		总收入	地方财政一般预算收入	财政支出
北京	4543.51	1519.12	3609.18	广东	636.70	286.44	607.17
天津	675.75	357.69	605.23	广西	447.45	187.69	404.95
河北	489.82	169.96	433.60	海南	610.64	239.97	567.75
山西	561.97	163.01	534.96	重庆	495.87	144.53	456.44
内蒙古	962.51	251.42	871.16	四川	441.97	128.45	426.01
辽宁	549.27	242.25	476.91	贵州	443.79	134.60	410.83

---

① 朱钢，贾康：《中国农村财政理论与实践》，山西经济出版社2006年版，第22～23页。
② 转引自朱钢，贾康：《中国农村财政理论与实践》，山西经济出版社2006年版，第28页。

续表

	总收入	地方财政一般预算收入	财政支出		总收入	地方财政一般预算收入	财政支出
吉林	610.75	178.40	545.30	云南	654.23	201.30	620.42
黑龙江	603.07	207.58	558.72	西藏	1053.91	103.85	1027.52
上海	3096.81	1407.09	2609.25	陕西	385.52	147.08	389.21
江苏	758.02	407.45	578.94	甘肃	453.65	112.15	508.85
浙江	1252.26	639.25	915.81	青海	774.17	181.05	812.75
安徽	349.95	146.28	309.23	宁夏	906.74	182.55	840.87
福建	503.44	332.08	490.00	新疆	715.72	269.79	763.79
江西	513.00	186.54	461.91	全国	553.64	223.59	497.99
山东	572.52	325.15	497.48	东部	723.61	372.01	608.92
河南	367.36	144.56	345.20	中部	450.49	164.33	409.03
湖北	423.26	167.54	393.14	西部	534.93	165.90	514.83
湖南	429.58	163.60	374.25				

资料来源：根据财政部有关资料整理。

值得注意的是，在表中，地方财政一般预算收入的地区差距很大，但2002年，中西部地区人均财政总收入分别为东部地区的62.3%和73.9%，人均财政支出分别为东部地区的67.2%和84.5%，均比地方财政一般预算收入的差距小（分别为44.2%和44.6%）呢？其实，这是中央给予了中西部地区尤其是西部地区大量的中央财政转移支付补助，因而，人均财政总收入和人均支出的地区差距得以缩小。正由于西部地区不仅得到了大量中央财政转移支付补助，而且人口密度较小，因此，人均财政总收入和人均财政支出水平均大大高于中部地区。

为了更深入地认识县乡财政困难程度的区域非均衡性，我们可从"2002年县（市）人均财政状况的区域差距"一表进行分析比较（见表1-7）[1]。

---

[1] 转引自朱钢、贾康：《中国农村财政理论与实践》，山西经济出版社2006年版，第29页。

表 1-7 县（市）人均财政状况的区域差距（2002 年）

	变异系数Ⅰ			极差Ⅰ		
	财政总收入	地方一般预算收入	财政支出	财政总收入	地方一般预算收入	财政支出
全国省际	1.0414	1.0918	0.9304	12.98	14.63	11.67
东中部省际	1.2794	1.2799	1.2272	13.31	15.68	12.85
东西部省际	1.1612	1.3146	1.0684	12.28	21.82	10.46
中西部省际	0.3472	0.2394	0.3641	3.01	2.60	3.30
	变异系数Ⅱ			极差Ⅱ		
	财政总收入	地方一般预算收入	财政支出	财政总收入	地方一般预算收入	财政支出
全国省际	0.7627	1.0603	0.7630	119.99	201.90	101.21
东中部省际	0.6962	0.9946	0.6419	37.24	91.85	21.02
东西部省际	0.7727	1.1288	0.7629	119.99	201.90	101.21
中西部省际	0.7574	0.9629	0.7774	119.99	201.90	101.21

注：变异系数Ⅰ和极差Ⅰ是将各省（直辖市、自治区）的县（市）数据汇总后以省为单位样本计算的，变异系数Ⅱ和极差Ⅱ则完全是以县（市）为单位计算的。
资料来源：根据财政部有关资料整理。

由表 1-7 可知，2002 年，以省为单位计算的县（市）级人均财政总收入的变异系数为 1.0414，东中部地区内部为 1.2794，东西部地区内部为 1.1612；2002 年，以省为单位计算的县（市）级人均地方财政一般预算收入的变异系数为 1.0918，东西部地区内部为 1.3146。2002 年，以省为单位计算的全国县（市）一级人均财政总收入最高与最低之间相差 13 倍，地方财政一般预算收入最高与最低则相差 15 倍，东西部地区内部相差 22 倍。但是，以县为单位计算的县（市）级人均财政总收入和人均地方财政一般预算收入最高与最低分别相差 120 倍和 202 倍，差距十分巨大。

同理，由于财政资源匮乏的县（市）获得了大量的转移支付补助，因此大大缩小了财政资源区域配置，特别是以县（市）为单位计算的县（市）级财政资源不均衡状况。2002 年，全国县（市）之间人均地方一般预算收入的变异系数为 1.0603，而人均财政总收入和人均财政支出的变异系数分别只有 0.7627 和 0.7630；中西部地区内部以省为单位计算的县（市）级人均财政收入的变异系数大于人均地方一般预算收入的变异系数是由于中西部地区内部以省为单位计算的县（市）级人均地方一般预算收入的差距较小，但由于西部地区各省份整体上获得了较多的中央财政转移支付，因而使人均财政总收入的差距扩大。①

三、县乡财政困难在政府债务方面的区域非均衡

如果说，财政自给率和人均财力是衡量县乡财政困难的重要指标，那么，政府债务就是衡量县乡财政困难的最好指标，因为"县乡政府债务是'不得已而为之'的结果，既反映了县乡财政收不抵支的状况，又反映了财政困难程度，因而是衡量县乡财政困难的较好指标"。（刘尚希，傅志华，2006）也是反映县乡财政困难区域非均衡的较好指标。

政府债务，尤其是县乡政府债务，可谓20世纪中期以来基层政府财政问题的焦点。但各地县乡财政困难程度不同。财政困难县乡主要集中在财力水平相对薄弱的中西部地区。据查，2003年财力存在缺口的县乡，中部地区占45%，西部地区占39%。而且，县乡财政困难在各地的表现形式和困难程度也是不同的（见表1－8）②。

表1－8　2002年地方县乡级政府债务累计余额情况　　单位：亿元

	合计	直接显性债务	或有显性债务
地方合计	7284.78	4255.07	3029.71
东部地区	2899.53	1959.60	939.93
中部地区	2446.27	1048.39	1397.88
西部地区	1938.97	1247.08	691.89

注：（1）不含拖欠工资；
（2）直接显性负债包括地方政府承借的外国政府贷款、国际金融组织贷款、国债转贷资金、解决地方金融风险专项借款、农业综合开发借款以及地方政府自行向银行、单位和个人直接借款等；
（3）或有显性债务包括地方政府担保的外国政府贷款、国际金融组织贷款、中外合资融资租赁公司贷款、地方政府自行担保借款以及拖欠国有企业离退休职工养老金、粮食企业亏损挂账等根据法律和政策规定需要地方财政兜底的支付事项。
资料来源：财政部。

---

① 朱钢、贾康：《中国农村财政理论与实践》，山西经济出版社2006年版，第29~30页。
② 转引自刘尚希、傅志华主编：《缓解县乡财政困难的路径选择》，中国财政经济出版社2006年版，第3~5页，第26页。

表 1-8 显示，县乡级政府债务累积余额从东部、中部到西部呈现依次递减的态势。此外，东部地区隐性债务负担最重（为 1956.6 亿元），而中部或有显性债务负担最高（为 1397.88 亿元）。

如果说，表 1-8 只是反映了县乡政府债务的一般情况，那么，下面我们还可以就东部甲县与西部乙县这两个农业县的直接显性负债进行比较分析（见表 1-9）①。

表 1-9 东部甲县和西部乙县关于直接显性负债的比较（2004 年）

	甲县	乙县
一、直接显性债务余额小计（万元）	25186	4437
1. 外国政府贷款（一类）		577
2. 国际金融组织贷款		
世界银行贷款		
亚洲开发银行贷款		
国际农业发展基金贷款		
3. 国债转贷资金	18542	100
4. 农业综合开发借款	767	10
5. 解决地方金融风险专项借款	5877	
清理农村合作基金会借款	4302	
清理信托投资公司借款		
清理城市商业银行借款		
清理城市信用社借款		
清理供销合作社股金借款		
清理股金会借款	1575	

---

① 转引自刘尚希，傅志华主编：《缓解县乡财政困难的路径选择》，中国财政经济出版社 2006 年版，第 26~27 页。

续表

	甲县	乙县
6. 国内金融组织其他借款		447
人民银行		
政策性银行		
国有商业银行		
其他金融机构		
7. 向单位借款		95
8. 向个人借款		9
9. 拖欠工资		2929
拖欠国家统一规定的工资、津补贴		
拖欠地方出台的补贴		
10. 其他		270
二、直接显性负债占GDP的比例（%）	1.3	8.5
三、直接显性负债占地方财政总收入的比例（%）	19.7	181

从表1-9可以看出，虽然甲县直接显性债务规模（2.5亿元）大约是乙县债务规模（0.44亿元）的6倍，但直接显性债务规模占GDP和占地方财政总收入的比重，前者只有后者的约1/6和1/9。从项目构成情况来看，与乙县相比，甲县在外国政府贷款、国内金融机构组织借款、向单位和个人借款，以及拖欠工资项目上是空白。从直接显性负债的主体构成来看，甲县债务主体是国债资金转借贷款（占74%），而乙县的主要债务是工资拖欠（占66%）。这样看来，东部甲县直接显性债务规模虽然远远高于西部乙县，但其财政实力和财政抗风险能力却好得多。

乡村债务是县乡债务的缩影，如果说东部甲县与西部乙县的债务比较在主体上只是"小数据"比较，我们也可以换个"大数据"进行比较。即用同一个省区内发达地区、欠发达地区和不发达地区的主体群，即江苏省的苏南地区、苏中地区和苏北地区的债务情况进行比较（请注意，我们比较的是苏南、苏中和苏北的村级债务，因为在很大程度上，"乡村债务是县乡债务的缩影"，这种比较不影响我们比较的结论）（见表1-10）①。

表1-10 2002~2009年江苏省村级债务情况

年份	2002	2003	2004	2005	2006	2007	2008	2009
村级债务总量（亿元）	155.95	182.02	205.28	222.19	250.66	277.25	309.80	346.94
村级公益性债务总量（亿元）	117.52	133.39	146.97	149.13	171.07	162.55	174.87	191.27
村级公益性债务占比（%）	75.36	73.28	71.59	67.12	68.25	58.63	56.45	55.13
当年新增村级债务（亿元）	59.92	99.94	90.12	90.94	109.84	107.55	117.47	148.41
当年新增公益性债务（亿元）	52.66	73.84	68.03	61.25	72.78	63.62	62.76	74.03
新增公益性债务占比（%）	87.88	73.88	75.49	67.35	66.26	59.15	53.43	49.88
苏南 债务总额（亿元）	99.71	124.23	140.92	149.77	166.70	184.77	210.37	243.32
苏南 公益性债务总额（亿元）	73.20	88.84	97.49	93.99	108.54	95.70	102.44	117.84
苏南 公益性债务占比（%）	73.41	71.51	69.18	62.76	65.11	51.79	48.70	48.43
苏中 债务总额（亿元）	19.19	18.38	22.61	24.04	27.08	32.38	34.75	36.20
苏中 公益性债务总额（亿元）	16.43	15.47	18.48	19.19	20.94	23.30	24.64	25.47
苏中 公益性债务占比（%）	85.62	84.17	81.73	79.83	77.33	71.96	70.91	70.36
苏北 债务总额（亿元）	37.05	39.40	41.75	48.38	56.88	60.10	64.68	67.42
苏北 公益性债务总额（亿元）	27.88	29.07	31.00	35.95	41.59	43.56	47.79	47.96
苏北 公益性债务占比（%）	75.25	73.78	74.25	74.31	73.12	72.48	73.89	71.14

注：①债务数据来自江苏省财政厅乡村债务化解课题组调查统计数据；②村级组织数据来自江苏省历年农村统计年鉴；③以上债务的总量是指当年年底的债务存量，不包括当年偿还的债务数量。

第四节 县乡财政困难的科学界定

县乡财政困难的表现和衡量县乡财政困难的指标，是科学界定县乡财政困难的必要步骤和坚实基础，但表现和指标并不是科学界定县乡财政困难本身。

---

① 转引自范毅：《走向财政民主：化解乡村债务长效机制研究》，法律出版社2013年版，第72~73页（可见第74页第3自然段至第76页第3自然段的分析）。

科学地界定县乡财政困难是有效解决我国县乡财政困难问题的前提。

但是，泛泛而谈"县乡财政困难"似乎并不困难，但如何科学地界定，却需要认真研究和思考。

首先，怎么理解"困难"二字。在《现代汉语词典》（第7版第766页）里，"困难"一词有三层含义：（1）事情复杂，阻碍多；（2）穷困，不好过；（3）工作、生活中遇到的不易解决的问题或障碍。显然，只有"穷困，不好过"这一解释比较吻合"县乡财政困难"中的"困难"一词。但仍显得太笼统。笔者以为，只有"入不敷出"（第7版第1112页）一词的解释能够比较准确地吻合"县乡财政困难"中的"困难"二字，即"收入不够开支"。"收入不够开支"即"县乡财政困难"的基本定义。

但"基本定义"不等于精准定义，更不等于"科学界定"。据了解，现有对县乡财政困难的界定大约有如下几种：

一是在基本定义的基础上从地方政府的收支是否平衡的角度作出的界定。例如，"县乡财政困难具体到收支方面就是收不抵支，财政赤字逐年加大"。[①]

二是从预算法对县乡政府的规定来看。预算法规定，"地方各级预算按照量入为出、收支平衡的原则编制，不列赤字"。如有赤字，便意味着"财政困难"。预算法对县乡级政府财政的规定，在很大程度上仍然停留在地方政府"收支是否平衡"的要求上，收支不平衡，出现赤字，就意味着县乡财政困难。严格地说，预算法的规定，只是给县乡财政收支的原则性要求，还不能说是科学界定。

三是从地方政府的职能是否有效履行的角度作出的界定。给辖区内居民提供均等化的公共产品和公共服务是县乡政府的基本职能，财政是政府提供公共产品和公共服务的经济基础，县乡财政是否有足够的财力保障所辖范围内政府公共支出职能的最基本支出需要，是衡量县乡财政困难与否的重要指标。例如："我们说财政困难，是指县乡财力不足以满足支出需要或者县乡财政不能提供基本的公共服务"。[②]

四是从县乡能否提供与社会平均发展程度相适应的公共产品和公共服务的角度作出的界定。例如："我们可以界定财政困难是这样一种状态：一个地区的财力无法提供一个适应总体经济社会发展程度的均等化公共服务水平，即可

[①] 阎坤：《中国县乡财政体制研究》，经济科学出版社2006年版，第72页。

[②] 刘尚希、傅志华主编：《缓解县乡财政困难的路径选择》，中国财政经济出版社2006年版，第23页。

支配财力小于其财政基本支出需求就是财政困难"。①

五是从体制机制有所改革但又改革不足的角度作出的界定。例如，"发生在中国的县乡财政困难是社会结构转型中制度转型有效支持不足所积累的矛盾在基层政府理财上的反映"②。又如："以政府债务为主要标志的县乡财政困难，实质是县乡两级政府为改革、发展和稳定垫付的成本"③。再如："县（乡）财政困难是指在现行体制与制度框架内，即现行的事权与财权划分背景下县（乡）财政出现的收入无法满足支出需求的状况。"④

六是 2005 年财政部出台的"三奖一补"政策中，对财政困难县作出如下界定，财政困难县就是按照 2003 年数据计算可支配财力低于政府支出需求的县。可支配财力包括本级政府一般预算收入、上级政府财力性补助以及可用于基本财政支出的预算外收入等，对上解上级财政的支出、一般性预算收入中行政事业性收费和罚没收入中用于成本开支部分等必要扣除。基本财政支出需求包括国家机关事业单位在职职工经费和公用经费、离退休人员经费及必要的事业发展支出，具体由财政部根据各地财政供养人员人数、人均开支标准和地区间支出成本差异系数核定。

应该说，上述各种对"县乡财政困难"的界定，均各有侧重，也各有自己的理由，但本人认为，财政部对"财政困难县"的界定，更多是用于"三奖一补"政策的操作性规定，似不足以体现其"科学界定"的内涵。而从体制机制有所改革又改革不足的角度作出的界定，偏重于定性，不便于定量。前三种界定又似乎过于单一。因此，本人认为，既有定性又有定量，且将各种角度加以整合的第四种界定似乎更符合对"县乡财政困难"的科学界定，即"我们可以界定县乡财政困难是这样一种状态：县乡的财力无法提供一个适应总体经济社会发展程度的均等化公共服务水平，即可支配财力小于其财政基本需求就是县乡财政困难"。

---

① 刘尚希，傅志华主编：《缓解县乡财政困难的路径选择》，中国财政经济出版社 2006 年版，第 42 页。
② 贾康，白景明："县乡财政解困与财政体制创新"，载《经济研究》2002 年第 2 期。
③ 刘尚希，傅志华主编：《缓解县乡财政困难的路径选择》，中国财政经济出版社 2006 年版，第 29 页。
④ 同上书，第 310 页。

第二章 应对：乡财县管、省直管县及其他

为应对分税制改革后尤其是农村税费改革和农业税全面废除之后县乡财政持续的困难局面，国家采取了一系列措施，力图解除或者缓解县乡财政困难的状况。

第一节 乡财县管

"乡财县管"财政体制是安徽的首创。"乡财县管"是为了配合农村税费改革在基层财政内部推出的一项改革举措，改革的目的是通过县级财政部门直接管理和监督乡镇财政支出，规范乡镇的财政支出行为，强化乡镇依法组织收入、合理安排开支，严格控制乡镇财政供养人员的不合理膨胀，防范和化解乡镇债务风险，进而维护农村基层政权的稳定。[①] 继2002年国务院批转财政部《关于完善省以下财政管理体制有关问题意见的通知》的下发，2003年5月，安徽省选择了和县、五河、太和、全椒、潜山、宿松、祁门、霍山、利辛等九个县率先实施"乡财县管"改革。此后，湖北、河北、河南、黑龙江、吉林、内蒙古等省、自治区也先后展开试点。

一、乡财县管的主要内容

综合安徽和黑龙江等省的试点办法，"乡财县管"的主要内容如下：

一是预算共编。即县级财政部门按有关政策，结合财力实际，兼顾需要和可能，明确预算安排顺序和重点，提出乡镇财政预算安排的指导意见，报同级政府批准，乡镇政府再根据县级财政部门的指导意见，编制本级预算草案并按程序报批。虽然在"乡财分管"时期，乡镇编制预算也要走这套程序，县级财政部门也要有编报的县级预算，但是实行"乡财县管"后，乡镇预算与县本级预算在编制初期就统一在一起了，而不是日后汇总得出县级预算。这就是"预

[①] 朱钢，贾康：《中国农村财政理论与实践》，山西经济出版社2006年版，第69页。

算共编"的含义。在年度预算执行中，乡镇政府提出的预算调整方案，需报县级财政部门审核；调整数额较大的，需向县级人民政府报告，并按法定程序履行批准手续。

二是账户统设。取消乡镇财政总预算会计，由县级财政部门代理乡镇财政总会计账务，核算乡镇各项会计业务。相应取消乡镇财政在各银行和金融机构的所有账户，在各乡镇金融机构统一开设县财政专户的分账户，如"工资专户""结算专户""日常支出专户"等。

三是集中收付。乡镇财政预算内外资金全部纳入县级财政管理，乡镇组织的预算内收入全额缴入县国库，预算外收入全额缴入县财政预算外专户，由县级财政部门根据乡镇收入类别和科目，分别进行核算。乡镇支出以乡镇年度预算为依据，按照先重点后一般的原则，优先保障人员工资，逐步实行工资统发。为方便乡镇及时用款，各地可建立公务费支出备用金制度。

四是采购统办。凡纳入政府集中采购目录的乡镇各项采购支出，由乡镇提出申请和计划，经县级财政部门审核后，交县政府采购中心集中统一办理，采购资金由县级财政部门直接拨付供应商。

五是票据统管。县级财政部门管理乡镇行政事业性收费票据，票款同行，以票管收。严禁乡镇坐收坐支，转移和隐匿收入。

六是县乡联网。乡镇财政要与县级财政联网，财政支出实行网上申请、审核、支付和查询，提高财政管理水平和工作效率。

二、乡财县管的基本原则

为了减少改革的压力，"乡财县管"采取了"三权"不变的原则。第一，乡镇财政资金的所有权保持不变，仍属于乡镇可支配财力。乡镇财政的资金结余仍归乡镇所有，乡镇原有的各项债权债务仍由乡镇享有和承担。第二，乡镇财政资金的使用权保持不变。这是因为，财政资金的所有权和使用权是捆绑在一起的，所以乡镇财政在保留了资金的所有权后必然是财政资金唯一合法的使用主体。第三，乡镇财政资金的审批权保持不变。在"乡财县管"改革中仍然保留乡镇政府对所属财政资金的审批权。

截至2006年，全国约有28个省、22 000多个乡镇相继实施了"乡财县管"改革。也就是在2006年，财政部在"乡财县管"已有28个省自治区实施改革，其中16个省自治区全面推行、12个省自治区部分试点的基础上，又下发《关于进一步推进乡财县管工作的通知》，并要求到2008年年底全面实行"乡财县管"；至2008年年底，全国已有29个省自治区约2.3万个乡镇实行了"乡财县管"改革试点；至2011年年底，全国实行"乡财县管"的乡镇已达2.93万个，约占全国乡镇总数的 86.1%。

三、乡财县管的主要成就

"乡财县管"或"乡财县管乡用"财政体制改革推行所取得的成就，主要是突出了以"管"为核心的制度设计，具体表现在：集中和加强了乡镇收入管理，控制和约束了乡镇支出需求，统一和规范了乡镇财务核算，遏制和缩减了乡镇债务规模。通过改革乡镇财政管理方式，堵塞了收入截留、流失和支出挪用、浪费的漏洞，提高了县乡财政管理水平；管住了乡镇"乱收费、乱进人、乱花钱、乱举债"的状况，减轻了农民负担，巩固了农村税费改革的成果；推进了乡镇公共财政改革的进程，缓解了乡镇财政困难；推动了乡镇政府职能的转变，促进了社会稳定。①

第二节 省直管县

与"乡财县管"财政体制改革一样，"省直管县"也是为解决县乡财政困难问题而施行的地方财政体制改革的重要内容。

一、"省直管县"财政改革推进的动因

"省直管县"财政体制改革的推进，其动因之一在于对我国政府层级的认识。贾康和白景明（2002）认为，目前我国要在五级政府框架下建立分级分税财政体制，必然要求各级政府能够有支撑财源的税种，但税种设置过多既会损害效率也会影响公平。因此，他们试图绕过现有政府行政框架，主张通过实践中在原五级政府（中央、省、地市、县、乡镇）的基础上简化乡镇一级政府（作为派出机构层级）和虚化地市一级政府（作为派出机构层级），来压缩财政级次（财政的"扁平化"），这样"就非常接近市场经济国家的通常情况了，这种情况下的分税分级体制和现在省以下厘不清的体制难题，就有希望得到一个相对好处理的方案"②。"省直管县"财政体制改革的另一个动因，是对 20 世纪 80 年代市管县体制的反思。20 世纪 80 年代，随着地市合并，我国开始实行市管县体制。在一段时间内，市管县体制虽然对做大中心城市起到了一定作用，

---

① 范毅："从转型对接到协同创新——'乡财县管'深化完善探析"，载《南京财经大学学报》2014 年第 6 期。

② 贾康，白景明："县乡财政解困与财政体制创新"，载《经济研究》2002 年第 2 期。

但从长远看，不利于县域经济发展、县级职能完善、市场发育和县域特色的形成，属于低层次的城市扩张政策。特别对于广大中西部地区来说，城市尚处在产业集聚阶段，缺乏扶持县乡财政的能力。因此，城市不但没能拉动县域经济，反而加剧了资源流失，增加了管理层次，束缚了基层手脚，甚至出现"市吃县""市卡县""市刮县"的现象。于是，在发展县域经济，缓解基层矛盾的情况下，各地根据自身的情况，首先是以明确县级职能定位和强化县级财政功能为基础，对省以下政府间的财政关系进行不同程度的调整。[①] 于是，"省直管县"财政体制改革应运而生。然而，"无论是当初市管县的推行还是近阶段省管县的铺开，归根结底都起源于当时遇到的困难"[②]。

二、"省直管县"财政体制的内容

省直管县财政体制的内容，主要有三种模式，即浙江模式、湖北模式和广东模式。

1. 浙江模式

中华人民共和国成立后，浙江省一直实行省直管县体制。1993年分税制改革时，浙江省并没有像其他省份一样彻底地改成市管县体制，而是保留了省与县财政直接结算的做法。浙江地域小，许多县市经济发达，县市财政收入占全省财政收入总量的70%，地级市在全省经济中的地位不如其他省那样重要。这些特点，决定了省直管县体制在浙江行之有效。其具体做法是：在财政体制方面，预算内资金由省财政与县财政结算，预算外各种费由省与市结算；在政策传达、业务指导下，市财政局对县财政局仍有上下级关系。为了鼓励强县，帮助弱县，省财政确立了"抓两头、带中间、分类指导"的政策，即不同类型实行不同的政策，不搞"一刀切"。1992年、1997年、2002年，浙江省三次实施强县扩权，将省管县体制由财政体制改革扩大到其他方面，下放省部分审批权，赋予县大部分本应该属于地级市的经济管理权限，减少对县集中，做到藏富于县，大大调动了县市发展经济的积极性。

2. 湖北模式

2004年4月21日，湖北省人民政府决定：从2004年起改革原来省管市、市管县（市）的财政管理体制。即对原实行省管的武汉市、襄樊市等17个单位继续实行省直接管理（含所辖区），对原实行省管市、市管县财政体制的52个县（市）（不含恩施自治州所辖的8个县市）实行省管县（市）财政体制。

---

① 王恩奉：《县乡财政面临的问题及对策研究》，经济科学出版社2009年版，第36~37页。
② 钟晓敏：《中国地方财政体制改革研究》，中国财政经济出版社2010年版，第19页。

其基本框架是：

第一，预算管理体制。以 2003 年为基数，确保市、县（市）双方既得利益，由省直接计算到市（县），市不再新增集中县（市）财力。

第二，各项转移支付及专项资金补助。省对下各项转移支付补助按照规范的办法直接分配县（市）；省财政的专项补助资金由省财政厅会同省直有关部门直接分配下达到县市，同时抄送市（州）财政及有关部门。

第三，财政结算。每年年终，省财政按照财政体制和有关政策规定，将结算表格及相关结算对账数据直接下达到市、县（市），直接与县（市）财政办理结算，结算结果抄送市财政。

第四，收入报解及资金调度。各市、县（市）国库根据财政体制规定，直接对中央、省报解财政收入，同时，省财政直接确定各县（市）的资金留解比例，预算执行中的资金调度，由省财政直接拨付到县（市）。

第五，债务举借和偿还。一是历史债务的处理。2003 年年底以前的政府或财政部门举借的债务不再重新办理手续。由市、县（市）财政分别按规定归还省财政；到期不按时归还的，由省财政通过结算直接对有关市、县（市）扣款。二是新增债务的处理。从 2004 年起，各市、县（市）经批准举借的债务，分别由市、县（市）财政直接向省财政办理有关手续并承诺偿还，到期后不能按时偿还的，由省财政直接对市、县（市）进行结算扣款。

省政府决定实行省管县财政体制后，省财政部门指导、协调市、县（市）认真做好财政体制基数测算、补助资金清理和各项债务核对等基础性工作，确保了体制顺利转轨。从 2004 年 6 月 1 日起，在财政收入报解、转移支付、专项资金补助、资金调度、资金留用、债务管理和预算执行分析等方面，都已经正式按照省管县（市）财政体制运行。

第六，改革省对下一般性转移支付制度，实现制度创新。

3. 广东模式

县域经济落后是广东的弱项，全省 68 个县（市），面积占全省总量的 83.8%，人口占 62.8%，但财政收入仅占 6.5%。县域经济发展缓慢的现状，被广东快速工业化取得的经济成就掩盖了。权威部门调查表明，阻碍广东省县域经济发展的问题是县级政府权力小、财力弱、负担重，缺乏经济发展的自主权和积极性。同时，由于管理层次过多，导致运行效率降低，行政成本加大。针对这种状况，广东把加快县域经济发展作为一大战略来抓，出台了激励性的财政机制，下放经济管理权限，已下放给地级市的审批权，除另有规定外，一律下放到县（市）。下放的权力主要涉及市场准入、企业投资、外商投资、资金分配和管理、税收优惠、认定个人的技术资格及部分社会管理等方面的内容，还出台了加强县级领导班子建设的有关文件，真正从人、财、物入手，加强省管县及激发县域经济的发展潜力。

三、省直管县财政体制的积极作用

2003年以来，继浙江省之后，财政"省直管县"改革在全国大部分地区铺开，全国先后有安徽、湖北、吉林、海南等23个省全面或部分推行"省直管县"体制。截至2009年，全国已有30个省（直辖市、自治区）推行了不同程度的财政"省直管县"。

2010年7月，财政部出台了《关于推进省直接管理县财政改革的意见》，明确提出到2012年年底前力争全国除民族自治地区外全面推进省直管县财政改革。

从各地这些年来的试点情况看，都取得了明显的成效，其积极作用主要体现在以下几个方面：

一是充分调动了县级发展经济的积极性，促进了县域经济的快速发展。浙江省到2002年实现的亿元县占全部县市个数的77%，各县市共消化历年财政赤字3.7亿元，县市财政自我积累、自我平衡、自我发展的能力大大增强。湖北省在推行省直管县体制后，县域经济连年提速，2004年县域生产总值占全省比重比三年前提高7.4个百分点。2004年，湖北县域生产总值达到3440.8亿元，占全省比重达到54.44%。

二是加大了省级财政对县级的财政支持。在省级财政并不宽裕的情况下，2004年，湖北省财政直接对县市的各类转移支付56亿多元，2005年又新增10亿元。

三是改变了市级的理财思路，由过去靠集中县市财力来维持市级政府工作运转变为市级政府要靠发展本级经济来带动县域经济发展。

四是减少了管理层级，提高了管理效率。省对县的补助、资金、专款、财政收入直达绕开了市级财政，避免了被市级截留指标、资金、项目、利益等情况，从而确保省对县（市）财政的一些扶持政策和补助资金的及时落实到位，确保基层人员国家规定工资和津补贴的正常发放。县区财政资金调度和专项资金拨付及时足额，加快了资金周转速度，提高了财政支出效率。

五是增强了县（市）政府对经济社会事务的宏观调控能力。省管县（市）财政体制相对提高了县级的政治地位的同时，也减轻了市级财政的压力，促进了市一级的改革和发展。

六是规范了省、市、县（市）之间的财政分配关系，调动了各级政府发展经济的积极性，促进了市、县（市）的各项财政改革。

七是加强了联系和沟通，强化了市、县（市）财政管理。新的财政体制实现了信息、项目、资金和管理直达县（市），有效地降低了财政管理的交易成本，体制创新的积极效益日益显现。①

第三节　乡镇撤并②

一、"乡镇撤并"是我国应对县乡财政困难的又一举措

事实上，我国的"乡镇撤并"并非始自农村税费改革。

早在1983年10月，中共中央、国务院发出《关于实行政社分开建立乡政府的通知》中，就已提出撤社建乡。通知规定："乡的规模一般以原有公社的管辖范围为基础，如原有公社范围过大的也可以适当划小。""乡的编制要力求精干，不得超过现在公社的人员编制，具体由各省、直辖市、自治区统筹安排。"省级政府是建立乡政权的实际决策者，因而，地方具有较大的"操作空间"和灵活性。自此，乡镇纷纷设立，新建乡的规模普遍较小，建制镇的数量猛增。1983年10月下旬，全国已有902个县（市、区）的9028个人民公社实行了政社分开，共建立12 786个乡人民政府。其中176个县（市、区）已在全县范围内全部建立了乡政府。截至1984年年底，撤社建乡的工作基本完成，全国共建立乡镇92 476个，区公所8119个。③

二、我国"乡镇撤并"的由来与发展

乡镇政府设立后出现的新问题，是大多数地区乡镇规模偏小。由于乡镇经费部分通过县级政府拨付，部分来自基层筹措，乡镇区域规模过小和数目过多，必然增加行政成本，导致农民负担加重。撤并乡镇成为减少基层政府机构数量、减轻农民负担的必然要求。自1986年开始，结合《关于加强农村基层政权建设工作的通知》要求，第一轮"撤并乡镇"的工作在全国推行。至1986年年底，全国乡镇数从1985年的91 385个迅速减少到72 135个④，比上年减少19 250个⑤。大规模的撤乡并镇在政府主导下顺利推进。1986年至1996年，各地持续

---

① 傅光明："论省直管县财政体制"，载《财政研究》2006年第2期。
② 本节主要参考：赵树凯：《乡镇治理与政府制度化》，商务印书馆2010年版，第24~26页。
③ 《民政部关于近年来各地开展撤乡并镇工作的情况报告》，民发〔2000〕206号。
④ 同上。
⑤ 《全国乡镇地名录》，测绘出版社1986年版。

推进"撤乡并镇",乡镇数量显著减少。根据民政部统计数据,1996年全国乡镇数量为45 227个,比1986年减少了26 905个,其中乡的数量减少了34 359个,镇的数量增加了7457个,行政村的数量减少了接近10万个。① 1996年至1999年,中国乡镇数量基本维持在45 000个左右。

三、农村税费改革后"乡镇撤并"的新进展

进入21世纪,乡镇撤并进一步受到重视。2000年,农村税费改革开始在安徽试点,随后在其他省份逐步推开。以减轻农民负担为主要目标的农村税费改革为乡镇机构改革提供了新的契机。2000年6月24日,中共中央、国务院下发《关于进行农村税费改革试点工作的通知》,通知要求:"农村税费改革后,县、乡政府因收入减少影响的开支,主要通过转变政府职能、精简机构、压缩财政供养人员、调整支出结构等途径解决。"② 2000年12月26日,中共中央、国务院下发《关于市县乡人员编制精简的意见》,指出:有条件的地方,可以在不影响社会稳定、有利于生产发展和小城镇建设的前提下,适当撤并乡镇。2001年1月,中共中央、国务院发出《关于做好2001年农业和农村工作的意见》,3月,九届全国人大第四次会议通过《国民经济和社会发展第十个五年计划纲要》,均提出适度撤并乡镇,以达到精简机构和人员,切实减轻农民负担的目的。2001年7月,民政部会同中央机构编制委员会办公室、国务院经济体制改革办公室、建设部、财政部、国土资源部、农业部等有关部门联合下发《关于乡镇行政区划调整工作的指导意见》(民发〔2001〕196号),对乡镇撤并工作进行指导协调。中央2004年1号文件要求:"进一步精简乡镇机构和财政供养人员,积极稳妥地调整乡镇建制,有条件的可实行并村,提倡干部交叉任职。"

由于税费改革导致大多数乡镇的收入缩减,乡镇财政困难,撤并乡镇成为税费改革后乡镇整合资源、维持运转采取的重要对策和举措。2002年年底,全国乡镇总数减少到39 240个。截至2005年年底,全国乡镇总数为35 473个,比1996年乡镇数量减少接近一万个。③ 在一系列的配套改革中,各地在撤并乡镇和精简机构方面确实收到了成效。安徽省先后撤并乡镇584个,行政村9474个,精简乡镇党政机构9700个,事业单位11 800个,共清退乡镇自聘人员11

---

① 《民政部关于近年来各地开展撤并乡镇工作的情况报告》,民发〔2000〕206号。
② 《中共中央、国务院关于进行农村税费改革试点工作的通知》,中发〔2000〕7号,2000年。
③ 参见民政部《二〇〇五年民政事业统计报告》。

万人,精简行政编制 6100 名,事业编制 43 400 名。① 宁夏在乡镇撤并调整中,共有 126 个乡镇被撤并,精减人员近 5000 名,减少财政支出 6000 多万元;江苏省在进行乡镇撤并后,乡镇所属机构减少 7500 多个,减少乡镇干部 8.2 万人;广东省 2002 年撤并了 15% 的乡镇,节约财政事业经费支出 3.46 亿元。②

四、"乡镇撤并"的积极作用

"乡镇撤并"的积极作用,从理论上分析:

一是有利于提高政府制度的规模经济效率。上级政府虽然掌管着下级政府预算规模的审批,但由于上下级政府的信息不对称,下级政府掌握着信息优势,使得上级政府很难质疑上报的预算规模。而政府官员出于自身利益最大化的追求,很容易使政府规模扩大至超过社会最佳规模。在这种政府规模高于最优规模的常态下,通过撤乡并镇精简机构,能够降低政府运行的成本,提高规模经济效率。

二是有利于提高政府制度的范围经济效率。撤乡并镇减少了乡镇数量,也相应扩大了乡镇的管辖范围,即政府职权得到集中。政府各部门职权范围的扩大最终会提高政府制度的范围经济效率。

三是不会引起 X-效率的损失。纵向的政府改革方案由于减少了政府级次,降低了政府代理机构的纵向分布密度,也弱化了政府官员的晋升预期,从而影响政府的 X-效率,即难以激励政府官员努力工作从而降低政府制度运行成本。但"撤乡并镇"并不会造成政府代理机构纵向密度的变小,因此也不会造成 X-效率损失。

四是不会引起社会动员效率损失。与 X-效率类似,社会动员效率同样受政府代理的纵向分布密度影响。"撤乡并镇"没有造成政府层级的减少,基层政府仍然能保持与众多分散的单个主体的密切联系,所以不会像纵向政府改革方案那样带来社会动员效率的损失。③

"撤乡并镇"的积极作用,从实践上讲:

一是乡镇综合经济实力和财政实力增强了,有利于区域经济发展;能集中财力、人力搞建设,便于发展大产业,便于调配资源;也可以减少管理成本,提高效率。山西的一个镇书记说,"我们以前一个乡镇搞学校建设是不可能的,

---

① 王恩奉:《县乡财政面临的问题及对策研究》,经济科学出版社 2009 年版,第 38 页。
② 朱钢,贾康:《中国农村财政理论与实践》,山西经济出版社 2006 年版,第 47 页。
③ 李茜宇:"'撤乡并镇'改革对基层政府治理影响的理论分析",载《消费导刊》2009 年第 8 期。

现在两个乡镇合并有了财力,我们可以一年之内建成学校。合并以后还可以实现优势互补、资金集中,力量比较大,一年之内可以办两三件大事,比如组织大型挖渠、土方工程,人力很容易集中起来,还可以扩大市场搞建设。"

二是领导干部职数减少。在乡镇撤并中,一般工作人员数量并没有明显减少,主要是领导职数减少,如原来两个乡镇的领导班子合并为一个,党委书记、乡镇长和其他副职领导都明显减少了,从而降低了行政成本。[1]

第四节 "三奖一补"

"三奖一补"政策,是中央财政为应对县乡财政困难而出台的又一政策措施。

一、"三奖一补"的主要内容

所谓"三奖一补",主要内容是,从 2005 年起,中央财政对财政困难的县乡政府增加县乡税收收入,以及省市级政府增加对财政困难县财力性转移支付给予奖励,以调动地方政府缓解县乡财政困难的积极性和主动性;对县乡政府精简机构和人员给予奖励,促进县乡政府提高行政效率和降低行政成本;对产粮大县给予奖励,以确保粮食安全,调动粮食生产的积极性;对以前缓解县乡财政困难工作做得好的地区给予补助,以体现公平的原则。

自 2005 年以来,中央财政逐年增加"三奖一补"政策的投入力度,其中 2005 年投入 150 亿元,2006 年投入 235 亿元,2007 年安排资金 335 亿元,三年投入资金总量超过 700 亿元。

二、"三奖一补"的核心与力度

在中央财政奖补政策下,地方也积极探索适合当地的扶持政策。仅"三奖一补"政策实施的 2005 年和 2006 年,就带动地方安排配套资金 808 亿元。全国 791 个财政困难县共增加财力 1298 亿元,平均每县(市)增加财力 16 410 万元。可见,"三奖一补"政策的核心是激励,激励省市级政府增加对财政困难县乡的财力性转移支付,激励地方发展经济,增加财政收入,增加越多就奖励越多。其实质是以较少的上级奖励带动较多的下级减负,并以此推动县乡村历史债务的化解工作。

---

[1] 赵树凯:《乡镇治理与政府制度化》,商务印书馆 2010 年版,第 90 页。

例如，2005年内蒙古获得中央财政"三奖一补"资金7.13亿元，2006年增至11.6亿元。内蒙古也相应地加大对下级政府的奖励力度，两年共投入配套资金5.8亿元。宁夏在两年间中央财政和地方配套资金4.1亿元，用于化解乡村债务，提高县乡公用经费标准。① 2005年，青海省一方面新增对下转移支付2亿元，另一方面又启动激励性转移支付机制，安排16 000万元资金与中央"三奖一补"的奖励资金1.4亿元捆在一起对财政困难县（市）进行激励性转移支付补助，到年底前又增加对下转移支付补助1.5亿元，使当年新增转移支付达到55 190万元。这样使省对下转移支付总量达到了82 590万元并且绝大部分转移到了县（市、行委），县级财力明显增强。② 2005年，山东省在保持原有对下转移支付规模和各项补助政策不变的基础上，又多渠道筹措资金15.63亿元，进一步加大了对县乡的奖补帮扶力度，奖励资金安排9.63亿元。③

与西部地区以中央财政为主实施奖补激励缓解县乡财政困难和化解县乡村债务的情况不同，东部地区是以省级财政为主对经济欠发达区的县乡财政实施奖补激励，尤其是在农村扶贫攻坚中对经济薄弱的县乡村债务化解实施奖补激励机制。

早在2006年10月18日《国务院办公厅关于做好清理化解乡村债务工作的意见》（国办发〔2006〕86号文件）中，就明确提出，"省级财政要结合中央'三奖一补'政策，安排专项资金，建立偿债激励机制，对增加财政收入、减少债务成效突出的县乡村给予奖励，支持基层推进化解乡村债务工作。财政部要会同有关部门积极研究化解乡村债务的激励措施"。具体地说，中央和省级财政要安排专项资金，建立化债激励机制，对化解债务成效突出的县、乡、村给予奖励，起到"四两拨千斤"的作用。

三、"三奖一补"的积极作用

以江苏省为例，在中央财政、省级财政偿债奖励机制的叠加作用下，对县乡村的债务化解起到重要的促进作用。④

江苏是东部沿海地区的经济大省之一，但省内区域之间经济与社会发展并

---

① 时红秀：《财政分权、政府竞争与中国地方政府的债务》，中国财政经济出版社2007年版，第187~188页。
② 刘尚希，傅志华主编：《缓解县乡财政困难的路径选择》，中国财政经济出版社2006年版，第147页。
③ 同上书，第166页。
④ 范毅：《走向财政民主：化解乡村债务长效机制研究》，法律出版社2013年版，第134~136页。

不平衡：苏南是经济发达地区，苏中是经济欠发达地区，苏北是经济不发达地区。据全省村级集体经济组织财务年报统计，截至2008年年底，苏北1011个经济薄弱村累计债务总额为5.17亿元，村均51万元。从债务来源看，向个人借款2.26亿元，占43.7%；向信用社等金融机构贷款5104万元，占9.9%；向农村合作基金会借款3192万元，占6.2%；向单位借款3780万元，占7.3%；拖欠的工程款及其他各项应付款1.7亿元，占32.9%。从负债用途看，农村公益事业建设欠款2.35亿元，占45.5%；垫交各项税费负债1.11亿元，占21.5%；欠发村干部报酬负债4520万元，占8.7%；进行农业产业结构调整项目建设负债4281万元，占8.3%；兴办企业负债2104万元，占4.1%；债务利息1180万元，占2.3%；抗灾救灾负债795万元，占1.5%；其他负债4257万元，占8.2%。不难发现，在经济薄弱村的所有债务中，农村公益事业建设负债最多，垫交各项税费次之，两项负债之和在5.17亿元的总负债中高达3.46亿元，占比高达67%。

为了实施扶贫攻坚战略，帮助经济薄弱村化解债务，2009年江苏省积极实施以奖代补的激励机制，支持经济薄弱村化解债务。考虑到经济薄弱村集体没有收入来源，所在县（市）和乡镇的财政状况也比较困难，省财政加大了对1011个经济薄弱村债务化解的支持力度，且规定可以以县为单位实行以奖代补。以奖代补坚持公正、公平，激励主动化债和严格控债，债多的不多补，债少的不少补。根据这一原则，拟以1011个经济薄弱村债务平均数50万元为标志线，按省规定期限完成化债任务的，低于平均数的村省财政按省核定其债务数90%予以补助；高于平均数的村，省按核定其债务数的70%予以补助；省补助后的不足部分由经济薄弱村所在县（市）负责统筹解决。

这一以扶贫攻坚战略为取向、以支持经济薄弱村化解债务为目标的奖补化债工程实施的结果，是2009年苏北1011个经济薄弱村共获得省、县（市）财政奖补资金51 721.06万元，其中省财政奖补资金39 729.54万元，县（市）配套资金11 991.52万元。这一奖补化债工程有效地缓解了苏北部分经济薄弱村的债务负担。①

为加强基层组织建设，推进脱贫攻坚战略实施和村级"四有一责"② 建设，继2009年支持苏北1011个省定经济薄弱村全面完成债务化解任务后，经省政

---

① 江苏省农村综合改革办公室：《关于我省1011个经济薄弱村债务情况的调查报告》，2009年4月10日。

② "四有一责"指：有持续稳定的集体收入；有功能齐全的活动阵地；有先进适用的信息网络；有群众拥护的"能人型"带头人；强化村党组织领导责任。

府同意，江苏省财政 2012 年将继续支持苏北地区经济薄弱村开展债务化解工作。债务化解范围为 2008 年年底账面记载的公益性债务，包括维持村级组织基本运转形成的债务、村级进行公益性基础设施建设形成的债务、村级公益性事务支出形成的债务、垫交税费形成的债务，不包含兴办企业、建设产业园区等生产经营性项目形成的债务。其总的任务和要求是：将债务化解工作与规范村级财务管理相结合，与推进农村民主管理相结合，与制止新债相结合，坚持先清理后化解、先偿债后奖补，于 2012 年年底全面完成任务。第二批纳入省奖补范围继续开展债务化解工作的苏北经济薄弱村共 1452 个，预计此次奖补化债工程中，省财政和县（市）财政将投入资金 5 亿元以上，其中省财政安排 3.2 亿元，县（市）财政配套 1.8 亿元以上。加上第一批已完成债务化解任务的 1011 个省定经济薄弱村的 5.17 亿元，江苏省财政和相关县（市）财政的奖补激励化债工程两批总共将为苏北 2463 个经济薄弱村化解债务 10 亿元以上，苏北 30% 的行政村可以卸下债务负担。目前，此项工程正按照预定的工作步骤在有条不紊地向前推进。①

中央"三奖一补"的政策所体现的偿债奖励机制对省级财政安排专项资金，建立偿债奖励机制，必然发挥良好的推动作用。在中央财政、省级财政偿债奖励机制的叠加作用下，对县乡村的债务化解必将起到重要的促进作用。

---

① "江苏省财政继续支持苏北经济薄弱村化解债务"，载财政部网站，2012 年 3 月 21 日。http://www.mof.gov.cn/xinwenlianbo/jiangsucaizhengxinxilianbo/201112/t20111202_612699.html，2012 年 4 月 15 日访问。

第三章 现状：县乡财政收支运行面临更加严峻的局面

我国的县乡财政困难是1994年分税制改革后地方财政运行中的突出问题。从时间节点上看，从1994年分税制改革到现在，县乡财政困难问题已经持续二十余载，其间，受体制、政策以及改革的影响，各种应对措施不时出台，县乡财政的困难程度也随之时而缓解，时而严峻，处于不断波动之中。

同样，受体制、政策尤其是改革的影响，今天的县乡财政困难与前文所述阶段的县乡财政困难比较，又有了新的背景、新的情况和新的变化，它既有存量问题即前期存留下来的县乡财政困难问题，又有增量问题即在发展过程中出现的县乡财政困难问题。两者叠加在一起，就使得今天的县乡财政收支运行面临更加严峻的局面。

第一节 县乡政府财政收入增速显著下降甚至负增长

一、中国经济发展已进入新常态阶段，即从高速转为中速发展的阶段

改革开放以来，经过30年的高速经济增长，中国面临新的发展阶段，即中国经济从高速转为中速发展阶段，也就是经济发展进入新常态阶段。进入新常态，支撑过去30多年经济高速增长的生产要素供求关系发生变化，发展动力从主要依靠资源和低成本劳动力等要素驱动转向到创新驱动。动力转换期必然伴随经济下行。自2010年以来，我国经济在波动中下行已持续六年，增速从2010年的10.6%逐步回落到2016年前三季度的6.7%。[①]

[①] 王一鸣："稳中求进是做好经济工作的重要方法论"，载《光明日报》2017年1月24日，第11版。

二、增速回落在财政上的反映就是财政收入增速显著下降甚至负增长

增速回落在财政上的反映就是财政收入增速显著下降甚至负增长。地方财政收入尤其是县乡财政收入回落则更为显著。据《中国县域经济发展报告(2016)》对根据 GDP、地方公共预算收入和规模以上工业企业数目三项指标遴选的全国 400 样本县(市)的经济发展状况进行的年度回顾,2015 年,中国经济仍旧延续了深度调整的态势,县域经济增速总体出现更为显著的下滑,更多县域经济体出现更大幅度的负增长,对当地经济带来了严重的冲击。

具体地说,2015 年,400 样本县(市)地区生产总值同比实际增速较 2014 年回落了 2.26 个百分点,明显超过全国 0.5 个百分点的回落幅度。400 样本县(市)地区生产总值占全国的比重继续呈现下降趋势,由 2014 年的 25.8% 下降到 24.4%。[①]

三、地方财政收入出现增速放缓和质量降低的双重趋势

财政作为经济的"晴雨表",受经济新常态的影响,地方财政收入出现增速放缓和质量降低的双重趋势。据有关调研数据显示,2015 年一些严重依赖资源或税源单一的地区,如山西省、辽宁省和黑龙江省的县级财政收入增速出现显著下降或负增长,中、西部地区县乡财政收入压力加大。在收入形势严峻的情况下,有些地区出现征过头税、虚增、空转等问题,这使得经济运行雪上加霜,也产生经济顺周期问题;此外,自上而下逐级下达指导性计划指标仍然存在,在税收收入征收难度加大的情况下,有些地区的非税收入增长迅速,降低了财政收入的质量。[②] 下面仅以我国东部一综合实力百强县和最具投资潜力中小城市百强县的调研数据为例,分析指出分税制改革尤其是"营改增"前后,县级基层政府的财力窘迫状况。

1. "营改增"前该县级基层政府的财力困境

一是一般预算收入占比持续下降,基金收入占比不断上升。1993 年分税制改革前,该县财政收入总额为 1.81 亿元,一般预算收入为 1.81 亿元,占全部财政收入比为 100%。1994 年,该县财政收入总额为 2.00 亿元,一般预算收入为 0.97 亿元,占全部财政收入之比为 48.5%,上划中央财政收入 1.03 亿元,

---

[①] 中国社会科学院竞争力实验室副主任吕凤勇:《中国县域经济发展报告(2016)》发布——县域经济总体增长出现下滑",载《社会科学报》2016 年 11 月 24 日,第 2 版。

[②] 李一花,乔敏,仇鹏:"县乡财政困难深层成因与财政治理对策",载《地方财政研究》2016 年第 10 期。

占全部财政收入之比为51.5%。1997年，该县财政收入总额为2.97亿元，一般预算收入1.43亿元，占全部财政收入之比为48.15%，上划中央收入1.42亿元，占全部财政收入之比为47.81，剔除社保基金后的基金收入为0.12亿元，占全部财政收入之比为4%。到2012年，一般预算收入、上划中央收入、剔除社保基金后的基金收入占财政总收入的比重分别为：37.47%、21.94%和30.60%，相比1994年，一般预算收入占比下降11.03%，基金收入占比上升30.60%。在地方财政收入中（财政总收入扣除上划中央收入），一般预算收入和剔除社保基金后的基金收入分别占55.05%和44.95%，而1994年，一般预算收入占比100%，没有基金收入。就总量而言，1997年，该县的基金收入为1206万元，2012年高达30.64亿元，增加30.52亿元，增长254.08倍，年均增长44.69%（基金数据均已剔除了社会保险基金），远高于一般预算收入的增长幅度（见表3－1）①。

二是税收收入占一般预算收入之比呈下降趋势。1993年，该县税收收入占一般预算收入之比为97.45%，当然，这存在着分税制制度变迁前各地做大基数的人为因素。但分税制改革后，税收收入占一般预算收入之比呈现缓慢下降趋势：1994年为91.39%，2000年为88.39%，2012年为81.95%，下降了近10个百分点。在一般预算收入中，税收收入和非税收入占比此消彼长，非税收入占比上升10个百分点。税收收入的增长速度低于一般预算收入的增长速度（见表3－1）。从税收收入来源构成来看，地方分享的增值税、所得税和以营业税为主的其他地方税收分别占一般预算收入的12.64%、13.75%和55.56%。增值税占比已从改革之初的绝对主导地位，下降到2012年比所得税还低1.11%。营业税为主的其他地方税收占据半壁江山。

三是上划中央收入占地方财政总收入之比呈逐年下降趋势，但快于一般预算收入中的税收收入增长速度。1994年，该县上划中央收入为1.03亿元，2012年达到21.97亿元，增长20.94亿元，增长21.31倍。虽然上划中央收入的绝对数不断增加，但占地方财政总收入之比已从1994年的51.5%下降到2012年的21.94%。上划中央收入年均增长18.52%，高于一般预算收入中的税收收入年均增长2.29个百分点，上划中央收入增长速度快于一般预算收入中的税收收入增长速度，税收收入不断向中央政府聚集，地方输入来源更加多元化。

---

① 转引自伍红，潘世华："破解县域财力困境的思考——基于某样本县数据的实证分析"，载《财政研究》2015年第6期。

表 3-1　样本县财政收入主要指标增长一览表

项目	1993 年（万元）	1994 年（万元）	1997 年（万元）	2001 年（万元）	2002 年（万元）	2012 年（万元）	绝对增长量（万元）	倍数（倍）	平均增幅（%）
一、一般预算收入	18127					375279	357152	20.70	17.29
（一）税收收入	17665					307549	289884	17.41	16.23
1. 增值税	9304					47453	38149	5.10	
2. 所得税				4555		51593	47038	11.33	
3. 其他地方税收	7822					208503	200681	26.66	18.87
（二）非税收入	462					67730	67268	146.60	
1. 专项收入	462					10950	10488	23.70	
2. 行政性收费收入					1040	12965	11925	12.47	
3. 其他各项收入		252				43815	43563	173.87	
二、上划中央收入		10312				219749	209437	21.31	18.52
三、基金收入			1206			406418	405212	254.08	44.69
其中：社保基金					5756	99993	94237		
删除社保基金后			1206			306425	305219	55.25	23.51
财政总收入	18127					1001445	983318		

2. "营改增"后该县级基层政府的财力困境

一是县级地方政府税收收入大幅下降。将16.63%的税收下降率（2012年1月1日起，上海启动了交通运输行业和部分现代服务业"营改增"试点。营改增所涉行业的整体税负下降了16.36%。如果以上海的经验数据估算"营改增"后样本县地方税收的实际减少数和总体税负降低率，便可得出"营改增"对样本县地方财政收入的影响）应用到样本县，可对"营改增"影响该县的财政收入的程度进行分析。该县2012年实现增值税18.98亿元，其中地方分成4.75亿元，营业税11.27亿元。若按照16.63%的税收下降率，如果营改增得到全面实施，那么对该县税收的影响将是巨大的（见表3-2）①。

表3-2 营改增对样本县地方财政收入的影响分析表　　单位：万元，%

项目		2012年	年均增幅	2013年	2014年	2015年	2016年	2017年
营改增前	一般预算收入	375279	1.20	450335	540402	648482	778179	933814
	税收收入	307549		359154	432600	522773	633692	770363
	地方增值税	47453	1.10	52198	57418	63160	69476	76424
	营业税	112700	1.25	140875	176094	220117	275146	343933
营改增后	一般预算收入							
	税收收入							
	地方增值税	141411		169646	204227	246672	298866	363161
	其中：营改增税收	93958		117447	146809	183512	229390	286737
地方税收减少		18742		23428	29284	36605	45757	57196
占营改增前的一般预算收入之比		4.99		5.20	5.42	5.64	5.88	6.12

根据测算，到2017年，该县税收减少额将达到5.72亿元，占"营改增"前地方一般预算收入的比例将达到6.12%。

二是"营改增"后，基层地方政府收入结构进一步异化。"营改增"过渡期间，为顺利推进营改增改革，原营业税改征增值税部分由国税部门征收会全额返还地方财政。但这一政策只是权宜之计，为保障收入总盘子，必将加大非税收入和基金收入的征收，非税收入和基金收入对地方财政收入的影响将会

---

① 转引自伍红，潘世华："破解县域财力困境的思考——基于某样本县数据的实证分析"，载《财政研究》2015年第6期。

进一步加大。2012 年样本县非税收入 6.77 亿元，占地方一般预算收入的 18.05%，占营改增前地方财政总收入的 6.76%；"营改增"后，相对比例分别提高为 19% 和 6.89%。在其他增幅既定的情况下，到 2017 年，该县非税收入达到 16.35 亿元，年均增长 19.24%，占"营改增"前地方一般预算收入的 17.5%，占地方财政总收入的 7.99%；"营改增"后，相对的比例分别为 18.65% 和 8.22%。同样，2012 年剔除社保基金后的基金收入 30.64 亿元，与"营改增"前一般预算收入之比为 0.82∶1，占地方财政总收入的 30.6%；营改增后，相对的比例分别为 0.86∶1 和 31.18%。至 2017 年，样本县剔除社保基金后的基金收入将达到 64.31 亿元，在营业税 25% 的强劲增幅下，与"营改增"前地方一般预算收入之比将下降到 0.69∶1，占地方财政总收入的 31.42%；"营改增"后，相对的比例分别为 0.73∶1 和 32.32%。可见，"营改增"后，基层政府财力对非税收入和基金收入的依存度将进一步提高。

三是非规范收入大幅增加，财政风险居高不下。事实上，多年来，通过非税收入和基金收入来加强地方财力已成为各地政府不约而同地选择，行政收费名目繁多，各类罚款层出不穷，钓鱼执法等现象屡见不鲜。通过行政收费、各类罚款来为地方政府创收甚至已经成为不少执法部门年度工作目标任务的重要内容之一。而多年来备受诟病的土地财政，花样翻新的地方融资平台，名目众多的制度外收费也将因为"营改增"导致地方财力损失后地方政府不得不赖以提高地方财政收入的"速效丸"，财政风险凸显，基层地方政府财力不足，矛盾进一步突出。[①]

第二节　县乡政府财政支出刚性和增长的压力日趋加大

从支出方面来看，在收入持续下降的同时，县乡政府财政支出刚性和增长的压力却日趋加大。例如，教育、医疗卫生等基本公共服务支出呈刚性增长态势；环境修复治理、人口老龄化、城镇化以及基础设施建设等都对财政提出了新的增支要求；医疗、养老保险等改革，其成本需要财政承担。在收支严重不对称情况下，在县级财政层面，已经出现欠发工资的情况。据财政部科研所的调研报告显示，2015 年上半年，山西全省 119 个县（市、区）中，古交市和大同新荣区欠发当年工资。古交市欠发机关事业单位在职人员两个月工资，欠发金额达 7000 万元。有的县尽管发放了工资，但工资很大程度上来源于专项拨

[①] 伍红，潘世华："破解县域财力困境的思考——基于某样本县数据的实证分析"，载《财政研究》2015 年第 6 期。

款，在保工资、保运转捉襟见肘的情况下，基层财政保民生和可持续发展能力面临严重挑战。① 下面，仍以上述样本县的调研数据为例，从支出方面、财力需求方面看看作为全国经济百强县之样本县的财力之痛和财政窘境。

一、地方支出范围不断扩大，财力需求持续"升温"

改革开放后，尤其是实施市场经济以来，基层地方政府的职能不断扩大，支出金额不断上升。1993年，该县的财政支出为1.40亿元，2012年，财政支出达到96.63亿元，是1993年的69.02倍，年均增长24.97%，无论相对数还是绝对数，财政支出的增长速度均快于财政收入的增长速度。在财政支出各子项中，一般预算支出、基金支出（剔除社保基金支出）的增量分别为54.42亿元和30.69亿元，年均增长率依次为21.41%和34.12%。从一般预算支出来看，支出范围不断扩大，1993~2008年全部支出项目为12项，2009年开始增加了交通运输、资源勘探、电力信息、国土资源气象3项，支出范围扩围到了12项。各子项中绝对增量排名前三的分别是教育、农林水事务、一般公共事务，年均增幅排名前三的分别是环境保护、城乡社区事务和科学技术。在一般预算支出中，支出占比前三位的是教育、农林水事务、一般公共事务，分别占22.58%、18.81%和12.74%。随着国家治理的现代化，民众对政府支出的"棘轮效应"，未来基层地方政府的支出范围会继续扩大。

二、专项转移支付挤压了地方财力，降低了地方财力的自主性

在财政支出一览表中所列支出包含了省、市的专款和中央对地方的税收返还。其中省、市专款可涵盖除社保基金支出的各项支出；中央对地方的税收返还纳入地方的一般预算支出中。需要指出的是，省、市专款作为专项资金，属于"帽子"款项，县级政府只能因具体事宜申请，对专款没有支配权。近年，该县境内有运河、铁路复线和电气化改造等重大基础设施工程，因此获得不小规模的省、市专款。其中，2010年省、市专款中一般预算支出10.10亿元，基金支出1709万元，合计10.27亿元；2011年省、市专款中一般预算支出13.74亿元，基金支出5426万元，合计14.28亿元。但省、市专款对地方政府的财力来说未必是好事，如省、市2011年、2012年分别为专线拨款3.18亿元、3.50亿元，但地方政府与之相配套的支出分别为4.24亿元和6.53亿元，挤压了地方财力，客观上降低了地方财政支出的自主性。

---

① 李一花，乔敏，仇鹏：“县乡财政困难深层成因与财政治理对策”，载《地方财政研究》2016年第10期。

三、县级基层政府财政自给压力加大

分税制改革后,县级政府的自给能力迅速从 1993 年的 1.3 下降到分税制之后的 1 以下,一直以来均在 0.6~0.7 徘徊,最低仅为 0.59,平均自给率仅为 0.66,县一般预算支出中有 34% 依靠转移支付的方式来完成。如果将 1994 年后每年上划中央收入加入到地方一般预算收入,得到的财政自给率总体上也是逐年下降趋势,由 1993 年的 1.30 下降到 2012 年的 1.20,下降了 0.1(见表 3-3)[①]。

表 3-3 1993~2012 年样本县财政收支情况汇总   单位:万元,%

年份/项目	一般预算收入	一般预算支出	财政自给率	财政自给缺口	上划中央收入	假定没有改革的财政自给率
1993	18127	13986	1.30	-4141		1.30
1994	9693	16429	0.59	6736	10312	1.22
1995	12564	17893	0.70	5329	11973	1.37
1996	13928	20934	0.67	7006	12361	1.26
1997	14322	23083	0.62	8761	14179	1.23
1998	16351	26573	0.62	10222	14580	1.16
1999	17551	29353	0.60	11802	14801	1.10
2000	19395	31295	0.62	11900	17009	1.16
2001	25012	39901	0.63	14889	23100	1.21
2002	27061	45341	0.60	18280	27927	1.21
2003	36566	52016	0.70	15450	35028	1.38
2004	37528	62411	0.60	24883	39688	1.24
2005	47331	74432	0.64	27101	49129	1.30
2006	61501	96418	0.64	34917	62760	1.29
2007	93588	142968	0.65	49380	90578	1.29
2008	125656	185640	0.68	59984	109525	1.27
2009	155797	231221	0.67	75424	121569	1.20
2010	205188	336893	0.61	131705	151434	1.06
2011	285060	430909	0.66	145849	195995	1.12
2012	375279	558164	0.67	182885	219749	1.07
合计	1597498	2435860	0.66	838362	1221697	1.16

---

① 转引自伍红,潘世华:"破解县域财力困境的思考——基于某样本县数据的实证分析",载《财政研究》2015 年第 6 期。

也就是说，即便没有实行分税制改革，面对繁重的社会管理各方面支出的急剧增长，地方政府的财政自给压力也会越来越大。

从支出方面来看，尽管一般预算收入取得高速增长，但是与县级承担的日趋繁重的事权相比，却是捉襟见肘，财政自给率仅为66%，另外34%的支出需要依赖国家返还和省、市专款等途径。而转移支付中多为专项转移支付，难以有效缓解地方财力的供需矛盾。作为全国经济百强县的样本县，应该说已经具有相当规模的财政收入，但面对日益膨胀的各项支出，尚且面临想办法赚钱和想办法向上要钱的双重压力。那么，对于数量更多的非经济百强县、经济欠发达县尤其是经济不发达县，其县乡财政困难的程度和状态，就更加令人难以想象了。

第三节　县乡政府负债规模逐步扩大，偿债压力越来越大

一、县乡政府负债的规模逐步扩大

所谓地方债即地方政府债务，是指在各种不确定因素的影响下，对包括自身在内的社会经济各方面造成损失的可能性，不仅包括地方政府难以履行其偿债责任的可能性，还包括由其引起的使经济、社会的稳定与发展受到损害的一种可能性。[1] 地方政府债务包括地方政府融资平台债务[2]和非融资平台公司地方政府债务。根据财政部最新披露的数据，截至2015年年末，我国纳入预算管理的地方政府债务16万亿元，而根据全国人大常委会批准的《2015年地方政府债务限额的议案》中反映的数据，2014年年末地方政府负有偿还责任的债务余额15.4万亿元。通过对比发现，一年中地方政府负有偿还责任的债务余额增长了0.6万亿元，增幅为3.9%。假定非融资平台公司的地方政府债务余额也以相同速率增长，由此得到2015年年底非融资平台公司债务存量为11万亿元。上述两部分总计，地方政府债务为27.8万亿元。[3]

---

[1] 于海峰、崔迪："防范与化解地方政府债务风险问题研究"，载《财政研究》2010年第6期。
[2] 关于融资平台公司债务，按照新修订的《预算法》和国发〔2014〕43号文的规定，自2015年1月1日起，地方各级政府不得再通过融资平台公司举借政府债务。地方政府只以出资额为限承担有限责任，不能承担无限责任。这意味着，融资平台公司举借的债务，将不再是地方政府法定必须偿还的债务，或者说法律上负有偿还责任的债务。
[3] 国家金融与发展实验室副主任、国家资产负债表研究中心主任张晓晶；国家资产负债表研究中心副主任常欣："中国杠杆率的最新估算"，载《社会科学报》2017年2月9日，第2版。

我国地方政府债务主要包括省、地、县、乡四级政府负债，而县级政府债务问题较为凸显。根据2011年6月27日国家审计署审计长刘家义在十一届全国人大常委会第二十一次会议上所作的审计报告，截至2010年年底，全国省、市、县三级地方政府性债务余额共107 174.91亿元。其中，政府负有偿还责任的债务67 109.51亿元，占62.62%；政府负有担保责任的或有债务23 369.74亿元，占21.80%。从债务规模看，至2010年年底，省、市、县三级地方政府负有偿还责任的债务余额与地方政府综合财力的比率为52.25%。如果按照地方政府负有担保责任的债务全部转化为政府偿债责任计算，债务率为70.45%。分地区看，东部11个省（直辖市）和5个计划单列市政府性债务余额为53 208.39亿元，占49.65%；中部8个省政府性债务余额为24 716.35亿元，占23.06%；西部12个省（自治区、直辖市）政府性债务余额为29 250.17亿元，占27.29%。而独立研究机构FOST（福盛德）认为，审计署报告明显低估了地方政府的债务规模，并认为这一低估主要表现为：一是四级政府仅统计了三级，而乡镇政府债务问题突出；二是地方政府融资平台公司的数目偏低；三是地方政府债务中的银行贷款数可能被低估。FOST报告测算，如果计算上乡镇政府，四级地方政府的债务是13.5万亿元，比审计署的统计多出3万亿元，也就是乡镇一级政府至少存在3万亿元的隐性债务。①

据财政部测算，到2015年年底，我国地方政府债务率约为86%，个别省份、100多个市本级、400多个县级债务率超过100%，总债务达16万亿元。在2014年，省级、市级和县级地方政府分别负债2.1万亿元、6.6万亿元和6.7万亿元。② 其中，东西部之间又有差别。截至2013年6月底，浙江省各级政府负有偿还责任的债务5088.24亿元。从政府层级看，省本级、市级、县级、乡镇政府负有偿还责任的债务分别为106.33亿元、1467.10亿元、3288.18亿元和226.63亿元，其中县级政府债务占比为64.62%。③ 甘肃省近几年，各级政府债务规模急剧膨胀，截至2013年6月底，全省各级政府债务总额为2961.47亿元，负有偿还责任的债务1221.12亿元，年均增长33.48%，负有担保责任的债务422.80亿元，可能承担一定救助责任的债务1317.55亿元。地方政府负有偿还责任的债务也增长较快，省、市、县三级年均分别增长29.22%、61.52%和14.11%。截至2012年年底，全省政府负有偿还责任债务的债务率为

---

① 范毅:《走向财政民主：化解乡村债务长效机制研究》，法律出版社2013年版，（代前言）第7~8页。

② 西南政法大学政治与公共管理学院李英:"规范地方政府债地方人大大有可为"，载《社会科学报》2016年12月22日，第3版。

③ 浙江省财政厅课题组:"浙江省事权与支出责任划分研究"，载《财政科学》2016年第6期。

40.38%，已有一个市级、一个县级、71 个乡镇政府负有偿还责任债务的债务率高于 100%，债务偿还压力较大。① 在各级地方政府债务中，县级政府的债务问题比较突出。审计署数据显示，2010 年，23 个县级政府逾期债务率超过 10%，20 个县级政府的"借新还旧"率超过 20%，99 个县级政府负有偿还责任债务的债务率高达 100%（国家规定债务率警戒线为 100%）；2011 年审计署统计数据，全国 2000 多个县级市中，仅有 54 个县级政府没有举债；2012 年国家审计署公布的对我国 54 个县级财政性资金审计结果显示，县级政府自主安排的财力占比不到 23%，运用于基础设施建设的资金更是捉襟见肘；2013 年 6 月国家审计署发布的《36 个地方政府本级政府性债务审计结果》显示，36 个地方政府在 2012 年年底债务余额共计 3.85 万亿元，比 2010 年增长了 12.94%。②

我国地方政府债务尤其是县乡政府债务规模的急剧膨胀和迅速扩大，使得债务风险日益增加，若不及时治理与化解，将给中央带来巨大财政风险，最终也将威胁到国民经济的健康有序发展。

二、县乡政府负债的特点

当前县级政府的投融资模式发生了重大变化，过去城镇化中基础设施建设与公共服务融资以预算内财政为主，如今政府部门的整体收入与巨大的城市化资金需求相比，严重短缺，县级政府更多的是通过土地出让金和地方投融资平台来解决城市化发展中的资金需求。与此同时，县级政府既要治理融资带来的财政金融风险，又要避免融资不足影响城市化进程。在这个过程中，县级政府负债主要呈现出以下特点：

(1) 债务风险源于城市建设。从 20 世纪 90 年代中期以来，我国城镇化呈现出快速发展趋势，2002～2011 年城镇化率以平均每年 1.35% 的速度发展，平均每年城镇人口增长 2096 万人。2011 年城镇人口比重达到 51.27%，比 2002 年上升了 12.18%。③ 城镇化水平的快速发展以及潜在的未来增长空间对地方政府履行职责造成了巨大的财政压力。中国人民银行 2011 年 6 月发布的《2010 年中国区域金融运行报告》指出，截至 2010 年年底在规模上限为 14.4 万亿元的地方融资平台贷款中，约五成以上投向公路与市政基础设施。2011 年 6 月国

---

① 西北师范大学经济学院，梁红梅，李晓荣："省以下政府间财力分配研究——以甘肃省为例"，载《经济研究参考》2015 年第 68 期。
② 徐鲲，郑威："县级政府债务风险治理的制度创新"，载《经济体制改革》2015 年第 1 期。
③ 财政部财政科学研究所课题组："城镇化进程中的地方政府融资研究"，载《经济研究参考》2013 年第 13 期，第 3～25 页。

家审计署发布的《全国地方政府性债务审计结果》显示，截至 2010 年年底在全国 10.72 万亿元地方政府性债务中，61.86% 用于交通运输、能源和市政等基础设施建设投资，仅高速公路一项就占 10.42%。[1] 县级政府在筹集资金大搞城市建设的同时，负债风险也在渐渐增长。

（2）债务借贷凭借融资平台。地方融资平台公司是指地方政府为了用于城市基础设施建设的投资建设，通过划拨一部分土地和资金等组建成的资产和现金流，符合融资标准的融资主体。融资平台是我国地方政府性债务的最主要直接债务人，其所借债务占债务总额的 46.38%，尤其是县域政府融资平台公司，其总数占全部融资平台总数的 72.43%，而其管理规范性、盈利能力及资产规模与质量却是最差的，因此，县级融资平台公司债务是我国地方政府性债务风险控制的最主要对象。[2] 审计数据显示，至 2010 年年底，全国省、市、县三级政府共设立融资平台公司 6576 家，其中县级就达 4763 家；省级融资平台为 8826.67 亿元，市级 26 845.75 亿元，县级 14 038.26 亿元，分别占 17.76%、54% 和 28.24%。同时由于县级政府、融资平台、影子银行，通过信托等方式相互渗透与关联，地方政府融资平台模式缺乏清晰明确的法律构架，并且地方政府没有成为真正的法律主体，一系列因素都将加大融资平台的风险。

（3）债务偿还依赖土地财政。董再平（2008）认为，"土地财政"是学界对以地生财的地方政府财政收入结构的戏称，通常指地方政府的财政收入主要依靠土地运作来增加收益。[3] 县级政府主要借助融资平台获得银行贷款来增加融资，而贷款主要通过土地抵押，土地抵押贷款的还款来源依赖于未来土地增值收益，土地增值收益的实现又来自商业用地、居住用地的一次性土地出让收入。很明显，县级政府的城市化发展下的融资模式极易受房地产市场波动的影响，县级政府债务风险可能随时间而慢慢集聚。

据统计，截至 2012 年年底，有 11 个省级、316 个市级、1396 个县级政府承诺以土地出让收入偿还的债务余额 34 865.24 亿元，占省、市、县三级政府负有偿还的债务余额 93 642.66 亿元的 37.23%。[4] 近年来，我国地价和房价上涨迅速，引发了中央政府对房地产市场的宏观调控，直接影响了土地出让收入规模，相应地也弱化了县级政府通过土地融资的功能，县级政府的债务偿还能力

---

[1] 马柱，王洁：" 地方融资平台成因探究——纵向财政竞争的新视野"，载《经济学家》2013 年第 5 期。
[2] 封北麟：" 地方政府性债务风险及其防范"，载《中国金融》2013 年第 7 期。
[3] 董再平：" 地方政府'土地财政'的现状、成因和治理"，载《理论导刊》2008 年第 12 期。
[4] 审计署：《全国政府性债务审计结果》，审计署第 32 号公告，2013 年 12 月 30 日。

深受影响，进一步加大了债务风险。[1]

三、县乡政府偿债违约的风险凸显

将居民、非金融企业、政府三个分部门的杠杆率进行加总，得到2015年年末中国实体部门（不含金融机构）的债务规模为154.26万亿元，实体部门杠杆率为228%。

（1）从实体部门杠杆率的变化情况看。在2014年有所放缓之后（2013年提高17个百分点，2014年仅提高3个百分点），2015年又再次加快（全年提高11个百分点），实体部门杠杆率加快上升的态势值得关注。进一步加总居民、非金融企业、政府与金融机构四个分部门的杠杆率，得到2015年年末中国经济总体的债务规模为168.48万亿元，全社会杠杆率为249%。

（2）从全社会杠杆率的变化情况看。在2014年有所放缓之后（2013年提高17个百分点，2014年仅提高3.5个百分点），2015年又再次加快（全年提高13.6个百分点），这一趋势性变化亦需要引起我们的警惕。因为高杠杆率会带来短期与长期风险，快速攀升的杠杆率蕴含更大风险。[2]

（3）从地方债来看。随着2015年中央加大对地方债的治理，地方政府利用融资平台借债受到控制，而财政部发行地方债券额度有限，地方政府融资难度加大。随着债务陆续到期，地方偿债的压力越来越大，债务违约风险凸显。2015年中央下达了3.2万亿元的地方政府置换债，但这不足以覆盖到期债务的偿还规模，而且余下11万亿元存量债务高额利息支出也同样不容忽视。[3] 规范地方政府债务管理，防范财政风险，是建设现代财政制度的重要组成部分。当前中国政府已推出地方政府债务管理的一系列制度，包括增量上规范的地方政府举债融资机制，存量债务的处理机制，地方政府债务的规模控制和预算制度，地方政府性债务风险预警与防范机制等。

新《预算法》及相关配套文件均规定，地方政府可以举债，但必须采取政府债券方式。要求剥离融资平台公司的政府融资职能，正在抓紧出台相关政策推动其市场化转型。地方政府债券分为一般债券、专项债券两类。同时对地方政府年度发债限额、审批程序、资金用途、预算管理、风险管理做出了明确规定。2015年顺利发行新增地方政府债券6000亿元，置换发行3.2万亿元；2016

---

[1] 徐鲲，郑威：《县级政府债务风险治理的制度创新》，载《经济体制改革》2015年第1期。

[2] 国家金融与发展实验室副主任、国家资产负债表研究中心主任张晓晶；国家资产负债表研究中心副主任常欣：《中国杠杆率的最新估算》，载《社会科学报》2017年2月9日，第2版。

[3] 李一花，乔敏，仇鹏：《县乡财政困难深层成因与财政治理对策》，载《地方财政研究》2016年第10期。

年，全国人大批准新增地方政府限额 118 000 亿元，置换发行 5 万亿元。建立健全债务风险预警和应急处置机制，综合运用债务率、偿债率、逾期率等指标，组织评估了截至 2014 年年末各地级政府债务风险情况，督促高风险地区多渠道筹集资金化解债务风险。改革夯实了地方政府债务规范管理的工作基础，减少了地方政府债务利息负担，在一定程度上防范和化解了地方政府债务风险。[①] 但尚有很多难题有待解决，相关配套政策亟待推出。一是如何根据债务风险状况、宏观经济形势等，合理确定地方政府发债规模，并在各地区间合理分配；二是如何设计地方政府债务风险评估和预警机制、应急处置机制以及责任追究制度，并使其取得实效；三是如何分类处置大规模存在的融资平台公司，分清有关债务责任；四是如何设计 PPP 模式，有力推动社会资本进入基础设施建设领域；五是如何建立健全地方财政收支体系。[②]

作为地方债务中的县乡债务之风险，应该格外引起重视，不容疏忽。

四、县乡政府债务主要形式

一是拖欠工程款。利用权力要求企业在政府没有投入资金的情况下承担某些项目，在项目完成后拖欠工程款而形成债务。二是向民间借款。政府以地方财政收入为担保向民间借款。三是通过融资平台向金融机构融资。四是向上级政府借款。

据调研发现，福州市所属县（市）均有不同程度的债务，特别是因项目建设而负的债务占较大比例。例如，2010 年财政部代理福清市发行地方债券 6181 万元，用于龙田小城镇试点建设（5000 万元）、中央投资公益性项目地方配套资金（1181 万元）。可喜的是，债务风险已引起一些县（市）的重视，如闽侯县近年来遵循适度举债、厉行节约、效益最优的原则，完善地方融资平台建设，探索建立债务规模控制和风险预警等基本管理制度，降低融资成本，防范和化解财政风险。通过努力，地方政府债务率（年末政府债务余额与当年财政收入的比值）由 2005 年的 43.6% 降至 2010 年的 27.6%。

在乡镇，由于没有融资平台，除了工程拖欠款外，所欠债务或是镇书记、镇长找县（市）委书记、县（市）长和财政局长，以基础设施建设需要资金等理由借得，或是各显神通向银行借款，甚至向民间借贷。目前，乡镇多年所积累的债务风险不容忽视，如永泰县樟城镇人民政府截至 2012 年 8 月共负债 600

---

① 高培勇，汪德华："本轮财税体制改革进程评估：2013.11~2016.10（上）"，载《财贸经济》2016 年第 11 期。

② 高培勇，汪德华："'十三五'时期的财税改革与发展"，载《金融论坛》2016 年第 1 期。

万元，其中通过县级融资平台（县国有资产营运公司）融资 100 万元，通过担保向县农业银行贷款 300 万元，用于东门农贸市场开发建设；向县财政局借款 200 万元，作为用于樟树坂征地开发周转金。福清市某镇到 2012 年 8 月止欠财政局基础设施借款 1600 多万元，主要用于归还征地款。[①]

[①] 薛菁："县乡基本财力保障：现实困境与破解思路——基于福州市的调查"，载《福建江夏学院学报》2014 年第 1 期。

第四章　反思：为什么县乡财政困难问题持续 20 余载却始终未能从根本上得到解决

我国的县乡财政困难是 1994 年分税制改革后地方财政运行中的突出问题。从时间节点上看，从 1994 年分税制改革到现在，县乡财政困难问题持续 20 余载，由于前述各种应对措施陆续出台，其间困难程度时有缓解，上下波动不断。但总体来说，从分税制至今，县乡财政始终处于紧运行状态。

为什么各级政府各种应对措施纷纷出台，却仍不能从根本上解决持续 20 余载的县乡财政困难问题？这是一个值得深思却又不是几句话能说清的问题。因此，从历史、社会、经济、政策、制度等方面探讨并反思一下县乡财政困难问题产生并演变至今的原因，应该是很有必要，不无裨益的。

第一节　县乡财政困难的历史与社会成因
——城乡二元结构

一、中国的国家工业化与城乡二元结构

中国县乡财政困难的历史与社会成因的源头应该追溯到中国的国家工业化战略和城乡二元结构（又叫"城乡分治、一国两策"或者"城乡分割、二元政策"）的形成。所谓城乡二元结构，简单地说，就是指在国家工业化进程中，国家对城市与农村、工业与农业分而治之，实行不同的经济社会发展政策和不同的体制，使投资、资源、人才、技术、知识的配置持续向城市、工业和市民倾斜。一言以蔽之，就是给市民和农民以不同的待遇。这种体制、政策或模式，按照美国经济学家刘易斯的概念叫"二元经济"，指的是一种经济结构状态，又称"经济二元化"或"城乡二元化"，按我国著名社会学家陆学艺的提法，叫"城乡分治、一国两策"。

自中华人民共和国成立以来长期实行的"城乡二元结构"的"城乡分割"或"城乡分治"体制最初是由国家主导的重工业化所面临的国情所决定的。

工业化是走向现代化的起点。国家工业化是任何一个近现代国家走上社会现代化的必由之路。工业化通常包括两个基本含义：一是工业或第二产业的产值在国民生产总值中所占比重不断上升的过程；二是工业就业人数在总就业人数中所占比重不断上升的过程。按照工业化的理论逻辑和率先工业化国家的基本经验，在没有特殊障碍的情况下，工业化总是会通过转移农村劳动力和减少农村人口而带来农业的相应发展，因为农村人口的减少意味着农业要素（尤其是土地）的相对集中和农业劳动生产率的提高，只要工业化在启动并发展起来以后能够依靠自身的积累而不是农业的积累继续发展，再加上国家对农业的必要扶持，农业的机械化、技术进步、结构变化亦即现代化就会随着国家工业化的推进而推进。

但是，在所谓发展中国家，工业化的理论逻辑却难以顺利地实现，率先工业化国家的历史经验也难以重现。这是因为在工业化过程中，发展中国家的典型特征是拥有劳动力资源，而为工业发展所必需的资本却异常缺乏。因此，按照发展经济学尤其是刘易斯二元经济理论，发展中国家的工业化应当基于劳动力资源的比较优势，发展劳动密集的非农产业，从而达到让尽可能多的农村人口逐步工业化过程并分享工业化成果的目的。[1]

然而，中华人民共和国成立初期面对的是一穷二白、百废待兴的国情，在背负落后挨打一个世纪的历史屈辱、面临国际各种势力的压迫，以及工业极为脆弱的国民经济基础的背景下，不得不选择国家主导的重工业化战略，或称为赶超型的重化工业优先战略。由于其所具有的资本—技术密集特征，重化工业优先战略所构造的国家工业化模式具有两个突出特点：一是不得不要求农业持续提供主要的积累，二是不得不持续排斥农村人口的参与。[2] 换句话说，第一，国家工业化只能靠农业提供原始积累，尽管当时农业剩余极其低下，还是必须为国家工业化起步提供原始积累、原料和粮食。第二，体制安排必须服从于国家工业化战略目标，使得国家能够从农民手里提取农业剩余。在这个意义上，如果国家工业化是目标，"城乡二元结构"或"城乡分治"就是手段，没有"城乡二元结构"或"城乡分治"就不可能有国家主导的重工业化。

为了达到从农民手里提取农业剩余以推进国家重工业化的目标，"城乡二元结构"或"城乡分治"的体制具体由以下因素或途径构成：一是对农产品实行低价统派购制度，通过工农产品价格"剪刀差"获得积累，并减少交易费用

---

[1] 王颉，樊平，陈光金，王晓毅：《多维视角下的农民问题》，凤凰出版传媒集团，江苏人民出版社2007年版，第226~227页。

[2] 陈光金：《中国乡村现代化的回顾与前瞻》，湖南出版社1996年版。

而使工业获得稳定的低价原料供应。二是国家工业化仅限于在城市和工矿区实施，农村只能从事农业，限制其发展非农产业，为阻隔资源在城乡之间自由流动，实行了严格的城乡分治的户籍制度和向城市倾斜的发展政策。三是对小农经济实行"社会主义改造"，先是实行合作社（实为集体化），1958 年转化为"政社合一"的人民公社，建立起高度集体化的"三农"体制。通过这"三位一体"（一般把统派购制度、城乡分治的户籍制度和政社合一的人民公社制度称作"三位一体"体制）的制度安排，把农民锁定在农村，把农村锁定在农业，把农业锁定为粮食为主，追求粮食高产，以解决吃饭问题。[①]

二、城乡二元结构的概念、逻辑、特征、表现及其意义

一般意义上，城乡二元结构是指城镇和农村这两大部分的劳动者（或居民）存在着持续且显著的经济收益差异。[②] 就是指城乡收入不平等。也可以说，城乡二元结构意味着经济体系中的资源配置存在着效率损失，且城乡劳动生产率（劳动者报酬以及人均国民收入）存在明显差距。[③] 简单地说，城乡二元结构通常与收入不平等紧密相关，或者说，城乡收入不平等就是城乡二元结构的实质所在。

理论上，城乡二元结构（包括城乡二元经济结构或城乡二元社会结构）[④] 涉及三组核心概念：部门意义上的城镇和农村，要素意义上的资本和劳动，资源配置方式上的政府和市场，这三组概念之间的交互作用是理解城乡二元经济结构的理论基点。其中，作为部门意义上的城镇和农村，是理解城乡二元结构的逻辑前提。因为无论是在计划经济体制还是在市场经济体制下，城镇与农村这两大部门都不是相互割裂的，它们之间存在着持续且广泛的经济交互作用，这种交互作用是与资本和劳动这两种基本生产要素的部门间流动紧密相关的，因此，资本和劳动成为在要素意义上探究城乡二元结构问题的关键。在市场经济背景下，无论是商品交换还是资本和劳动等要素的再配置，均是以市场价格的自发作用（或者产业性质的自发演化）为基本方式的，但政府政策却会通过多种渠道对城乡之间的产品及要素交换产生影响，在极端情况下，政府政策甚至会取代市场经济而成为资源配置的基础手段，这意味着市场和政府是在经济

[①] 牛若峰、李成贵、郑有贵：《中国的"三农"问题：回顾与展望》，中国社会科学出版社 2004 年版，第 8~9 页。

[②] 高帆：《中国城乡二元经济结构转化：理论阐释与实证分析》，上海三联书店 2012 年版，第 62 页。

[③] 同上书，第 45~46 页。

[④] 同上书，第 20 页。

运行机制意义上探究城乡二元结构问题的逻辑起点。① 概括地说，就三组概念之间的交互作用而言，作为资源配置方式的政府和市场，影响着作为资本和劳动的要素的流动方向，而作为资本和劳动的要素的流动方向，则影响城乡二元结构的程度，资源配置方式→要素流动方向→城乡二元结构之间存在着依次决定关系。② 反过来说，城乡二元结构的存在、存在程度及其转化，取决于要素流动方向，而要素流动方向又取决于资源配置方式。更透彻地说，城乡二元结构的存在及其转化，取决于资本和劳动的流动方向，而资本与劳动的流动方向，最终取决于政府和市场的资源配置方式，即政府主导资源配置还是市场主导资源配置问题。

就要素流动的方向而言，不外乎三个：一是由农村向城市单向流动；二是由城市向农村单向流动；三是城乡之间双向流动。就资源配置的方式而言，不外乎两点：一是政府主导；二是市场主导。但要素的流动方向又取决于资源的配置方式。换句话说，资本和劳动等要素是由农村向城市单向流出，还是由城市向农村单向流出，还是城乡之间双向自由流动，与资源的配置方式即政府主导还是市场主导关系极大，不同的资源配置意味着不同的要素流动方向，也凸显其要素交换的平等与否，即城乡二元结构的存在程度与转化状态。

所谓资源配置方式，即政府主导或市场主导，本质上是两种不同的经济体制或制度安排。迄今为止，人类社会在持续演化中形成了两种基本的经济体制或制度安排：一种是以市场信号为主要配置工具，以微观经济主体为主要决策主体的市场经济；另一种是以政府指令为主要配置工具，以作为"大共同体"的政府作为主要决策主体的计划经济。③ 在这个意义上，我国1978年以前针对农业、农民和农村实施的"三位一体"的"征税型"政策安排，就是典型的政府主导型的计划经济体制，即通过统购统销制以及工农业产品价格"剪刀差"来促使农业剩余转化为国家工业的启动资本；通过户籍制度以及由此连带的社会福利制度确保劳动力配置符合国家工业化的战略取向；通过人民公社这种"政社合一"的组织安排来降低国家与分散小农之间的交易成本。上述"三位一体"的制度安排为我国在计划经济时期形成较为完整的工业体系奠定了坚实基础，但同时也导致了农村生产力的长期停滞和农业剩余的持续外流。④

而1978年以来，中国的城乡二元结构与1978年以前的城乡二元结构又有

---

① 高帆：《中国城乡二元经济结构转化：理论阐释与实证分析》，上海三联书店2012年版，第62页。
② 同上书，导论第3页。
③ 同上书，第68页。
④ 同上书，第43～44页。

所不同。改革开放本身就是对计划经济即政府主导的逆反，而成熟的市场经济即市场主导却又条件尚不具备。因此，就中国当前的时空背景而言，依靠政府主导来推进城乡二元经济结构转化可能面临着这样的挑战：市场化改革导致资源配置主体渐趋分散化和多元化，且企业和居民的经济自由度不断提升，政府依靠财政机制来配置资源在经济社会运行中越来越处于"补充"地位，更为重要的是，过度强调政府推动城乡二元经济结构转化也可能内含着资源配置效率的损失。但同样值得注意的是，依靠市场主导来推进城乡二元经济结构转化可能面临着如下的困难：渐进式的市场化体制转轨特征导致市场配置资源的能力尚不具备，且政策歧视正是此前导致中国城乡二元经济结构形成的重要因素，同时，在经济全球化的背景下，中国农业经济的完全自由化则有可能沦为国际农业竞争中的"牺牲品"。① 从这个意义上说，《中共中央关于全面深化改革若干重大问题的决定》中关于经济体制改革中政府主导还是市场主导的认识很好地解决了两者之间的辩证关系，从而也为中国城乡二元经济结构的持续转化提供了稳健的动力源泉。该决定明确指出："经济体制改革是全面深化改革的重点，核心问题是处理好政府和市场的关系，使市场在资源配置中起决定性作用和更好发挥政府作用。市场决定资源配置是市场经济的一般规律，健全社会主义市场经济体制必须遵循这条规律，着力解决市场体系不完善、政府干预过多和监管不到位问题。""必须积极稳妥从广度和深度上推进市场化改革，大幅度减少政府对资源的直接配置，推动资源配置依据市场规则、市场价格、市场竞争实现效益最大化和效率最优化。政府的职责和作用主要是保持宏观经济稳定，加强和优化公共服务，保障公平竞争，加强市场监管，维护市场秩序，推动可持续发展，促进共同富裕，弥补市场失灵"。

然而，这一科学的、宝贵的认识却是从改革开放前后几十年经济发展实践的经验教训中总结出来的。事实上，虽然城乡二元结构是诸多国家在经济发展进程中面临的一个普遍问题，是普遍存在的一个现象，但就空间比较而言，很少有国家的城乡经济发展差距像中国这样严重且在渐趋加剧。1978年前后中国城乡要素交换关系的变动轨迹，可以让我们清晰地认识到资源配置方式是怎样决定劳动要素的流动方向的。

三、1978年以前的中国城乡二元结构

从1949年到1978年，是我国的计划经济时期，也是政府主导的农村资本

---

① 高帆：《中国城乡二元经济结构转化：理论阐释与实证分析》，上海三联书店2012年版，第59~60页。

要素的单向流出阶段。新中国成立初期，中国面临着在物质基础极其薄弱的基础上实现经济起飞的重大使命，同时，国内外政治社会形势也逼迫中国将快速工业化（尤其是重工业优先发展）放在战略位置予以对待。在此背景下，中国在1953年提出的过渡时期的总路线明确要求："要在一个相当长的时期内，逐步实现国家的社会主义工业化，并逐步实现国家对农业、对手工业和对资本主义工商业的社会主义改造。"实现国家社会主义工业化的中心环节就是集中力量优先发展重工业，以形成国家工业化和国防现代化的坚实基础，可以说重工业优先发展战略是我国在特定时段为实现经济起飞和维持国家安全而做出的重大抉择。问题在于，重工业优先发展战略所需要的资本密集投入与当时中国资本极度短缺的现实国情相冲突，为此，中国在经济体系中就自然内生出以扭曲要素和产品价格为主要内容的宏观政策环境、高度集中的资源计划配置制度以及缺少自主权的微观经济体制（林毅夫、蔡昉、李周，1994）。就城乡要素交换关系而言，国家需要利用指令性计划来促使资本要素从农村流向城镇，以确保重工业化发展获得较为充裕的资本原始积累；同时，政府也需要利用指令性计划来阻止劳动力要素从农村过度流向城镇，以确保劳动力不会追随资本流动而"稀释"重工业所需要的资本要素。

就资本要素而言，在这个阶段，国家主要依靠工农业产品价格剪刀差等手段来实现农业剩余向城镇的单向度流出，而工农业产品价格"剪刀差"的推行条件是国家实施农产品统购统销并具有工农业产品的"定价权"。1953年10月16日，中共中央发布了《关于实行粮食的计划收购与计划供应的决议》，这标志着粮食统购统销制（以及工农业产品价格"剪刀差"）开始实施。根据不同研究者的估算，在计划经济时期，政府通过公开税、价格"剪刀差"和储蓄净流出等各种形式实现的农村资源向城市的无偿转移，估算下来大致有6000亿~8000亿元（蔡昉，林毅夫，2003；蔡昉，2006）。即使按照马晓河（2004）的估算，改革开放之前的20多年里，国家从农业转移出的资金远远大于给予农业的资金数量，1952~1978年农业向国家净流出资金总量达到4054亿元，年均资金流出量为150.2亿元，且随着时间的推移年均资金量还呈现出不断增加的趋势，例如：1952年农业部门资金净流出量为48.99亿元，到20世纪70年代末年均资金流出量高达241.70亿元。总之，在计划经济时期农业资金净流出的规模较大、时间较长，这种农业资金流出是中国能在短期内建立起较为完整的工业体系的关键元素。

就劳动力要素而言，在不考虑政府干预的情形下，劳动力将追随资本流动以提高劳动生产率，由此所形成的产业结构很可能与政府试图推动的重工业优先发展战略不相吻合。据此，国家就依靠户籍制度来"抑制"农村劳动力和人口向城镇部门的自发流转，1958年1月，全国人大常委会通过的《中华人民共和国户口登记条例》开始颁布并实施。该条例第10条第2款明确规定："公民由农村迁往城市，必须持有城市劳动部门的录用证明，学校的录取证明，或城市户口登记机关的准予迁入的证明，向长住户口登记机关申办迁出手续。"从此，将城乡人口划分为"农业人口"和"非农业人口"的二元户籍制度正式形成，它对人口的自由流动实行严格的限制，在城市与农村之间筑起了一道难以逾越的"城乡壁垒"，且控制日益严厉。1962年公安部发出《关于加强户口管理工作的意见》，指出："对农村迁往城市的，必须严格控制"，"中、小城市迁往大城市的，特别是迁往北京、上海、天津、武汉、广州等大城市的，要适当控制"。即使在"文化大革命"结束之初，其控制也未有松动。1977年11月，国务院批转公安部《关于处理户口迁徙的规定》，进一步明确规定："由农村迁往市、镇，由农业人口转为非农业人口，从其他城市迁往北京、上海、天津三市的，要严格控制，从镇迁往市，从小市迁往大市，从一般农村迁往市郊、镇郊农村或国营农场、蔬菜队、经济作物区的，应适当控制。"① 由上可知，从1958年到1978年的20年，中国农村劳动力和人口的非农化流转是极其困难的。据有关资料对自1952年到1978年中国农村人口占比和劳动力占比的考察，农村人口占比的最低值是80.25%（1960年），最高值是87.54%（1952年），这说明在此阶段中国是一个农村人口占主体的发展中大国，且农村人口的非农化流转长期处于近乎停滞的状态。在考察期内，除了1958年至1960年的"自然灾害"时期，其余年份第一产业劳动力占农村劳动力的比重最低是92.43%（1978年），最高是99.68%（1963年），可见在此阶段农村劳动力主要从事第一产业，他们向第二产业和第三产业的流动几乎不可能。②

四、1978年以来的中国城乡二元结构

1978年以来，是我国从计划经济走向市场经济时期，也是改革开放不断发展的时期，更是市场—政府双轮驱动下由农村内部的资本和劳动相结合走向城乡之间多种要素的再配置过程，特别是党的"十四大"报告明确提出中国经济体制改革的目标是建立社会主义市场经济体制。就城乡要素交换关系而言，这种体制变革的深刻意义在于：政府已经不能再像计划经济时期那样按照自身意志来自主配置资源了，市场将在城乡资源配置过程中发挥基础性作用，同时企

---

① 杨海坤主编，《宪法基本权利新论》，北京大学出版社2004年版，第114~115页。
② 高帆：《中国城乡二元经济结构转化：理论阐释与实证分析》，上海三联书店2012年版，第175~176页。

业和居民（尤其是城乡要素交换中的农民）将成为要素交换的市场主体。然而，在改革开放初期，由于处于体制转轨期，政府仍然具有一定程度的资源配置和动员能力，以政府主导为基本特征的农业资金流出依然具有"路径依赖"效应。据估算，1980~2000年，工业发展以各种渠道从农村汲取的资金约为1.29万亿元（以2000年不变价格计算），如果从城乡关系来看，同期大约有2.3万亿元资金从农村流往城市部门。就整体而言，农村和城镇两大部门之间的要素交换并不普遍和活跃。① 进入新世纪以来，中国政府在贯彻落实科学发展观的理念下着力推动城乡统筹发展，强调以"少取、多予、放活"为主线来促进农业农村经济发展，着力破除城乡二元结构。但从实践来看，我国尚处在农产品持续增产长效机制和农民稳定增收长效机制的探索阶段，"尽管农村改革在多方面取得重要进展，但目前制约农业和农村发展的深层次矛盾并没有消除，农业稳定增产、农民持续增收和农村社会稳定繁荣的制度基础并不牢固，特别是有利于消除城乡二元结构、合理配置城乡资源、促进城乡协调发展的体制和机制没有真正建立起来"。（农业部软科学委员会办公室，2010）其根本原因是新时期城乡要素交换关系仍存在着以下特征：

（1）流动方向的单向性。就流动方向来看，新时期城乡要素流动的基本方向仍是农村要素单向度流入城镇，且这种单向度流动涉及劳动、资本和土地等主要生产要素。就劳动力而言，农村劳动力资源与第一产业从业人员的差额总体上呈现出逐步攀升的态势，2009年这种偏差甚至达到了1.7亿元，在乡镇企业吸纳农村劳动力日益弱化的情况下，农村劳动力将更多采用跨地区、跨部门方式流向城镇部门，即规模化、普遍化的异地城镇就业。就资本而言，1990年之后，正规金融机构向农业的贷款额度出现相对下降趋势，2007年农业贷款和乡镇企业贷款占金融机构发放短期贷款的比重仅为19.69%，2006年农业贷款占金融机构人民币各项贷款的比重仅为5.9%，远低于同期农业增加值占GDP的比重11.8%以及农业从业人员占总从业人员的比重42.6%。而农村信用社在农村吸收的存款并未全部（或大部分）用于农业和农村发展，且通过上缴存款准备金、转存银行款、购买国债和金融债券、净拆出资金等方式形成对农业资金的"虹吸效应"。据统计，1996~2009年农村信用合作社逐年资金净流出规模最小为281.2亿元（1999年），最大为3034.67亿元（2008年）。就土地而言，伴随着工业化和城市化进程的持续推进，耕地的农业用途与非农业用途之间的"冲突"不断加剧，1996~2008年农村年末耕地面积已从130 039.2 千公

---

① 高帆：《中国城乡二元经济结构转化：理论阐释与实证分析》，上海三联书店2012年版，第178~180页。

顷降至121 715.9千公顷。显而易见,从劳动、资本、土地三种主要生产因素来看,当前中国存在着农村要素单向度、持续化流向城镇部门的基本态势。

(2) 市场价格的失真性。在农村要素单向度流出的背景下,如果市场价格能够相对精确地反映要素的"稀缺度",则农民将通过要素流转而获取与其他社会成员相对均衡的经济收益。但囿于现有的市场环境和制度安排,农民面临的要素价格仍具有某种程度的"失真"特征。以农村劳动力外出就业为例,据相关部门统计调查,2009年我国外出农民工以从事制造业(占比39.1%)、建筑业(占比17.3%)和服务业(占比11.8%)为主。

从工资报酬来看,2009年外出农民工月平均收入为1417元,而城镇单位就业人员月平均工资为2687元。分行业来看,2009年农民工收入水平较高的是交通运输业(月均收入1671元)、采矿业(月均收入1640元)和建筑业(月均收入1625元),收入较低的是住宿餐饮业(1264元)、服务业(1276元)和制造业(1331元)。分行业来看,城镇单位就业人员的收入,建筑业为2013元,住宿和餐饮业为1738元,采矿业为3170元,交通运输业、仓储和邮政业为2943元,均高于农民工的收入水平。

从土地要素看,农民在征地过程中所获取的补偿与其集体作为土地所有者、家庭作为土地使用者的地位很不匹配。按照中国的《土地管理法实施条例》,"土地补偿费归农村集体经济组织所有;地上附着物及青苗补偿费归地上附着物及青苗的所有者所有",农民个人所能明确获取的补偿费往往只是地上附着物和青苗补偿费,这些只占全部土地补偿费的5%~10%,村级集体得到25%~30%,60%~70%为地方政府和各部门所得。[①] 上述情况意味着,无论是从劳动力报酬还是从土地征用补偿的角度看,农村要素的外流均伴随着要素价格(或要素使用权转移的补偿)的失真,且这种失真均表现为农村居民利益的相对受损。

(3) 交易条件的约束性。要素市场的发育与完善对于实现城乡要素自由平等交换具有至关重要的作用。改革开放以来,中国生产要素的市场化改革进展较为迅速,但要素市场化进程滞后于商品市场化进程,却是一个特征性事实。尤其是在城乡要素交换过程中,劳动、资本和土地等要素的市场化进程均相对迟缓,诸多技术和制度因素相互交织、彼此缠绕,导致市场的自发拓展以及价格机制有效发挥作用遭遇阻碍。就资本要素而言,农村正规性金融机构和非正规性金融机构所提供的"金融供给"与农村农民所需的"金融需求"之间存在偏差,农村合作性金融、商业性金融和政策性金融"三位一体"的架构尚未真

[①] 夏锋:"让土地成为农民财产性收入来源",载《上海证券报》2008年3月5日。

正构建，农村融资体系和资本市场发育尚处"金融抑制"阶段。就土地要素而言，农村规范性的土地出让市场和土地使用权流转市场尚未普遍构建，在很多地方，由于正规性社会保障供给相对不足，土地仍然承担着农民养老、基本医疗等社会保障功能，而这种功能会形成对土地经济要素功能的部分"弱化"。在此背景下，土地征用与土地使用权流转就不是一个单纯的要素配置优化和经济效率提高问题，而必须高度关注土地因承载社会保障功能而内含的社会公平属性。就劳动力而言，由于户籍制度的影响依然存在，因此，农村劳动力转移通常难以同时完成农民身份转化，农业工业化（职业转化）和农民市民化（身份转化）被割裂为两个不同步的过程。从社会实践的角度看，当前阻碍农民工外出流转的两个主要因素是子女教育和养老保障问题，而这两者均与农村劳动力流转的身份转化紧密相关。

  由上可见，从 1978 年改革开放初期尤其是 21 世纪以来，城乡资源配置方式、要素流动方向以及要素交换关系均与 1978 年以前的城乡二元结构特别是资源配置方式、要素流动方向与要素交换关系等发生了重大转变，其集中体现是：劳动、资本和土地均从农村单向度流向城镇；农村要素交换的价格存在着失真状况；城乡要素交换所依赖的交易条件具有约束性质。这三者表明：改革开放以来，中国城乡两部门之间的要素流动性在不断增强，但城乡要素交换关系仍存在着不平等、不完善特征，这是导致城乡资源配置方式和要素流动方向难以短时期根本改变，且城乡二元结构反差在高位持续波动的根本原因。也是县乡财政困难难以回避的最重要的历史与社会成因或根本原因所在。①

  概括地说，自中华人民共和国成立以来，我国的经济体制由横向和纵向组成，纵向是高度的集权体制，横向是城乡分治的体制。改革开放以来的体制转轨，仅仅打破了纵向高度集权体制，而城乡分治的体制并没有从根本上改变。由于我国长期实行城乡不均衡的城市优先发展战略，农村向城市源源不断输送资金、人才，而农村公共品却一直由劳动生产率较低的农业自己提供。这种城乡分治固化了城乡二元经济结构，加剧了城乡之间的割裂状态，使国民经济的循环也在城乡之间中断，这使得县乡政府财政收支矛盾突出，并不断积累，这是形成县乡财政困难进而靠举债度日的根本原因。②

---

① 高帆：《中国城乡二元经济结构转化：理论阐释与实证分析》，上海三联书店 2012 年版，第 181~187 页。
② 刘尚希，傅志华主编：《缓解县乡财政困难的路径选择》，中国财政经济出版社 2006 年版，第 275 页。

第二节 县乡财政困难的政策性成因

县乡财政困难的政策性成因很多,但首推农村税费改革政策的推行。或者说,农村税费改革是县乡财政困难的最主要的政策性成因,其他政策性成因,或是由农村税费改革政策所引起,或是与农村税费改革政策相关联,或是对农村税费改革政策的纠偏与补救。

一、农村税费改革——农民负担重与县乡财政困难的零和博弈

1. 农村税费改革的缘由——农民负担沉重

农村税费改革是党中央国务院为了从根本上减轻农民负担、巩固基层政权所作出的重大决策。

农民负担,指的是农民对国家所要负担的税、费、劳务以及各种摊派。在传统社会,这些一般叫作赋役。

农民负担问题之所以非常重要,因为它直接关系到乡村社会的稳定。因此,历代统治者都极为重视农民负担问题,被当作是"国之大本"。农民负担这个词语在中国的20世纪90年代中期以后被频繁使用,成为"三农"问题的中心概念之一。[①]

农村税费改革前,我国农民的负担由四部分组成:一是国家税收,主要是农业税和农业特产税;二是向乡镇政府和村级组织交纳的"三提五统"("三提"是指用于村级组织的管理费、公积金和公益金三项提留的费用;"五统"是指乡镇政府用于乡村道路、农村教育、计划生育、民兵训练和优抚等公共事业的五项统筹费用)以及土地承包费、农村教育附加费等;三是各种行政事业性收费、教育集资、乡村范围内的生产和公益事业集资以及各种摊派、罚款和收费;四是按照国家法规规定的农村劳动力每年应承担的义务工和积累工。其中,第一部分的负担是"税",第二部分、第三部分、第四部分的负担是"费"。事实上,早在改革开放之前的人民公社时期,农村的"税"和"费"等费用就已经作为农民负担而存在了。只是当时的这些税和费作为农民负担,在社员分配以前就已经从村(当时叫生产大队)或组(当时叫生产队)等集体收入中扣除(集体交的公粮和"三提五统"),但被集体财产的光环包装,又被工分的形式掩盖,农民不知道自己有什么负担和负担的多少。而在包产到户以后,

---

① 周飞舟:《以利为利:财政关系与地方政府行为》,上海三联书店2012年版,第49页。

这些作为农民负担的"税"和"费"已经不再通过集体这个中介,而是直接由农户均摊,且大部分货币化了。直到此时,农民才开始真切地感受到自己的负担及其给自己带来的压力。① 不过,农村实行联产承包制以后,虽然农业税、集体费用等需要从农民手中挨家挨户征收,但直到20世纪80年代末90年代初农民负担基本不是突出的问题,由于乡镇企业的兴起和繁荣,基层的县乡财政也没有出现严重的困难局面。② 90年代中期以后,随着分税制的推行和乡镇企业的转制、倒闭,中西部地区的县乡财政出现了比较大的困难,农民负担问题便日益突出起来。由于作为农民负担的"税",国家有明确的法律法规加以确定,不能随意增加和减少,而作为农民负担的"费",国家并没有明确统一的标准,这就导致县乡村干部为解决财政困难自立名目想方设法收"费",且以公共事业的名义任意制定集资收费和摊派的标准。到90年代后期,"乱摊派、乱收费、乱集资"的问题在广大农村尤其是中西部农村愈演愈烈,农民负担居高不下,由于各种收费过多过重而造成的农民自杀、群体性上访事件频繁发生,已经成为威胁到农村社会稳定的一个严重问题。

根据农业部1999年在全国6省12县820个农户的抽样调查数据,人均农民负担总量在100元左右,约占农民纯收入的7%,其中农业税、三提五统和集资费分别占总量的29%、58%和13%。③ 从中可见,作为农民负担的"税"只占不到1/3,而作为农民负担的"费",则比"税"的两倍还多。总之,"税"轻"费"重、缺少规范是税费改革前农民负担的主要特点。税费改革势在必行。

2. 农村税费改革的启动及其内容

早在20世纪90年代,一些地方就已进行了以县为单位的农村税费改革。比较典型的如湖南省武冈市的"费改税"、河北省正定县的"公粮制"、安徽省太和县的"税费合一"以及贵州省湄潭县等地的"税费大包干"等。这些改革试点在今天看来虽然存在很多问题,但对农村税费改革,却具有积极的启发和推动作用,为2000年由中央启动的全国性农村税费改革积累了宝贵的经验。④

2000年年初,根据《中共中央国务院关于进行农村税费改革试点工作的通知》,中央政府在安徽省进行农村税费改革的全面试点。2001年,江苏省自费

---

① 范毅:《走向财政民主:化解乡村债务长效机制研究》,法律出版社2013年版,第30~31页。
② 周飞舟:《以利为利:财政关系与地方政府行为》,上海三联书店2012年版,第101页。
③ 赵阳,周飞舟:"农民负担和财税体制:从县、乡两级的财税体制看农民负担的制度原因",载《香港社会科学学报》2000年秋季卷。
④ 张晓山,李周:《新中国农村60年的发展与变迁》,人民出版社2009年版,第371页。

进行了全省范围农村税费改革试点。2002年，在总结安徽省农村税费改革试点经验基础上，根据国务院办公厅《关于做好2002年扩大农村税费改革试点工作的通知》，国务院确定河北、内蒙古、黑龙江、吉林、江西、山东、河南、湖北、湖南、重庆、四川、贵州、陕西、甘肃、青海和宁夏16个省（自治区、直辖市）为2002年扩大农村税费改革试点省级区域，试点省级区域是进行全省级区域试点还是局部试点，由有关省级区域人民政府决定。上海、浙江、广东等沿海经济发达省（直辖市）可以自费进行扩大农村税费改革试点。2002年，全国已有20个省（自治区、直辖市）以省级区域为单位进行了农村税费改革试点。2003年，根据国务院《关于全面推进农村税费改革试点工作的意见》，尚未以省级区域为单位进行农村税费改革试点的省（自治区、直辖市）开始进行农村税费改革试点。

至此，农村税费改革试点在全国范围展开。[1] 按照政策制定者的目标设计，农村税费改革的主要目的是从根本上理顺农民与国家之间的分配关系，彻底减轻农民负担，改革政府提供公共产品和服务的成本分摊方式和机制，维持农村基层政权组织的正常运转，维护农村社会的基本稳定。

农村税费改革试点的主要内容是"三个取消、两个调整、一项改革"。三个取消是：（1）取消乡五项统筹和农村教育集资等专门面对农民的收费和集资；（2）取消屠宰税和除烟叶特产税以外的农业特产税；（3）逐步取消统一规定的劳动积累工和义务工。两个调整是：（1）调整农业税政策；（2）调整农业特产税政策。一项改革是：改革村提留征收使用办法。

总的来说，除了农业税被保留之外，几乎所有的提留统筹和集资收费都被取消，农民不必再向政府缴纳除正规税收之外的任何费用。但与此同时，农业税的税率有所调整，从3%左右提高到7%左右，同时在此基础上再征收相当于农业税数量20%的附加税收，称为"农业税附加"。这样，农业税正税和附加税加在一起，占农业常年产量8.4%，这就是改革以后的新农业税税率。

农业税税率之所以有较大的提高，是为了部分弥补停止收费后对地方财政带来的负面影响。其中的农业税附加部分主要用于弥补村提留取消后村级组织的开支，由县乡政府征收以后返还给村庄使用。农业税正税上的增加部分主要用于弥补乡统筹和各种集资（主要是教育集资）取消后乡镇政府的收入缺口。[2]但是，由于改革前"费"的总量要远远高于税的总量，所以税率的提高只能部

---

[1] 朱钢，贾康：《中国农村财政理论与实践》，山西经济出版社2006年版，第223~224页。
[2] 周飞舟：《从汲取型政权到'悬浮型'政权——税费改革对国家与农民关系之影响》，载《社会学研究》2006年第3期。

分弥补因停止收费而带来的收入缺口。对于这一点,党和国家领导人也是知道的。在九届人大四次会议闭幕后的记者招待会上,时任总理朱镕基在回答有关税费改革问题时,就直言不讳地指出:"目前从农民手里收取300亿元的农业税,600亿元的乡统筹、村提留,再加上乱收费,恐怕从农民那里一年要拿1200亿元甚至更多。我们这一次的税费改革,就是要把现在收取的300亿元的农业税,提高到500亿元,也就是农业税率从5%提高到8.4%;与此同时,把乡统筹、村提留的600亿元和各种乱收费一律减掉。这样会出现一个很大的收支缺口。中央财政准备拿出200亿元到300亿元补贴给农村,给有困难的省、自治区、直辖市。但是,这个缺口还是很大的。"[①] 在这种情况下,中央政府采取了另外的措施来弥补地方政府的开支。2003年财政部出台了《农村税费改革中央对地方转移支付暂行办法》,以"农村税费改革转移支付"的名义对中西部地区的农村进行补助。在此之前的2001年,中央财政预算专项用于农村税费改革的转移支付额为80亿元,2002年增加到245亿元,2003年增加到305亿元(2003年当年全国在改革后的农业税正税总量为338亿元。也就是说,中央政府发放了与农业税总量规模相当的税费改革转移支付),2004年中央财政又拿出396亿元,继续加大对农村税费改革的转移支付。其中,中西部地区获得了较多的农村税费改革转移支付。

3. 农村税费改革的成效

经过几年的改革试点,农村税费改革取得了较大成功,农民负担明显降低。2003年与1999年相比,全国农民人均税费负担由99.8元减少到67.3元,减少了32.6%;税费负担占当年农民人均纯收入的比重由4.43%下降到2.57%;其中,中西部地区的农民负担的减轻幅度均高于东部地区。2003年,中部和西部地区农民人均负担分别比1999年减少32.1%和37.1%,同期东部地区的下降幅度为30.6%。比较起来,西部地区农民负担下降的幅度最大。农村税费负担的下降也直接拉动了农民收入的增长,2002年农民人均纯收入比2001年实际增长4.8%,其中有0.5个百分点来自农民负担的减少。[②]

农民负担的明显降低无疑是一件好事。然而,农村税费改革是一把双刃剑,它一头连着农民负担,另一头连着县乡财政。前者的收益是以后者的受损为代价的。在这个意义上,农村的税费改革已经成为一种零和博弈。正如财政部财政科学研究院院长刘尚希所言,农民负担重和县乡财政困难一直是我国改革发展中面临的突出问题。且这两个问题相互关联,第一个问题解决不好容易增大

---

① 王绍光:《美国进步时代的启示》,中国财政经济出版社2002年版,第22页。
② 中国社会科学院农村发展研究所,国家统计局农村社会经济调查总队,2005。

解决第二个问题的难度。而且越是经济欠发达地区，这种关联性越高。因为经济不发达地区，农业比重大，第二、三产业规模小，产业结构单一。在农业劳动生产率低、产业化水平不高的情况下，财政收入相当大的一部分来自农业部门。可以说，长期欠发达地区的县乡财政是建立在农民负担之上的。农村税费改革包括后来中央采取的减免农业税和全面取消农业税的措施，一方面大大减轻了农民负担，另一方面也使农业依赖型的县乡财政变得更加脆弱，县乡财政的收入能力大大削弱。① 一句话，农民负担愈是减轻，县乡财政就愈是困难。

事实也正是这样。随着农村税费改革的进行，以前可以通过村提留和乡统筹来增加的收入成为历史，乡镇政府从此不能依靠各种收费和摊派维持自身的开支和公益支出，使本已负债累累的乡镇财政雪上加霜。据统计，税费改革前，我国乡镇财政每年要从农民手中收取大约1200亿元，其中包括农业税、乡统筹、村提留和各种乱收费。税费改革后，要把乡统筹和村提留的600亿元和大约100亿元的行政性收费一律减免，乡镇每年要减少大约700亿元的收入。而国家对税费改革后县乡村政府和组织财力减少所给予的转移支付却远不足以填补缺失，甚至可以说是杯水车薪。有学者曾根据2004年至2005年湖南、重庆和吉林的3省（直辖市）12县和12个乡镇的调查资料，就税费改革前一年调查乡镇的农民负担与税费改革当年的农民负担和转移支付进行了比较，发现其被调查乡镇改革后的财力比改革前的财力有明显下降。下降的幅度各地不等，但除了个别乡镇外，其他乡镇的下降幅度多在30%左右。实际上，该比较尚未计算那些不规范的乱摊派和乱收费，如果计算在内，下降的幅度则远远不止30%。② 换句话说，造成乡镇财力下降的直接原因是转移支付和农业税增加额不足以弥补原来的"三提五统"收费。而税费改革的直接影响就是县、乡、村陷入新一轮更严重的财政危机，尤其是在广大中西部农村地区，绝大多数的乡镇政府和村级组织一时之间就断绝了财政收入的主要来源，财政压力陡然增大，乡村债务必然大幅增加。如果以来源分乡镇进行债务统计，以2004年而言，湖南平均每个乡镇负债1674万元，重庆为590万元，吉林为899万元，12个乡镇总平均数是1049万元。如果按这个调查结果统计，则全国的乡镇负债总额应该在4000亿元到6000亿元。③ 县乡财政困难状况并未因减少农民负担而有所缓解，而是变得更加困难。

---

① 刘尚希，邢丽：《从县乡财政困难看政府间财政关系改革——以西安贫困县为案例》，载《地方财政研究》2006年第3期。

② 周飞舟：《从汲取型政权到'悬浮型'政权——税费改革对国家与农民关系之影响》，载《社会学研究》2006年第3期。

③ 同上。

4. 农村税费改革的评价

朱钢、贾康等认为，农村税费改革的首要政策目标是减轻农民负担，保证农村的社会稳定，应该说，这一目标已经达到，不仅农民负担大幅度降低，而且由于农民负担重所引起的种种社会矛盾以及农民与政府之间的冲突大大缓解。但是，目前进行的农村税费改革主要是通过分配制度的改革，调整税费率（取消各种不合理收费、集资和摊派以及减免农业税等），降低农村税费征收成本（农业税减免政策实施前农业税征收办法的改革）来降低农民负担，而在政治体制、财政体制等方面缺乏有效的配套改革措施，目前为止的改革还没有全面涉及农村财政制度的建设。[1]

赵树凯认为，综合考察乡镇政府的财政状况，可以看出：第一，财政收入在税费改革后明显下降；第二，财政支出维持原状，且行政管理费用占绝大部分；第三，工资拖欠问题日益严重。因此，在支出维持原状，而收入却有所减少的状况下，乡镇政府为了政绩要完成上级税收任务，为了维持与上级的良好关系需要支付高额的办公费用，其出路只有一条，即举债。

税费改革为基层农民减轻了缴税的负担，也为基层政府减少了"征税"的负担，对于消除基层干群的紧张对立确有促进。但是，从另一方面来看，与基层政府的"汲取能力"相对应的政府对于基层社会的"渗透能力"并未随之改善。由于不再需要为了征税而开展动员，基层政府逐渐淡出了社会的视野，二者的关系越来越疏离，群众对政府的不信任感也并没有减少。而且，即使税费改革较为规范地执行了，征地冲突等其他"与民争利"的行为又在不断演绎，总体上看，税费改革能否强化基层政府的能力仍然存在着若干变数。[2]

周飞舟则认为，税费改革通过取消税费和加强政府间转移支付来实现基层政府财政的公共管理和公共服务职能，力图将国家—农民的"汲取型"关系转变为一种"服务型"的关系……改革取得了明显的成效，即农民负担大为减轻，地区间均等化的转移支付框架初步建立了起来，由上而下、由东到西的转移支付资金替代农民税费成为中西部地区基层政府财政收入的主要来源。但是，税费改革的更深层次的目标，即转变基层政府职能，实现国家和农民的"服务型"关系并没有完成，而且出现了一些意外的后果，其中最为重要的就是以乡镇政府为中心的基层政府行为的"迷失"。我们看到，乡镇财政在变得越来越"空壳化"，乡镇政府的行为则以四处借贷、向上"跑钱"为主，不但没有转变为政府服务农村的行动主体，而且在和农民脱离其旧有的联系，变成了表面上

---

[1] 朱钢，贾康：《中国农村财政理论与实践》，山西经济出版社2006年版，第228页。
[2] 赵树凯：《乡镇治理与政府制度化》，商务印书馆2010年版，第116~117页。

看上去无关紧要、可有可无的一级政府组织。[1]

王绍光认为:"以减轻农民负担为目标的税费改革也许可以在短期内把农民负担减轻一些,但不能因此而忽略更为重要的制度建设。如果不把农村财政放到一个更坚实的制度基础上,摊派、收费和罚款的卷土重来只是时间问题,几乎是不可避免的。最终,减轻农民负担可能变成一个无法兑现的许诺。"[2] "税费改革的目标应是建立一个民主、公平、统一、规范、高效的现代财政制度。只有这样,才能从根本上解决农民负担过重问题,为农村以致整个中国的长治久安奠定坚实的基础"[3]。

二、"乡财县管"改革存在有待解决的问题

"乡财县管"的积极作用应该充分肯定。然而,由于乡财县管是一项正在探索中进行的财政体制改革实践,它不可避免地也存在一些有待解决的问题。

(1) 对乡财县管的权力边界划分不清。乡财县管是乡财的委托和代理关系,但有些县级政府对"乡财"界定不清,存在范围扩大或者缩小的情况。事实上,"乡财"的内涵是"财力"而不是"财政",也不是"财务"。如果将它扩大为"财政",就会出现事权的推诿,责任的推卸;如果将它缩小为"财务",则缺少了改革的主体内容,无法达到乡财县管所设计的目标。

(2) 乡财县管对县乡财政的责任界定不清。第一,县乡政府的财政管理监督责任划分不清,有些乡财政出现预算约束缺位。乡财县管后,乡镇的核算、监督权力全部转移到乡财中心,使得权力主体与责任主体分离,从而导致乡镇对财政管理监督责任的推卸,同时又没有将乡镇财政的管理监督权赋予县级财政,因而导致财政管理监督权的落空。第二,县乡之间的财政支出责任划分不清。乡财县管后,由于有县财政的兜底,乡镇消极对待,产生"等、靠、要"的思想,对应承担的支出责任往上级推。有的乡镇对所欠的债务偿还积极性不高,对债权的清理不积极、不主动,乡镇欠县级财政的多种债务拖欠不还,造成乡镇债务向县财政转嫁,县级财政不堪重负。而一些县级政府则忽略乡镇的财政需要,随意占用乡镇财力,使得乡镇的社会事业发生停滞。

(3) 乡财县管管理程序设计不合理。按现行乡财县管的程序设计,各乡镇的用款需要按年初预算编制用款计划,经过报账员、财政所长、镇长、财政局长签字、结算主任、结算管理人员、记账员7个环节,要逐张发票审核报账,

---

[1] 周飞舟:《以利为利:财政关系与地方政府行为》,上海三联书店2012年版,第126页。
[2] 王绍光:《美国进步时代的启示》,中国财政经济出版社2002年版,第27页。
[3] 同上书,第17页。

否则审批不能通过，有时可能几天资金都不能到位。预算变动程序复杂，遇到急事乡镇只能想方设法拆东墙补西墙，降低了资金的使用效率和使用效益。项目之间预算的流通十分困难，乡镇的钱完全被县财政管死。

（4）乡财县管的规范性制度缺失。在乡财县管中，对于如何落实资金所有权不变、如何防止县财政占用乡财政的资金、如何确保各县主管部门转移支付责任等问题，目前缺乏规范性的具体制度。而这些规范性制度的缺失，可能造成乡财县管改革后的财政权力界限不清，从而难以保证乡财县管的顺利运转。如果没有相应的制度，债务债权不变原则无法落实，因为乡镇的资金全部由县财政管理，这就为乡镇推卸债务提供了条件。如果没有进一步的约束（如规定偿债准备金的提取），可能会使乡镇债务的处理难度加大。

（5）乡财县管对乡镇债务没有积极的解决办法。乡镇债务是乡镇财政走出困境的最大障碍。乡镇债务数额巨大，成因复杂，完全解决需要一个过程。在乡财县管改革试点中，债务债权关系不变，乡镇的债务负担依旧，而且随着偿债日期的临近，乡镇债务的压力不断扩大。如果不采取积极的对策应对，乡财县管最终的目标还是无法实现。① 解决县乡财政困难的努力必将落空。

三、"省直管县"与"乡财县管"改革存在的值得理性思考的问题

"省直管县"与"乡财县管"的政策出台差不多同时，在某种意义上，"省直管县"与"乡财县管"一样，都存在解决县乡财政困难的取向问题。同理，两者也有许多值得共同思考的问题。

（1）"省直管县"与"乡财县管"财政体制改革的模式问题。"乡财县管"改革模式大体有三种：一是乡财县管体制。在预算管理权和资金所有权、使用权、审批权不变的情况下，由县财政管理并监督乡镇的收支。二是统收统支体制。即县级财政对乡镇的收支统一管理，乡镇财政作为县级财政的预算单位主要负责收入和财政管理，并辅之超收激励政策。三是比例分成政策。

"省直管县"改革的模式大体也有三种：一是仅在财政体制上实施省管县，市仍然保留对县的行政管理权。二是通过扩权的方式实现省管县，如在审批权限上授予县级政府享受市级权利等。三是在行政权力和组织设置上市与县相同，实现真正意义上的省直管县体制（目前浙江省就属于这种模式）。②

（2）"乡财县管"与"省直管县"财政体制改革的实质问题。"乡财县管"

---

① "广西乡财县管改革研究"协作课题组："广西乡财县管改革研究"，载《经济研究参考》2008年第11期，第18～27页。

② 王恩奉：《县乡财政面临的问题及对策研究》，经济科学出版社2009年版，第36～37页。

财政体制改革的实质是县财政对乡财政加强监督权的一种方式,原有的乡财力仍旧归乡财政使用,县财政对其加强监管。有人认为,这是上级政府家长主义作风的一种表现,认为上级政府比下级政府英明。也有人认为,"乡财县管"的实质是为不善理财甚至不会理财的乡镇政府请了一个"管家"——县级政府。[①]"省直管县"财政体制改革的实质是越过了行政层级,在财政体制上省直接与县产生结算关系,既精简了财政层级,也为省管县行政体制奠定了基础。财政省管县不仅是地方财政体制的完善,也是减少政府层级的有利探索。[②] 总的来说,"两项改革"("乡财县管"和"省直管县")的实质,是以财政改革为突破口而进行的一系列制度创新。从表面看,"两项改革"并没有触及行政体制,但是财政体制与行政体制乃至政治体制之间有着密不可分的联系,由财政体制改革向行政体制改革过渡不仅是改革与发展的现实要求,同时也是历史发展的必然趋势。

(3)"乡财县管"与"省直管县"财政体制改革的动因问题。"两项改革"的动因可以从不同方面把握,但总的来说,其动因应该是基层政府在财政压力下的一种能量释放。财政体制的压力可以导致政府行政治理结构的改革,而政府行政治理结构改革才能有效缓解财政困难,财政压力下的改革路径必须寻求制度创新。

(4)"乡财县管"与"省直管县"财政体制改革的核心意义问题。"两项改革"的核心意义在于减少了预算级次,使分税制体制在县乡层面的实施出现了转机,从而为减少行政层次、降低行政成本、平衡城乡间公共服务、理顺政府间财政关系和促进县域经济发展等深层次改革创造了条件。[③]

(5)"乡财县管"与"省直管县"的不彻底性问题。一是"乡财县管"与"省直管县"虽然使县乡财政的困难在很大程度上得到缓解,但现实中政府间的财政分配关系并非真正意义上的"理顺"及"规范"。如果将其认之为解决县乡财政问题的根本,只会误导我们未来财政分配关系的理顺。实际上,"乡财县管"与"省直管县"只是一种特殊时期条件下的暂缓之策,甚至可以说"是一级政府不相信一级政府起因下的产物"。[④] 二是财政职能与政府职能的有效衔接,离不开完整的行政体制与财政体制的配套。所以,无论是乡财县管改革,还是省直管县改革,主要局限在财政层面和技术层面上,停留在现实的行

---

① 钟晓敏,叶宁:《中国地方财政体制改革研究》,中国财政经济出版社2010年版,第61页。
② 同上书,第39页。
③ 王恩奉:《县乡财政面临的问题及对策研究》,经济科学出版社2009年版,第38~39页。
④ 同上书,第254~255页。

政架构间所进行的低级别、浅层次或过渡性的改革措施。因此，不仅没有从根本上突破政府行政体制的阻隔，减少政府层次或完善治理结构，也没有从总体上触动政府间的职能转变和事权划分，所以很难从根本上解决县乡财政及其运行机制中积重难返的问题。① 三是现有的对"乡财县管"与"省直管县"财政体制改革的研究也多集中于工作层面的评述和一般的分析，没有从政治学、制度经济学等方面进行深入的理论研究和科学分析，更没有对其隐含的制度变迁进行深层的剖析并作出令人信服的解答。② 可以说，包括乡村债务及其化解在内的中国目前的社会经济问题，已经转变成了社会政治与法律问题。我们要为经济发展提供一个正常的、可持续发展的社会制度、政治制度和法律制度，唯有这样，经济才能持续地发展，否则潜在的危机随时会出现。③

（6）"乡财县管"与"省直管县"财政体制改革的难点问题。难点表现在，"两项改革"要彻底，绕不开行政体制架构，而政府组织结构扁平化则是提高政府效率、降低行政成本的根本途径。从改革的成本看，财政体制改革和行政体制改革的方式和时机不同，对改革成本的高低和影响时间的长短也不相同。当财政体制和行政体制改革能够与经济转型一致时，短期成本虽高，但长期社会总成本会较低，并能取得明显的效果；反之，短期成本虽低，但长期成本较高，难以取得满意的效果。渐进式改革的方式导致政治体制改革滞后于经济体制改革，行政体制改革滞后于财政体制改革，从而造成深层问题积淀较多，财政压力加大，长期社会成本增加。④ 简要地说，"两项改革"之所以不彻底，难点和关键都是缺乏行政体制改革。因为，县乡财政困难并不纯粹是基层财政的问题，它是体制矛盾的焦点，反映的是整个体制的问题。而整个体制又是一个系统工程，它不但包括财政体制，还包括行政体制，不但有经济体制，还有政治体制、宪政体制。"两项改革"作为现阶段地方财政体制改革的重点，恰好是经济与政治的连接点，而不触动政治体制改革的地方财政体制改革是注定不会成功的。⑤ 只有在政治体制改革基础上进行的财政体制改革才能走得更深远。⑥ 从某种意义上说，经济体制改革推不动的难点，可能就是政治体制改革的起点。⑦ 或者说，行政体制并未随着财政体制改革而改革，是最大的难题。

---

① 王恩奉：《县乡财政面临的问题及对策研究》，经济科学出版社2009年版，第79~80页。
② 钟晓敏，叶宁：《中国地方财政体制改革研究》，中国财政经济出版社2010年版，第19页。
③ 程洁："高全喜：2011，转向中国研究"，载《南方周末》2012年1月12日。
④ 王恩奉：《县乡财政面临的问题及对策研究》，经济科学出版社2009年版，第41页。
⑤ 钟晓敏，叶宁：《中国地方财政体制改革研究》，中国财政经济出版社2010年版，第8页。
⑥ 同上书，第38页。
⑦ 同上书，第193页。

而行政体制改革的滞后,则被专家和政府官员们一致认为是财政体制彻底改革的最大阻力。①

四、"三奖一补"政策的局限

如前所述,中央的"三奖一补"政策包括地方相关政策,其用意非常明显,就是为了充分调动地方各级加强县乡财政建设的积极性。客观上,这一政策对缓解县乡财政困难确实发挥了积极作用。

不过同时,我们也不能不注意到这一政策设计本身所存在的某些局限性。

(1)"三奖一补"政策只是为缓解县乡财政困难所采取的一种临时性举措。这一政策假定现行财权和事权没有变化,它只是在现有的财政体制基础上进行一些修补,因而其政策效果在实践中有较大局限。

第一,由于财政困难县大都背负着沉重的债务包袱,单靠提前偿还债务给予奖励这种措施,很难从根本上解决问题。

第二,由于它是临时性的制度安排,在操作中带来不少问题,如有些乡镇政府的债务提前进行了偿还,奖励政策对这种情况没有做出说明,因而使此项工作处理起来带有很大的盲目性,也在一定程度上使政府债务问题的化解工作进度缓慢。又如,奖补资金如何使用也没有作出明确规定,对如何建立约束机制,管好、用好奖励补助资金也研究不够。

(2)"三奖一补"政策存在盲区,对那些不属于产粮大县的财政困难县市来说有失公平。"三奖一补"政策明确规定:"对财政困难县乡政府增加县乡税收收入,以及省市级政府增加对财政困难县财力性转移支付给予奖励;对县乡政府精简机构和人员给予奖励;对产粮大县给予奖励;对以前缓解县乡财政困难工作做得好的地方给予补助。"这对符合条件的地区,确有积极作用,但对那些不属于产粮大县,又落入"发展陷阱"的贫困县(市)来说,能够得到"三奖一补"的机会并不多,不能享受到政策的好处,有失公平。这是因为:

第一,这样的县都是农业依赖型财政,无工业基础,第三产业更是落后,税源少,增收很难。

第二,这样的县,县乡机构人员精简困难。由于人员基数大,本地经济落后,就业渠道窄,精简的人员无法合理分流安置。

第三,一些农业大县由于地域条件的限制,粮食产量并不高,达不到产粮大县的标准。

上述类型的贫困县往往是财政困难最为突出的地区,也是真正需要和最需

---

① 莫静清:"'省直管县'为何这样难",载《法治周末》2011年2月24日。

要上级财政给予补助的地区。由于直接的"补"（转移支付）不足，间接的"奖"又达不到标准，实际上这些贫困县处于包括"三奖一补"等现行政策的盲区。

（3）"三奖一补"政策在一定程度上助长地方政府短期行为，不利于转变经济增长方式。县乡政府对"奖励和补助"政策的一个重要反应，就是努力增加本级财政收入，而不管收入来源如何。在逐步取消农业税以后，县乡政府本级财政收入主要不是来自第一产业，而是来自第二、第三产业的增值税、营业税和企业所得税等。因此，对县乡政府而言，只要有机会，就会努力办企业，创建工业园区，至于如何保护资源环境，如何降低能耗，则属于退居其次的问题。这种就财政论财政的思维模式，部分解释了长期以来中央要求改变增长方式而各地仍在拼资源、拼消耗的事实。①

五、"乡镇撤并"缺乏实效

中国的乡镇撤并始自1986年《关于加强农村基层政权建设工作的通知》下发，距1983年10月中共中央国务院《关于实行政社分开建立乡政府的通知》下发，只有三年的时间。或者说，改革开放以来，农村乡镇政府建立的时间有多久，"乡镇撤并"的时间差不多就有多久。根据历次中央文件的指导思想，撤乡并镇的主要目标不外是三个方面，一是精简乡镇机构和人员，减轻农民负担；二是提高乡镇机构工作效率；三是转变乡镇政府的职能。这也是从中央到地方各级政府改革的方向所在。从统计数据来看，乡镇撤并的成效是有的，据社科院农村发展研究所张晓山所长公布的数据：截至2004年9月30日，我国的乡镇数为37 166个，比1995年减少9970个。据民政部计算，撤并乡镇共精简机构17 280个，裁减财政供养人员8.64万人，减轻财政负担8.64亿元。但从实践效果来看，并无实质性进展。②

（1）人员精简的目的没有达到，财政负担并没有减轻。据东部某省的一个乡镇副书记介绍：我们是由原来的六个乡镇合并为三个乡镇，合并时人员没有减，机构没有动，但是工作上没有小乡镇效率高。那时，一个乡镇只有二三十人，乡村距离近，容易检查和指导，工作雷厉风行。现在，工作安排效果等方面不如从前。

（2）政府效率并没有提高，相反，由于管理幅度加大，给工作安排造成新

---

① 刘尚希、傅志华主编：《缓解县乡财政困难的路径选择》，中国财政经济出版社2006年版，第34~35页，第262~262页。

② 同上书，第283页。

的不便。有的地方增设了乡镇和村之间的新管理机构,如管区或者管片等,这个层次又增加一些工作人员。对于那些丘陵和山区以及交通不便的地方来说,撤乡并镇还为老百姓办事带来了麻烦。

中部某省的另一个乡镇负责人说:"我们镇是由原来三乡合并为一镇的,合并期间精减了几个无编人员,但后来又通过种种关系进了一批在编人员,这样一来,总人数非但没有减少,反而有所增加。人员多了,机构也多,互相扯皮的事情也多。由于辖地宽,农民办事不方便,边远的村组去镇里来回得有十几公里,村民意见很大。一般干部由于工资拖欠,工作积极性也很低,各项任务也难完成。我认为,如果是这样搞下去,当初的撤乡并镇还不如不搞。"

可见,撤乡并镇虽然目的是机构和人员的精减,但实际效果除了有利于增强乡镇的经济和财政实力,减少领导干部职数外,并没有在机构精简上发挥作用,反而由于辖区扩大增加了一些管理机构和人员,增加了行政成本。

纵观二十几年的撤乡并镇,机构和人员精简在编制上、上报的书面材料上,得到了上级政府的积极评价。但是,乡镇政府的职能并未有所改变,乡镇政府体制的现状依然是人员机构臃肿,效率低下,财政负担沉重。[①]

第三节　县乡财政困难的制度性成因

"在财政实践中,每次面临财政困境之时,政府更多地倾向于从技术层面缓解这一矛盾"[②],或者说,从政策性层面缓解这一矛盾。从这个意义上说,"乡财县管""三奖一补"等措施或对策就是从政策性层面或技术性层面缓解县乡财政困难的无奈之举。从深层次讲,这些措施或对策也可以理解为是对于比政策层面更深层次的财政体制不完善的应急纠偏或修补。在这个意义上可以说,制度性的财政体制才是县乡财政困难的更深层次的根本原因。

县乡财政困难的制度性成因主要是走了样变了形的残缺的分税制、不完善的转移支付和政府间事权、财权和财力划分的不相匹配,以及省以下过度的分权分税。

[①] 赵树凯:《乡镇治理与政府制度化》,商务印书馆2010年版,第90~91页。
[②] 余红艳,沈坤荣:"公平与效率的权衡:中国财政体制改革的路径选择",载《经济学家》2016年第3期。

一、走了样、变了形的"残缺"的分税制

始自 1994 年的分税制财政体制改革,相对于之前的"总额分成""收入分类分成""大包干"等财政体制改革,具有根本性的改变——由"分钱"转向"分税"。自此,方才有了中央税、地方税以及中央与地方共享税等一系列新概念。1994 年分税制改革的最大功绩是在很短的时间内提高了中央财政收入占全国财政收入和财政收入占 GDP 的比重。1994 年的分税制改革划分了中央与地方的财权,在一定程度上划分了事权,规范了中央与地方的关系,但"改革又没有规范地方财政体制,结果省级政府模仿中央政府尽可能集中地方财政收入,地市级政府也模仿省政府,县乡财政无财力可集中,出现了县乡财政困难问题。"[①] 2003 年,全国 2938 个县级单位中,有 974 个县实际人均财力低于基本支出需求,约占县级单位数的 1/3。其中,人均财力低于工资性支出的县有 362 个(杨志勇等,2008)。"事实上,县乡财政困难并不纯粹是基层财政的问题,它是体制矛盾的焦点,反映的是整个体制的问题"[②]。或者说,分税制财政体制是县乡财政困难的制度性成因。

不过,需要说明的是,这里所说的分税制不是指改革之初所设定的本来意义的分税制,而是后来在实际运行中变了形、走了样的"残缺"的分税制。

从 1993 年《国务院关于实行分税制财政管理体制的决定》中可以看到,改革之初所设定的分税制财政体制至少具有如下四层含义:"按照中央与地方政府的事权划分,合理确定各级财政的支出范围;根据事权与财权相结合原则,将税种统一划分为中央税、地方税和中央地方共享税,并建立中央税收和地方税收体系,分设中央与地方两套税务机构分别征管;科学核定地方收支数额,逐步实行比较规范的中央财政对地方的税收返还和转移支付制度;建立和健全分级预算制度,硬化各级预算约束。"

令人遗憾的是,由于种种主客观因素的制约,后来的分税制实践并未将这一改革部署贯彻到底:中央和地方之间的事权和支出责任划分,始终未能明晰化、合理化;财权迟迟未能落实,作为分税制灵魂的"财权与事权相结合"原则被替换成"财力与事权相匹配";税种划分范围变化,部分地方税甚至地方主体税种被转入中央地方共享税,本就有欠健全的地方税体系进一步弱化;转移支付制度的规范化进展迟缓,"跑部钱进"现象泛滥;地方财政收支管理权

[①] 钟晓敏,叶宁:《中国地方财政体制改革研究》,中国财政经济出版社 2010 年版,导论第 1 页。

[②] 同上书,导论第 7 页。

和收支平衡权长期"缺位",分级财政管理在事实上带有了"打酱油财政"的性质。① 在这样的情况下,县乡财政怎么能不困难?!

对照分析的结果再次表明,县乡财政困难并不纯粹是基层财政的问题,而是制度性的缺陷所致。"其根子并非在于分税制本身,而在于对于分税制的执行不到位。或者说,问题出在分税制的'名'与'实'不相符上。"② 是一种走了样的分税制(高培勇,2015),"残缺的分税制"(杨志勇,2016)。

二、转移支付制度不完善、不规范

分税制财政体制的改革离不开有效的政府转移支付制度。转移支付对于地区之间的财力均衡和社会公平具有不可取代的重要作用。有没有切实有效的转移支付制度,是能否有效解决县乡财政困难的又一制度性因素。但我国的转移支付制度在实际运行中却一直处于不完善和不规范的状态。

(1) 转移支付制度的依据不清楚。财政转移支付对平衡政府间财政支出能力、促进市场经济的发展发挥了重要作用,但由于其改革的不彻底性,仍然存在很多问题,其中最重要的就是财政转移支付活动缺乏法律依据,由此导致财政转移支付的强制性较低,随意性较大,透明度不高,缺乏足够的监督。因此,中央与地方之间、地方各级政府之间事权交叉重叠的情况时有发生,而这一矛盾更是集中体现在县乡政府层面上。

(2) 转移支付的结构不合理。在现行转移支付的结构中,税收返还、原体制补助、结算补助等在总量中的比重不尽合理,其中税收返还和原体制补助占了较大比例,抵消了分税制的实际效果,有悖于公共服务均等化的原则。加上转移支付的政策指向不明确、不规范,使县乡政府获得的转移支付收入极不稳定。

(3) 转移支付的分配不规范。一般性转移支付虽具有均等化的性质,但因比重过小难以发挥作用;财力性转移支付虽然名义上增加地方财力,但实际上是在地方政府减少税收的情况下所得到的部分补偿;专项转移支付总量大,但项目多,投向分散,项目重复立项,设置交叉,资金多头下达,制度不全,分配极不规范,人为地增加了分配环节,加大了运行成本。在具体操作上,是谁的关系近,腿跑得勤,谁就能多分得"一杯羹"。这种极不规范的转移支付分配,对于处于底层的县乡政府,尤其是乡镇政府,是极为不利的。

(4) 转移支付的监督不到位。国家审计署原审计长李金华曾在《关于2005

---

① 高培勇:"将央地财政关系调整落到实处",载《光明日报》2015 年 12 月 23 日,第 15 版。
② 同上。

年度中央预算执行的审计报告》中指出,2005 年,审计署对 20 个省(自治区、直辖市)地方预算进行抽查发现,中央预算编入地方预算有 3444.27 亿元,约占中央实际转移支付 7733.65 亿元的 44.5%,这意味着中央转移支付有一半以上没有纳入地方财政预算,完全脱离了人大的监督,有的甚至离开了政府的监督。李金华还将转移支付制度的运行生动地比喻为:"中央转移支付从中央部门一直流到村庄,渠道很长,这个水渠是要'渗水'和被'截流'的,有时候水流到村里面就没有了。"基于此,不难想象,转移支付之水流到"县乡"尤其是乡镇政府又还剩几许呢?试问,在这样不规范的转移支付制度下,县乡财政怎么能不困难?!①

三、政府间财权、财力和事权划分不相匹配

县乡财政困难最重要的制度性成因,是政府间事权、财权和财力划分不相匹配。

何为事权和财权?"在财政领域,我们将政府提供公共品的职责范围称为政府的事权,而将政府的财政收入叫作政府的财权。""我们一般将安排政府间财权和事权的制度称为财政体制"。② 就中央政府而言,财政体制规定了中央政府的税收和非税收入的范围、规模以及支出方式,还规定了中央与地方政府之间如何就财政收入和支出进行分配和分工,即中央政府和地方政府之间的财政关系基本框架。就地方政府而言,除了本级的收入和支出外,还规定了与下一级政府的财政关系。中国有五级政府,在财政关系上,每一级政府采取的是"下管一级"的制度,即每级政府只负责制定它与其下一级政府的财政体制。因此,中央—地方政府间以及各级地方政府之间并没有一种统一的财政体制存在,而是随着政府级别〔如省级、地市级、县(市)级、乡(镇)级〕的不同,财政体制也不同。虽然财政体制多种多样,但是地方政府之间的财政体制大多受到中央和省级之间财政体制的指导和影响。

评价和衡量政府间财政体制的一个重要标准,就是要看一级政府的财权和事权是否相称、对称或者相匹配。如果某级政府的事权远远超出其财权,则该级政府的财政就会出现赤字,且无能力为公共品和公共服务提供所需的资金;反过来,如果财权远远超出其事权,则政府提供公共品和公共服务的效率就会出现问题,因为财政收入基本上来源于税收,财权超出事权说明这个地区的居

---

① 范毅:《走向财政民主:化解乡村债务长效机制研究》,法律出版社 2013 年版,第 163~164 页。

② 周飞舟:《以利为利:财政关系与地方政府行为》,上海三联书店 2012 年版,第 12 页。

民上缴了过多的税收却没有充分享受到这些税收所能提供的公共服务。在多级政府的视野中,当某些地方政府的事权大于财权时,上级政府会采用财政"补助"或者转移支付的形式来补充地方政府的收入,使其维持事权和财权的平衡,即使两者相匹配;同样,当某些地方政府的财权大于事权时,上级政府则会要求该级政府上缴一部分财政收入,也就是说这级地方政府的支出会有一部分"上解",这部分财政收入会在更高级别的政府中完成支出。从理论上讲,这种"补助"和"上解"的财政纵向资金流动是以事权在各级政府中的分配为依据的。因此,事权分配导致的财权再分配是政府财政体制中的主要的内容。[1]

强调财权与事权的相匹配,与发挥中央与地方两个积极性的要求是一致的。1994年的分税制改革本来的设计是按照财权与事权相匹配的原则进行的。县乡基层财政困难以及一些财力相对不足地区的财政困难,使得这些地方更加重视实际可支配财力,而不是财权因素。因此,财力与事权相匹配的提法逐渐占了上风,即"财权"为"财力"所替代。这种提法的逻辑思路是,给财权但是收不到钱,还不如直接给钱,即只要有钱(财力)就好。但是,财权和财力毕竟是不同的。"财权"更侧重于中央和地方两个积极性的引导,"财力"直接聚焦"钱",激励程度较小。从这个角度上说,以"财力"取代"财权",不失为一次倒退。[2] 说得更明白些,强调"财权",对于地方来说,容易激发积极性,对发达地区来说,更是如此。但是,对于财源不足的地方来说,这种积极性不能有效地转化为财力,在"非此即彼"的选择中,它们更愿意接受给财力的思路。可见,财力与事权相匹配的思路也蕴含着财政体制的内在矛盾。[3]

其实,在财权、事权、财力的关系体之中,要害是事权。无论是财权,还是财力,都必须解决与事权相匹配的问题。但是事权的划分是一直没有解决好的问题。1994年分税制改革方案对中央和地方事权的划分,更多是现实的描述和概括。但就是这样的不规范的事权划分,在现实中也没有得到充分的遵守。[4] 而没有明确划分的中央和地方事权,既不可能有确定的相匹配的财权和财力,也不可能有对应的确定的支出责任,更不可能有对应的合理的转移支付。因此,县乡财政困难的根本解决,就失去了根本的制度保障的基础。从这个意义上说,要解决中国现行财政体制所存在的种种问题及其制度性缺陷,关键在于深化改革。

---

[1] 周飞舟:《以利为利:财政关系与地方政府行为》,上海三联书店2012年版,第12~13页。
[2] 杨志勇:"分税制改革是怎么开始的?",载《地方财政研究》2013年第10期。
[3] 杨志勇:"中央和地方事权划分思路的转变:历史与比较的视角",载《财政研究》2016年第9期。
[4] 同上。

第五章 突破：十八届三中全会以来党中央国务院对深化财税体制改革的一系列重大认识、决策和部署

十八届三中全会启动了中国的再次改革。这次改革以全面深化改革为主要议题，呈现出鲜明的系统性、整体性和协同性。作为改革开放35年的经验总结、成果积淀，作为未来中国改革的总体部署、蓝图设计，《中共中央关于全面深化改革若干重大问题的决定》（以下简称《决定》），以六个"紧紧围绕"指出了改革的基本遵循，以"四个坚持"阐明了改革的基本经验，以"社会主义市场经济""民主政治""先进文化""和谐社会""生态文明"分述了改革的总体目标，以"坚持和完善基本经济制度""加快完善现代市场体系""加快转变政府职能"等15个方面布局了改革的具体举措，其中，"深化财税体制改革"被列为15个方面的第四项，排位如此靠前，其重要性不言而喻。与此相应，财政改革的逻辑也发生了根本性的变化。其最突出地表现于对"财政"和"财税体制"的重新定位，这是对财政的认识和财政改革定位的历史性突破，可谓前所未有、无与伦比。具体而言，即形成了财政职能的新定位、财政改革的新思路，以及财政改革的新举措，为构建现代财政制度明确了方向[①]。

第一节 十八届三中全会《决定》对财政与财税体制的全新定位

中共十八届三中全会关于深化财税体制改革的系统部署是从财政与财税体制的全新定位开始的。站在新的历史起点上，《决定》围绕深化财政与财税体制改革写了一段开宗明义的话："财政是国家治理的基础和重要支柱，科学的财税体制是优化资源配置、维护市场统一、促进社会公平、实现国家长治久安

[①] 刘尚希："基于国家治理的新一轮财政改革"，载《当代经济管理》2013年第12期。

的制度保障。"① 这是对财政与财税体制的全新理论概括,标志着财政基础理论建设的重大突破,具有里程碑式的意义。

一、《决定》对"财政"的全新定位及其意义

1. 全新的内涵:由"政府的收支活动或以国家为主体的分配活动"到"国家治理的基础和重要支柱"

中共十八届三中全会的《决定》在以往关于财政概念的传统表述基础上,赋予财政概念全新的内涵,即"财政是国家治理的基础和重要支柱"。将"财政"定位于"基础和支柱"的高度加以表述,这是在中共十八届三中全会以前所有的财政文献中,都很难发现的。以往对财政定位的代表性表述包括:"财政是政府集中一部分社会资源用于生产或提供公共物品及服务,以满足社会公共需要的活动,可简称为政府的收支活动"②;"财政是一个经济范畴,是政府集中一部分国民收入用于满足公共需要的收支活动,可简称为以国家为主体的分配活动"③;"财政是国家为执行各种社会职能而参与社会产品分配的活动,其实质是国家在占有和支配一定份额的社会产品过程中与各方面发生的分配关系"④。

由"政府的收支活动"或"以国家为主体的分配活动"到"国家治理的基础和重要支柱",关于"财政"概念表述的如此重大的变化,是前所未有的。⑤

"基础和支柱"说所带来的最突出变化,就是以往作为经济范畴、经济领域要素之一的财政,跨越经济、政治、文化、社会、生态文明和党的建设等所有领域而跃升至国家治理层面,在国家治理的总棋局中加以定位。"基础和支柱说"所蕴含的最重要意义,就是以往作为经济范畴、主要在经济领域定位的财政,在跃升至国家治理层面、于国家治理总棋局中定位以后,不仅其功能和作用获得了全面提升和拓展,而且作为第一次从根本上摆正了财政位置的回归本义之举,亦获得了学理支撑和方法论支持。它标志着我们对中国特色财政运行规律以及经济社会发展规律的认识达到了一个新高度。⑥

---

① "中共中央关于全面深化改革若干重大问题的决定",载《光明日报》2013 年 11 月 16 日,第 2 版。
② 高培勇主编:《财政学》,中国财政经济出版社 2004 年版,第 15 页。
③ 陈共:《财政学》,中国人民大学出版社 2012 年版,第 12 页。
④ 许毅,沈经农主编:《经济大辞典·财政卷》,上海辞书出版社 1987 年版,第 1 页。
⑤ 高培勇:"论国家治理现代化框架下的财政基础理论建设",载《中国社会科学》2014 年第 12 期,第 103~104 页。
⑥ 高培勇:"论中国财政基础理论的创新——由'基础和支柱说'说起",载《管理世界》2015 年第 12 期。

2. 全新的视野：从"国家管理"到"国家治理"

《决定》对"财政"的全新定位，具有转折性的重要里程碑意义，它标志着财政已经与国家治理紧密对接。"财政"已经由"国家管理"提升和拓展到"国家治理"的更高的层次和更宽阔的视野。

作为中共十八届三中全会《决定》确立的我国全面深化改革的总目标，"国家治理体系"的概念系第一次进入官方话语体系。与之相伴随，财政的概念也是第一次被引入国家治理体系并在两者的联系中加以界定。将以往主要作为经济范畴、在经济领域定义的财政，脱出以往的视野局限，转换至国家治理体系的总棋局上重新定位，这一变化的意义非同寻常，它至少启示我们，财政的活动平台更高，作用范围更广，思维的视野更加开阔。

根据字义，治理与管理虽密不可分，但在现代社会里两者之间却有天壤之别。国家管理视野内的主体通常是政府，而在国家治理的视野内，其主体除了政府之外，还包括社会组织乃至居民个人，体现的是统一共治的理念。这一变化意味着，政府不仅是治理的主体，也是被治理的对象；社会不再只是被治理的对象，也是治理的主体。将以政府收支为基本线索、主要表现为政府收支活动的财政与国家治理相对接，意味着财政并非仅仅着眼于满足政府履行职能活动的需求，而是要满足包括政府、社会组织和居民个人在内的所有国家治理主体参与国家治理活动的需要。因此，财政所面对的是整个国家治理体系的需求。在更高层面、更广范围发挥更为重要的作用，是财政与国家治理相对接之后所发生的最突出变化。[1]

3. 全新的概念：从单一的经济范畴到多学科多领域的综合性范畴

随着财政被从经济领域推进到国家治理层面，进而被纳入国家治理体系之中，并且注意到国家治理一个整体性、系统性概念，国家治理体系也绝非某一领域、某一方面可以涵盖，从国家治理的总体角度加以定位，财政固然仍可表述为政府的收支或政府的收支活动，但它不再仅仅是一个经济范畴，而且是一个事关国家治理体系和整个经济社会事务，牵动经济、政治、文化、社会、生态文明和党的建设等所有领域的国家治理范畴。它也不再仅仅属于经济领域，而是一个可以覆盖经济、政治、文化、社会、生态文明和党的建设等所有领域的国家治理要素。联想到学术界历来有财政学研究视角究竟是属于经济学还是政治学，以及其他别的什么学科的争论，可以由此认为，从根本上说来，财政是一个跨越经济、政治、文化、社会、生态文明等多个学科和多个领域的综合

---

[1] 高培勇："论国家治理现代化框架下的财政基础理论建设"，载《中国社会科学》2014 年第 12 期，第 103~104 页。

性范畴。①

二、《决定》对"财税体制"的全新定位及其意义

1. 全新的角度：从"优化资源配置、调节收入分配和促进经济稳定"到"优化资源配置、维护市场统一、促进社会公平、实现国家长治久安"

财税体制是我国所特有的、具有中国国情特色的一个概念。其他国家与之相匹配或具有类似含义的表述，往往是"财政制度"。我国之所以常常将财政制度称为财税体制，是因为我国的财政与税务部门在管理体制上实行分设。主要出于凸显各自重要性的考虑，举凡涉及政府收支领域的事项，往往以"财税"二字冠之。所以，在我国通常情形下，财政与财税同义，财政制度与财税体制无异。②

从这个意义上讲，所谓财税体制，就是对用以规范政府收支及其运行的一系列制度安排的统称。财税体制的功能和作用，主要是通过处理政府与企业和居民之间的分配关系，以及处理不同级次政府之间的分配关系体现出来的。这种功能和作用，通常被概括为优化资源配置、调节收入分配和促进经济稳定③，或概括为"资源配置职能、收入分配职能、经济稳定和发展职能"④ 等。由此，不难发现，上述对财税体制功能与作用的概括，主要是基于政府收支的视角、在关于政府收支活动的认识基础上得出来的。

而随着财政与国家治理体系相对接并获得全新的定位，中共十八届三中全会《决定》对财税体制的功能与作用也给出了新的阐释："科学的财税体制是优化资源配置、维护市场统一、促进社会公平、实现国家长治久安的制度保障。"⑤

值得注意的是，由"优化资源配置、调节收入分配和促进经济稳定"到"优化资源配置、维护市场统一、促进社会公平、实现国家长治久安"，绝非仅仅是功能与作用概括上的数量添加或项目整合，而是在充分认识财税体制功能与作用的基础上，从国家治理体系的总体角度对财税体制的全新定位。这是因为，如果把财税体制理解为政府收支领域的制度安排，那么，事关所有领域的

---

① 高培勇："论国家治理现代化框架下的财政基础理论建设"，载《中国社会科学》2014 年第 12 期，第 103~104 页。
② 同上刊，第 105 页。
③ 高培勇等：《公共经济学》，中国社会科学出版社 2007 年版，第 18~21 页。
④ 陈共：《财政学》，中国人民大学出版社 2012 年版，第 25~30 页。
⑤ "中共中央关于全面深化改革若干重大问题的决定"，载《光明日报》2013 年 11 月 16 日，第 2 版。

总的制度安排，或者覆盖国家生活领域所有的制度安排，便是国家治理体系。因此，财税体制不仅是经济体制的重要内容，而且是国家治理体系的一个重要组成部分。

2. 全新的制度安排：从单一的制度安排到综合性的制度安排

国家治理体系实质上是"一整套紧密相连、相互衔接的国家制度"①。作为其中的一个重要组成部分，财税体制与经济体制、政治体制、文化体制、社会体制和生态文明体制以及党的建设制度等方面均有关联，它实质上是一种可以牵动经济、政治、文化、社会、生态文明和党的建设等所有领域的综合性制度安排。因此，较之于以往，作为国家治理体系重要组成部分的财税体制，应当也可以在更高层面、更广范围内发挥更大的作用，而且这种功能、作用是基础性和支撑性的，而非一般性的。②

第二节 十八届三中全会《决定》对深化财税体制改革的基本取向

一、为什么要深化财税体制改革

习近平总书记在关于《中共中央关于全面深化改革若干重大问题的决定》的说明中明确指出："财政是国家治理的基础和重要支柱，科学的财税体制是优化资源配置、维护市场统一、促进社会公平、实现国家长治久安的制度保障。"他首先肯定："现行财税体制是在 1994 年分税制改革的基础上逐步完善形成的，对实现政府财力增强和经济快速发展的双赢目标发挥了重要作用。"与此同时，他也清醒地认识到现行财税体制存在的问题和不足："随着形势发展，现行财税体制已经不完全适应合理划分中央和地方事权、完善国家治理的客观要求，不完全适应转变经济发展方式、促进经济社会持续健康发展的现实需要，我国经济社会发展中的一些突出矛盾和问题也与财税体制不健全有关。"③ 所以，必须深化财税体制改革。

---

① 陈金龙："治国理政基本理念的重大突破"，载《中国社会科学报》2013 年 11 月 23 日，第 A07 版。

② 高培勇："论国家治理现代化框架下的财政基础理论建设"，载《中国社会科学》2014 年第 12 期，第 104~105 页。

③ 习近平："关于《中共中央关于全面深化改革若干重大问题的决定》的说明"，载《光明日报》2013 年 11 月 16 日，第 5 版。

二、深化财税体制改革的新思路

十八届三中全会《决定》谈到对深化财税体制改革的内容时明确指出："必须完善立法、明确事权、改革税制、稳定税负、透明预算、提高效率。"这就是深化财税体制改革的全部内容。具体地说：

（1）完善立法。完善立法，意味着在财税体制改革的整个过程和各个方面、环节，都要运用法治的思维和理念。无论是税种的设立、税率的确定和税收征收管理等税收基本制度、基本经济制度以及财政、海关、金融和外贸的基本制度的事项只能制定法律。税收的开征、停征以及减税、免税、退税、补税，依照法律的规定执行。法律授权国务院规定的，依照国务院制定的行政法规执行。应以立法形式明确中央与地方之间的财政关系，明确划分各级政府的收入来源与支出责任。

（2）明确事权。事权划分是现代财政制度有效运转的基础。然而，长期以来，我国各级政府间的事权划分一直处于不清晰、不合理、不规范的状态，主要是政府与市场分工不明确，政府事权"越位"和"缺位"问题并存。且政府事权边界经常变动，政府事权层层下压，职责同构、事权错配普遍存在。其根本原因，就是政府间事权划分一直没有明确的法律规范，而是仍然以行政手段，如红头文件的形式进行调整。事权履行的过分下沉，从国家治理的角度来说是相当不利的。因为这意味着中央对地方的依赖性很大。如果地方政府基于自身利益的考量而不能有效履行事权责任，那么长此以往，公共风险将大量积累。因此，必须要明确事权，且明确事权应更多地运用法治思维，以对中央与地方的事权作出规范性的划分。

（3）改革税制。改革税制也需要贯穿法治的理念，不经过法律的程序，就不能随便地收税。当然，也不可能所有的税收项目都先立法再改革。立法需要比较长的周期，而有些改革需要抓住时间窗口，否则就不容易推进了。目前，正在推行的营改增就是一个全面利好的税改项目，其改革涉及各个行业，有利于促进不同行业之间、企业之间的专业化协作。从施行效果看，这一改革有效地促进了制造业与服务业的融合，保证了公平竞争的税收环境，减轻了企业税负。因此，作为我国税收收入结构中占比最高的税种，增值税的改革无疑是当前税制改革的重中之重，其对完善我国的税制结构，保证财政收入的稳定增长，都是至关重要的。

（4）稳定税负。在现阶段，稳定税负有两层含义：第一层含义是，税收收入的增长不能过分高于经济的增长。第二层含义是，税收的增长不能过分低于经济的增长。因此，税收增长速度过分高于或低于经济增长速度都不能称为稳定税负。只有使税收收入的增长和经济增长保持基本同步,才既不会加重整个社会的税收负担,也不至于造成财政能力的危机。这样就使得财政资金在国家与民众之间达成了一种平衡,这对整个国家的改革、发展、稳定来说都是至关重要的。研究表明,当经济增长高于 9% 时,税收收入的增长会远远高于经济的增长;而当经济增长低于 9% 时,税收收入的增长则会快速滑落。税收收入的这一变化已经得到经验验证。我国目前的经济发展已经进入新常态,即一直维持在 9% 以下的中高速经济增长速度,财政收入的增速滑落得更低。因此,稳定税负具有更加重要的意义。

(5) 透明预算。保证预算完全透明是完善预算管理制度的重要方面。但是完全透明并不意味着要事无巨细地把原始凭证全部公示出来,而是要使民众对政府的预算监督得到满足。完全透明在技术上是有一个标准的,但是从政府与民众关系来讲,应当以民众的满意为准。从这个意义上讲,要实现预算透明还任重道远。我国的预算体系由四大块组成:公共预算、国有资本经营预算、政府性基金预算、社会保障预算,这些都要阳光化,都需要透明预算。

透明预算的改革非常复杂,并非把数字公布就能实现的,仍有很多基础性的工作需要落实,比如政府收支分类是不是科学,这关系到民众能否读懂预算。若没有一个科学的政府收支分类体系,即使把数字事无巨细地公布到网上,民众也未必能够看明白。在实际操作中,政府可以先有重点、有步骤地推进那些民众最为关注领域的透明化。

(6) 提高效率。提高效率与预算透明息息相关。预算不仅是财政部门的预算,也包括政府各个部门的预算。大多数部门的资金使用效率很低,其症结在于预算程序的不透明:每个政府部门都强调发展任务重,都要求增加预算。而事实上,许多部门只是盲目地要钱,这使得国库积压大量资金,在要求预算当年完成的情况下,许多部门到了年底就会突击花钱,导致资金使用效率很低。

因此,提高效率的关键在于完善部门预算的透明度,即要求各个部门作为预算执行的责任主体,建立一个完整的预算,不仅记录部门收入、支出数据,还要详细反映资金使用方向。惟其如此,才能让民众更好地监督部门资金情况,也能促使部门做到心中有数,尽可能把钱花好。[1]

三、深化财税体制改革的新举措

财税体制改革的重点是在"三个制度"或三个举措上,即"改进预算管理

---

[1] 刘尚希:"基于国家治理的新一轮财政改革",载《当代经济管理》2013 年第 12 期。

制度、完善税收制度、建立事权和支出责任相适应的制度"。这就是说，深化财税体制改革的新举措主要围绕"三个制度"展开。在《决定》中，其具体表述为：

（1）改进预算管理制度。实施全面规范、公开透明的预算制度。审核预算的重点由平衡状态、赤字规模向支出预算和政策拓展。清理规范重点支出同财政收支增幅或生产总值挂钩事项，一般不采取挂钩方式。建立跨年度预算平衡机制，建立权责发生制的政府综合财务报告制度，建立规范合理的中央和地方政府债务管理及风险预警机制。

完善一般性转移支付增长机制，重点增加对革命老区、民族地区、边疆地区、贫困地区的转移支付。中央出台增支政策形成的地方财力缺口，原则上通过一般性转移支付调节。清理、整合、规范专项转移支付项目，逐步取消竞争性领域专项和地方资金配套，严格控制引导类、救济类、应急类专项，对保留专项进行甄别，属地方事务的划入一般性转移支付。

（2）完善税收制度。深化税收制度改革，完善地方税体系，逐步提高直接税比重。推进增值税改革，适当简化税率。调整消费税征收范围、环节、税率，把高耗能、高污染产品及部分高档消费品纳入征收范围。逐步建立综合与分类相结合的个人所得税制。加快房地产税立法并适时推进改革，加快资源税改革，推动环境保护费改税。

按照统一税制、公平税负、促进公平竞争的原则，加强对税收优惠特别是区域税收优惠政策的规范管理。税收优惠政策统一由专门税收法律法规规定，清理规范税收优惠政策。完善国税、地税征管体制。

（3）建立事权和支出责任相适应的制度。适度加强中央事权和支出责任，国防、外交、国家安全、关系全国统一市场规则和管理等作为中央事权；部分社会保障、跨区域重大项目建设维护等作为中央和地方共同事权，逐步理顺事权关系；区域性公共服务作为地方事权。中央和地方按照事权划分相应承担和分担支出责任。中央可通过安排转移支付将部分事权支出责任委托地方承担。对于跨区域且对其他地区影响较大的公共服务，中央通过转移支付承担一部分地方事权支出责任。

保持现有中央和地方财力格局总体稳定，结合税制改革，考虑税种属性，进一步理顺中央和地方收入划分。①

---

① "中共中央关于全面深化改革若干重大问题的决定"，载《光明日报》2013年11月16日，第2版。

四、深化财税体制改革的目标

无论是"改进预算管理制度""完善税收制度",还是"建立事权和支出责任相适应的制度","这些改革举措的主要目的是明确事权、改革税制、稳定税负、透明预算、提高效率,加快形成有利于转变经济发展方式、有利于建立公平统一市场、有利于推进基本公共服务均等化的现代财政制度,形成中央和地方财力与事权相匹配的财税体制,更好发挥中央和地方两个积极性。"① 概括起来,其主要目的无外乎两个:

1. 建立现代财政制度

如前所述,既然财政是国家治理的基础和重要支柱,既然财税体制是国家治理体系的一个重要组成部分,而财税体制改革的目标是现代财政制度,且国家治理体系和治理能力的现代化是全面深化改革的总目标,那么,作为深化财税体制改革目标的现代财政制度就应当和必然有一个与作为全面深化改革总目标的国家治理体系和治理能力现代化的目标对接问题,亦即"现代"财政制度与"现代"国家治理之间的内在联系,其两者之间的逻辑线索为:"全面深化改革的总目标在于推进国家治理的现代化,实现国家治理现代化的基础和重要支柱是坚实而强大的国家财政,它的构筑要依托于科学的财税体制,科学的财税体制又要建立在现代财政制度的基础之上。于是,建立现代财政制度→科学的财税体制→国家治理的基础和重要支柱→国家治理体系和治理能力的现代化,便勾画出新一轮财税体制改革十分明确而清晰的'路线图'。可以将新一轮财税体制改革的基本目标表述为:建立与国家治理体系和治理能力现代化相匹配的现代财政制度。"②

从十四届三中全会提出"适应市场经济体制""建立与社会主义市场经济体制相适应的财税体制基本框架"到十八届三中全会提出"匹配国家治理体系""建立与国家治理体系和治理能力现代化相匹配的现代财政制度",20 年间财税体制改革基本目标表述上的这一巨大而深刻的变化,标志着中国财税体制改革迈上了一个新的更高的平台。③

---

① 习近平:"关于《中共中央关于全面深化改革若干重大问题的决定》的说明",载《光明日报》2013 年 11 月 16 日,第 5 版。
② 高培勇:"论国家治理现代化框架下的财政基础理论建设",载《中国社会科学》2014 年第 12 期,第 113 页。
③ 同上。

2. 发挥中央和地方两个积极性

"形成中央和地方财力与事权相匹配的财税体制，更好发挥中央和地方两个积极性"是深化财税体制改革的第二个主要目标。更简要地说，就是更好发挥中央和地方两个积极性。然而，"更好发挥中央和地方两个积极性"必须通过"形成中央和地方财力与事权相匹配的财税体制"体现出来，离开了"中央和地方财力与事权相匹配的财税体制"，就不可能"更好发挥中央和地方两个积极性"。

新中国中央和地方之间事权的划分思路历经多次演变。早在1956年4月25日，毛泽东在中央政治局扩大会议上的讲话——《论十大关系》就涉及中央与地方关系。毛泽东指出："应当在巩固中央统一领导的前提下，扩大一点地方的权力，给地方更多的独立性，让地方办更多的事情……我们的国家这样大，人口这样多，情况这样复杂，有中央和地方两个积极性，比只有一个积极性好得多。"

改革开放以来，中国财政体制的选择一直注意发挥中央和地方两个积极性。在改革开放的前15年，地方积极性更是得到充分的强调。但中央与地方"分灶吃饭""财政包干分成"的财政体制导致中央财政困难，不可持续，从而导致了分税制财税体制的应运而生。

"1994年的分税制改革基本上是按照财权与事权相匹配的原则进行的。强调财权与事权的相匹配，与发挥中央和地方两个积极性的要求是一致的"。[①] 但由于各种原因，事实上中央与地方间事权的划分问题一直没有解决好，如2002年所得税分享改革，是向规范的分税制迈出了重要的一步。但"现实中，中央本级支出占比较低，仅占全部财政支出的15%左右，这意味着大量的支出需要中央通过转移支付的形式给地方，地方财力才能得到保证。转移支付规模过大，容易带来效率损失。这是事权与财权不够匹配的结果"[②]。也使地方的积极性受到了挫伤。因此，怎样使中央和地方的两个积极性都得到发挥，必然成为财税体制改革的主要目标之一。

在此，需要明确指出，《决定》说的是发挥中央和地方两个积极性，而非中央、省、市、县、乡五个积极性。这句话的背后蕴含着：我国国家治理实行两级架构。财政改革也应当从这样一个两级架构出发去理解、去操作。按照两级分权思路，财政改革应在两个层面展开：国家财政和地方财政。前者的一个

[①] 杨志勇："中央和地方事权划分思路的转变：历史与比较的视角"，载《财政研究》2016年第9期。

[②] 同上。

重要内容是中央与地方财政关系,后者的一个核心问题是地方内部省市县乡之间的财政关系。对于中央与地方财政间的关系,其处理应遵循统一规则,在当前依然要坚持和完善分税制,中央的税基全国统一;而对于地方财政体制则可以有地方特色,可因地制宜而不必一刀切。地方财政改革应充分考虑人口、面积、发展水平、社会条件和自然生态状况,创造性地推动地方治理能力的现代化与地方财政改革。在中央统一领导下,让地方有充分的自主权和责任约束,这是调动地方积极性,让国家充满活力的前提,也是保障国家稳定统一的条件。①

更应该注意的是,发挥中央和地方两个积极性的目标与建立现代财政制度的目标是紧密不可分的。因为"现代财政制度中还包含一个重要的层面就是中央与地方的关系,现代财政制度要在这两个层面上同时建立"。②

第三节　中共中央政治局对深化财税体制改革的全面布局

十八届三中全会站在国家治理的高度,明确提出要深化财税体制改革,建立现代财政制度。2014年6月,中共中央政治局审议通过了《深化财税体制改革总体方案》,对深化财税体制改革进行了具体部署和全面布局。

根据时任财政部长楼继伟的详细解读,其具体部署和全面布局大致体现在以下几个方面。

一、新一轮财税体制改革的路线图和时间表

楼继伟部长指出,新一轮财税体制改革,着眼全面深化改革全局,坚持问题导向,围绕党的十八届三中全会部署的"改进预算管理制度、完善税收制度、建立事权和支出责任相适应的制度"三大任务,有序有力有效推进。

从逻辑看,预算管理制度改革是基础、要先行;收入划分改革需在相关税种税制改革基本完成后进行;而建立事权与支出责任相适应的制度需要量化指标并形成有共识的方案。整体改革任务重、难度大、时间紧。

2014年和2015年是关键。按照中央的部署和要求,预算管理制度改革要取得决定性进展,税制改革在立法、推进方面取得明显进展,事权和支出责任划分改革要基本达成共识,2016年基本完成深化财税体制改革的重点工作和任

---

① 刘尚希:"基于国家治理的新一轮财政改革",载《当代经济管理》2013年第12期。
② 同上。

务，2020年各项改革基本到位，现代财政制度基本建立。

二、新一轮财税体制改革的思路和原则

楼继伟部长指出，新一轮财税体制改革的基本思路，围绕十八届三中全会决定明确的6句话、24个字展开：

（1）完善立法。树立法治理念，依法理财，将财政运行全面纳入法制化轨道。

（2）明确事权。合理调整并明确中央和地方的事权与支出责任，促进各级政府各司其职、各负其责、各尽其能。

（3）改革税制。优化税制结构，逐步提高直接税比重，完善地方税体系，坚持清费立税，强化税收筹集财政收入主渠道作用。改进税收征管体制。

（4）稳定税负。正确处理国家与企业、个人的分配关系，保持财政收入占国内生产总值比重基本稳定，合理控制税收负担。

（5）透明预算。逐步实施全面规范的预算公开制度，推进民主理财，建设阳光政府、法治政府。

（6）提高效率。推进科学理财和预算绩效管理，健全运行机制和监督制度，促进经济社会持续健康发展，不断提高人民群众生活水平。

深化财税体制改革是一项复杂的系统工程，具体实施时应坚持以下原则：一是处理好政府与市场的关系；二是发挥中央与地方两个积极性；三是兼顾效率与公平；四是统筹当前与长远利益；五是坚持总体设计和分步实施相结合；六是坚持协同推进财税与其他改革。

三、预算改革瞄准"七项任务"

楼继伟部长指出，现代预算制度是现代财政制度的基础，改进预算管理制度主要从以下七方面推进：

（1）以推进预算公开为核心，建立透明预算制度；

（2）完善政府预算体系，研究清理规范重点支出同财政收支增幅或生产总值挂钩事项；

（3）改进年度预算控制方式，建立跨年度预算平衡机制；

（4）完善转移支付制度；

（5）加强预算执行管理；

（6）规范地方政府债务管理；

（7）全面规范税收优惠政策。

四、"六大税种"引领税制改革

楼继伟部长指出，完善税制改革的目标是建立"有利于科学发展、社会公平、市场统一的税收制度体系"，改革重点锁定六大税种，包括增值税、消费税、资源税、环境保护税、房地产税和个人所得税。

（1）增值税。增值税改革目标是按照税收中性原则，建立规范的消费型增值税制度。下一步营改增范围将逐步扩大到生活服务业、建筑业、房地产业、金融业等各个领域，"十二五"全面完成营改增改革目标，相应废止营业税制度，适时完成增值税立法。

（2）消费税。完善消费税制度。调整征收范围，优化税率结构，改进征收环节，增强消费税的调节功能。

（3）资源税。加快煤炭资源税改革。推进资源税从价计征改革，逐步将资源税扩展到水流、森林、草原、滩涂等自然生态空间。

（4）环境保护税。建立环境保护税制度。按照重在调控、清费立税、循序渐进、合理负担、便利征管的原则，将现行排污收费改为环境保护税，进一步发挥税收对生态环境保护的促进作用。

（5）房地产税。加快房地产税立法并适时推进改革，由人大常委会牵头，加强调研，立法先行，扎实推进。

（6）个人所得税。探索逐步建立综合与分类相结合的个人所得税制，抓紧修订《税收征管法》等。

五、明确中央和地方事权与支出责任

楼继伟部长指出，政府间事权划分是处理好中央和地方关系的重要制度安排。从理顺中央和地方收入划分看，保持现有中央和地方财力格局总体稳定，是合理划分中央和地方收入的前提。目前我国中央财政的集中程度并不高，国际上英国、法国、意大利、澳大利亚等国家，中央财政收入比重都在70%以上，美国常规年份也在65%左右。

进一步理顺中央和地方收入划分，主要是在保持中央与地方收入格局大体不变的前提下，合理调整中央和地方收入划分，遵循公平、便利、效率等原则，考虑税种属性和功能，将收入波动较大、具有较强再分配作用、税基分布不均衡、税基流动性较大的税种划为中央税，或中央分成比例多一些；将地方掌握信息比较充分、对本地资源配置影响较大、税基相对稳定的税种，划为地方税，或地方分成比例多一些。收入划分调整后，地方形成的财力缺口由中央财政通过税收返还方式解决。

此外，合理划分各级政府间事权与支出责任，要充分考虑公共事项的受益范围、信息的复杂性和不对称性以及地方的自主性、积极性。根据这样的原则，将国防、外交、国家安全、关系全国统一市场规则和管理的事项集中到中央，减少委托事务，通过统一管理，提高全国公共服务水平和效率；将区域性公共服务明确为地方事权；明确中央与地方共同事权。在明晰事权的基础上，进一步明确中央和地方的支出责任。中央可运用转移支付机制将部分事权的支出责任委托地方承担。

楼继伟部长在详解中共中央政治局审议通过的《深化财税体制改革总体方案》的过程中强调："深化财税体制改革不是政策上的修修补补，更不是扬汤止沸，而是一场关系国家治理现代化的深刻变革，是一次立足全局、着眼长远的制度创新和系统性重构。"①

第四节 国务院关于推进中央与地方财政事权和支出责任划分改革的指导意见及其阐释

2016年8月16日，《国务院关于推进中央与地方财政事权和支出责任划分改革的指导意见》（以下简称《意见》）（国发〔2016〕49号文）颁布，对推进中央与地方财政事权和支出责任划分改革做出总体部署。

这是国务院第一次比较系统地提出从事权和支出责任划分即政府公共权力纵向配置角度推进财税体制改革的重要文件，是当时和今后一个时期科学、合理、规范划分各级政府提供基本公共服务职责的综合性、指导性和纲领性文件。标志着搁置多年的中央与地方事权划分问题终于迈出了决定性的第一步，也意味着十八届三中全会提出的深化财税体制改革中建立事权和支出责任相匹配的制度进入实质性实施阶段。

《意见》内容在以下几方面具有启示作用。

一、概念更新：从"事权"到"财政事权"

《意见》给人们一个最突出的感觉，是概念更新，即"事权"更新为"财政事权"。并且界定，"财政事权是一级政府应承担的运用财政资金提供基本公共服务的任务和职责"，相应地，"支出责任是政府履行财政事权的支出义务和保障"。

---

① "一场关系国家治理现代化的深刻变革——财政部部长楼继伟详解深化财税体制改革总体方案"，载《当代农村财经》2014年第8期。

无论在政府文件中还是在学术界,"财政事权"都是一个新概念,在此之前,"事权"的概念众所周知且由来已久。

早在 1993 年,十四届三中全会通过的《中共中央关于建立社会主义市场经济体制若干问题的决定》就提出事权的概念,提出"把现行地方财政包干制改为在合理划分中央与地方事权基础上的分税制",并提出分税制要坚持"财权与事权相匹配"的原则。

2007 年的十七大报告在论述"财政体制改革问题"时,则提出要"健全中央与地方财力与事权相匹配的机制",表明我国财政体制改革的原则和目标已由"财权与事权相匹配"转变为"财力与事权相匹配"。

2012 年的十八大报告再次重申了财政改革的上述目标。

2013 年十八届三中全会通过的《中共中央关于全面深化改革若干重大问题的决定》提出建立事权和支出责任相适应的制度。

2014 年中共中央政治局审议通过的《深化财税体制改革总体方案》也提出合理划分政府间事权和支出责任,建立事权和支出责任相适应的制度。至此,文件中事权还是指政府事权,而支出责任则开始浮出水面,开始往与事权相适应的方向发展。

上述无论哪一种表述,都说的是政府事权,或者简称事权。

《意见》为什么要将"事权"改为"财政事权"?其理由何在?财政部负责人称,政府间事权划分不仅涉及行政权划分,还涉及立法、司法等广义公共服务部门,是"大事权"的概念。我国完善社会主义市场经济制度、加快政府职能转变、推进法治化还需要一个过程,短期内全面推进事权和支出责任划分改革的条件尚不成熟。而从财政事权入手,既能利用财政在其他领域,如预算制度、税收制度、财政法制化改革等方面创造良好的条件,又能从根本上破解改革发展面临的中央与地方收入划分、财政转移支付、基本公共服务均等化等诸多现实难题,还能为全面推进事权划分改革奠定基础、创造条件。因此中央政府另辟蹊径,选择从财政事权入手从而推进"大事权"改革。[①]

二、问题导向:现行的中央与地方财政事权和支出责任划分还不同程度存在不清晰、不合理、不规范等问题

问题主导是《意见》的一大特点。

为什么现在要提出推进中央与地方财政事权和支出责任划分改革问题?这

---

① "财政部释疑:央地划分'事权'为何目前仅推'财政事权'",载《一财网》2016 年 8 月 26 日。

是因为，财政作为国家治理的基础和重要支柱，理应发挥其资源配置、维护市场统一、促进社会公平、实现国家长治久安的职能和作用，但是在新形势下，现行的财政体制在财政事权和支出责任的划分上还存在着不清晰、不合理、不规范的问题，严重阻碍了政府有效提供基本公共服务，与建立现代财政制度、推进国家治理体系和治理能力现代化的要求不相适应。这种不适应主要表现在：

（1）政府职能定位不清，"缺位""越位"现象并存。如媒体频频报道的电信诈骗案件、私人信息泄露问题就暴露出政府监管的"缺位"。而政府对某些商业性国企提供亏损补贴，又反映出政府的"越位"。

（2）中央与地方财政事权和支出责任划分不尽合理。2015 年，全国一般公共预算总收入中，中央财政一般公共预算收入占比为 83.43%，地方占比为 16.57%，而 2015 年中央财政支出仅占预算总支出的 14.54%，地方财政支出占比则高达 85.46%，也就是说，地方政府拿着小部分的财政收入，却承担着绝大部分的财政事权，中央与地方之间事权和支出责任划分极不合理。

（3）中央与地方提供基本公共服务的职责存在交叉重叠，共同承担的事项较多。如义务教育、基本养老保险、基本公共卫生等基本公共服务，跨省（区、市）重大基础设施建设、环境保护等，都属于中央与地方共同事权，对于这部分共同事权，中央与地方政府之间并无明确的划分，交叉、重叠问题严重。

（4）省以下财政事权和支出责任划分不尽规范。如各城市基础设施的建设基本上都是市政府担负着责任，包括一系列的社会事业，都是由市、县两级政府直接办理的，而省级政府更主要的是宏观管理，直接办理市政设施很少。而地方政府的财力则集中在省级政府层面，市县级政府事权与支出责任严重不匹配，其直接结果就是下级政府往往通过举债来筹集必要的财力，具体表现为地方债务多集中在市级层面，其次是县级政府，最后才是省级政府。

（5）有的财政事权和支出责任划分缺乏法律依据，法治化、规范化程度不高。我国宪法仅规定"中央与地方的国家机构职权的划分，遵循在中央的统一领导下，充分发挥地方的主动性、积极性的原则"，至于中央与地方事权如何划分并没有充分依据，在实践中经常是通过不稳定的制度框架（如文件）等形式来执行。[①]

上述状况不利于充分发挥市场在资源配置中的决定性作用，不利于政府有效提供基本公共服务，与建立健全现代财政制度、推动国家治理体系和治理能

[①] 陈少强，姜楠楠："规范中央和地方财政关系的新举措"，载《中国发展观察》2016 年第 17 期。

力现代化的要求不相适应,因此,《意见》认为,必须紧紧抓住这一问题导向,积极推进中央与地方财政事权和支出责任划分改革。

三、国家高度：突出党和国家、中央政府在事权划分中的支配地位

《意见》提到了事权划分的一般性要求：坚持有利于健全社会主义市场经济体制、坚持法治化规范化道路和坚持积极稳妥统筹推进的要求，但更加突出了党和国家、中央政府在事权划分中的支配地位。《意见》提出事权划分要坚持中国特色社会主义道路和党的领导，要求财政事权由中央决定。这样的表述就与一般的学术概念不同，更加凸显出财政事权划分的国家高度，从中我们看到了国家财政的影子，也看到了大国财政的责任和使命。

财政事权和支出责任划分改革中的国家高度具体表现在：

（1）指导思想上的国家高度。《意见》提出，要"高举中国特色社会主义伟大旗帜，全面贯彻党的十八大和十八届三中、四中、五中全会精神，深入贯彻习近平总书记系列重要讲话精神，适应、把握和引领经济发展新常态，坚持'五位一体'总体布局和'四个全面'战略布局，牢固树立和贯彻落实创新、协调、绿色、开放、共享的发展理念，遵循宪法和政府组织法的相关规定，按照完善社会主义市场经济体制总体要求和深化财税体制改革总体方案，立足全局、着眼长远、统筹规划、分步实施，科学合理划分中央与地方财政事权和支出责任，形成中央领导、合理授权、依法规范、运转高效的财政事权和支出责任划分模式，落实基本公共服务提供责任，提高基本公共服务供给效率，促进各级政府更好履职尽责。"这其中的每一句，都无不是国家高度的体现。尤其是对财政事权和支出责任划分模式的表述，坚持把"中央领导"放在第一位，更是指导思想上国家高度的突出体现。

（2）总体要求中的国家高度。《意见》在总体要求中的第1条，就开宗明义地指出，要"坚持中国特色社会主义道路和党的领导。""充分发挥中国特色社会主义制度在维护社会公平正义和促进共同富裕方面的优势"，"确保党的路线、方针、政策得到贯彻落实，为加强和改善党的领导提供更好保障"。

《意见》在总体要求中的第2条，更是明确提出："坚持财政事权由中央决定。""在完善中央决策、地方执行的机制基础上，明确中央在财政事权确认和划分上的决定权，适度加强中央政府承担基本公共服务的职责和能力，维护中央权威。"

实际上，第1条和第2条是有机联系的，第1条是统领，第2条是具体规定，是对第1条的具体化和明细化。但无疑，这两条都充分体现了财政事权和支出责任划分上的国家高度。

（3）划分原则上的国家高度。《意见》在划分原则上的国家高度主要体现在第三点："在中央统一领导下，适宜由中央承担的财政事权执行权要上划，加强中央的财政事权执行能力；适宜由地方承担的财政事权决策权要下放，减少中央部门代地方决策事项，保证地方有效管理区域内事务。"换句话说，无论是中央承担的财政事权执行权的上划，还是地方承担的财政事权决策权的下放，最终都要在中央统一领导下，由中央决定。这是划分原则上国家高度的主要体现。

四、改革方向：加强中央财政事权；保障地方财政事权；减少并规范共同财政事权

《意见》最突出的亮点是对中央与地方财政事权和支出责任划分的改革方向作了说明，即加强中央的财政事权；保障和督促地方履行财政事权；在现有基础上减少并规范中央与地方共同财政事权。

（1）适度加强中央的财政事权。坚持基本公共服务的普惠性、保基本、均等化方向，加强中央在保障国家安全、维护全国统一市场、体现社会公平正义、推动区域协调发展等方面的财政事权。强化中央的财政事权履行责任，中央的财政事权原则上由中央直接行使。中央的财政事权确需委托地方行使的，报经党中央、国务院批准后，由有关职能部门委托地方行使，并制定相应的法律法规予以明确。对中央委托地方行使的财政事权，受委托地方在委托范围内，以委托单位的名义行使职权，承担相应的法律责任，并接受委托单位的监督。

要逐步将国防、外交、国家安全、出入境管理、国防公路、国界河湖治理、全国性重大传染病防治、全国性大通道、全国性战略性自然资源使用和保护等基本公共服务确定或上划为中央的财政事权。

（2）保障地方履行财政事权。加强地方政府公共服务、社会管理等职责。将直接面向基层、量大面广、与当地居民密切相关、由地方提供更方便有效的基本公共服务确定为地方的财政事权，赋予地方政府充分自主权，依法保障地方的财政事权履行，更好地满足地方基本公共服务需求。地方的财政事权由地方行使，中央对地方的财政事权履行提出规范性要求，并通过法律法规的形式予以明确。

要逐步将社会治安、市政交通、农村公路、城乡社区事务等受益范围地域性强、信息较为复杂且主要与当地居民密切相关的基本公共服务确定为地方的财政事权。

（3）减少并规范中央与地方共同财政事权。考虑到我国人口和民族众多、幅员辽阔、发展不平衡的国情和经济社会发展的阶段性要求，需要更多发挥中央在保障公民基本权利、提供基本公共服务方面的作用，因此应保有比成熟市场经济国家相对多一些的中央与地方共同财政事权。但在现阶段，针对中央与地方共同财政事权过多且不规范的情况，必须逐步减少并规范中央与地方共同财政事权，并根据基本公共服务的受益范围、影响程度，按事权构成要素、实施环节，分解细化各级政府承担的职责，避免由于职责不清造成互相推诿。

要逐步将义务教育、高等教育、科技研发、公共文化、基本养老保险、基本医疗和公共卫生、城乡居民基本医疗保险、就业、粮食安全、跨省（自治区、直辖市）重大基础设施项目建设和环境保护与治理等体现中央战略意图、跨省（自治区、直辖市）且具有地域管理信息优势的基本公共服务确定为中央与地方共同财政事权，并明确各承担主体的职责。

第六章　调焦：十九大对财税体制改革部署的深刻变化[①]

党的十九大充分肯定十八大以来尤其是十八届三中全会以来全面深化改革、全面推进依法治国和全面从严治党所取得的巨大成就，认为全面深化改革已取得重大突破。明确指出，经过长期努力，中国特色社会主义进入了新时代，这是我国发展新的历史方位。这标志着我国社会主要矛盾已经转化为人民日益增长的美好生活需求和不平衡不充分的发展之间的矛盾。并用"八个明确"和"十四条坚持"阐述了新时代中国特色社会主义思想和基本方略，安排了实现"两个一百年"奋斗目标历史交汇期分阶段的奋斗目标，号召全党不忘初心，牢记使命，为在2035年基本实现社会主义现代化和在2050年把我国建成富强民主文明和谐美丽的社会主义现代化强国，实现中华民族伟大复兴的中国梦而不懈奋斗。

与此同时，十九大又清醒地提出，"我们的工作还存在许多不足，也面临不少困难和挑战"，"必须着力加以解决"。这就为十九大对财税体制改革的战略部署发生深刻变化以及适度调序、调速和调焦埋下了伏笔。

第一节　十九大对下一步财税体制改革的战略部署意义极其深刻

习近平总书记在党的十九大报告中，围绕下一步财税体制改革作出了如下战略部署："加快建立现代财政制度，建立权责清晰、财力协调、区域均衡的中央和地方财政关系。建立全面规范透明、标准科学、约束有力的预算制度，全面实施绩效管理。深化税收制度改革，健全地方税体系。"

仔细体会上述这一段话并同党的十八届三中全会有关财税体制改革的部署

[①] 本章主要参考：高培勇："将一张财税体制改革蓝图绘到底"，载《光明日报》2017年12月12日，第15版。

第六章 调焦：十九大对财税体制改革部署的深刻变化

相对照，就会发现，其中所发生的变化，意义极其深刻。

首先是起始句。党的十八届三中全会提出"建立现代财政制度"，党的十九大报告添加了前缀"加快"——"加快建立现代财政制度"。从"建立现代财政制度"到"加快建立现代财政制度"，集中反映了党的十八届三中全会所开启的本轮财税体制改革的紧迫性。可以说，"加快"一词表明了将一张财税体制改革蓝图绘到底，真正落到实处的迫切要求。

其次是排序。在党的十八届三中全会所部署的三个方面财税体制改革内容中，预算管理制度改革居首，税收制度改革次之，中央和地方财政关系改革收尾。党的十九大报告对三个方面内容的排序作了调整：中央和地方财政关系改革跨越其他两方面改革，从尾端跃至首位，预算管理制度改革和税收制度改革则相应退居第二和第三。排序的调整，显然折射的是三个方面改革内容相对重要性的变化。可以说，立足于我国发展新的历史方位，加快中央和地方财政关系改革，不仅是本轮财税体制改革必须跨越的关口，更是必须首要完成的任务。

最后是表述。党的十八届三中全会关于财税体制改革内容的表述，篇幅近千字，相对完整而系统。党的十九大报告对于财税体制改革的直接表述，则只有78个字，系画龙点睛式的。所凸显出来的，当然是最重要、最关键的内容。如中央和地方财政关系改革的目标是"权责清晰、财力协调、区域均衡"；预算管理制度改革的目标是"全面规范透明、标准科学、约束有力"；税收制度改革的重点是"健全地方税体系"。可以说，这些简明扼要、极具针对性的表述，均系中国特色社会主义进入新时代财税体制改革推进的重点所在。

将十九大对下一步财税体制改革的部署，与十八届三中全会对财税体制改革的部署相对照，应了习近平总书记在《关于〈中共中央关于全面深化改革若干重大问题的决定〉的说明》中的一句话："财税体制改革需要一个过程，逐步到位。"既然财税体制改革是一个过程，在这个过程的不同阶段，对策和措施就有可能变化，重点和焦点就有可能调整。犹如摄影，初学者不知由光圈、快门和感光度三要素构成的摄影实践所包含的千变万化和万千气象，只会用傻瓜机照出些没有生机和活力的呆板影像，而摄影高手则会运用光圈、快门和感光度三要素所蕴含的千变万化围绕自己的对象和主题运筹帷幄，点石成金，创作出一幅幅独出心裁、美不胜收、主题鲜明的佳作，凸显其摄影实践的气象万千。其中的奥秘之一就是，不断地根据对象、时代的变化和实践的需要精准地调整光圈大小、快门速度和感光度，这就是调焦。如果说调焦是摄影高手的拿手好戏，则以习近平为核心的党中央就是在全面深化改革中善于根据时代和实践的变化及时精准调试财税体制改革焦点、难点、痛点、节奏、速度和对策的调焦高手。

进一步看，党的十九大对于财税体制改革作出如此部署，既是中国特色社会主义进入新时代的必然要求，亦是在对党的十八届三中全会以来财税体制改革进程做出恰当评估的基础上做出的战略抉择。之所以在众多的改革议题和线索中被凸显出来，就在于它们的实质是本轮财税体制改革焦点、难点和痛点。因此，有必要在加快建立现代财政制度的语境下，按照党的十九大报告的排序，就下一步财税体制改革所涉及的四个层面和三个方面分别做一些比较和思考。

第二节　加快建立现代财政制度，建立权责清晰、财力协调、区域均衡的中央和地方财政关系

首先，加快建立现代财政制度与建立权责清晰、财力协调、区域均衡的中央和地方财政关系，是一个问题的两个方面。十八届三中全会《决定》就已明确提出："建立现代财政制度，发挥中央和地方两个积极性。"其内在逻辑是：建立现代财政制度，才能发挥出中央和地方两个积极性；发挥中央和地方两个积极性，必须建立现代财政制度。这里的发挥中央和地方两个积极性，就是指处理好中央和地方财政关系。

在习近平同志《关于〈中共中央关于全面深化改革若干重大问题的决定〉的说明》中，更是针对财税体制改革明确指出："这些改革举措的主要目的是明确事权、改革税制、稳定税负、透明预算、提高效率，加快形成有利于转变经济发展方式、有利于建立公平统一市场、有利于推进基本公共服务均等化的现代财政制度，形成中央和地方财力与事权相匹配的财税体制，更好发挥中央和地方两个积极性。"这就明确地告诉我们，只有建立了三个"有利于"的现代财政制度，才能"形成中央和地方财力与事权相匹配的财税体制"，"更好发挥中央和地方两个积极性"。或者说，没有现代财政制度，就不可能处理好中央和地方的财政关系，发挥好中央和地方两个积极性。反过来亦是如此。这也是为什么十九大关于财税体制改革的战略部署是三句话，其中预算管理制度改革是一句话；税收制度改革是一句话；而加快建立现代财政制度与建立中央和地方财政关系合起来为一句话。

其次，对于中央和地方财政关系，党的十八届三中全会的改革目标是："有利于发挥中央和地方两个积极性"。这一目标的确立，显然出自地方积极性尚不够充分，亟待有效调动的现实判断。从总体上看，党的十八届三中全会迄今，发生在这一领域的改革进展主要有两项：

2016年5月，伴随着全面营改增的实施，公布了《全面推开营改增试点后

调整中央与地方增值税收入划分过渡方案》。按照这一方案，自2016年5月1日起，作为未来2~3年的过渡方案，以2014年为基数，采取增值税增量五五分成的方式重新划分中央和地方收入。这对于弥补营改增后的地方财力亏空，在过渡意义上兼顾中央和地方利益，显然是比较有利的一项举措。然而，注意到这一方案的适用期只有2~3年，它显然是一项权宜之计而非"进一步理顺中央和地方收入划分"的体制性安排。再注意到营改增之后的增值税收入占全部税收收入的比重已超50%，对如此高比例的税收收入实行分成，也显然是一种"分钱制"办法而非"分税制"安排。

同年8月，发布了《关于推进中央与地方财政事权和支出责任划分改革的指导意见》。根据这一指导意见，到2020年，要基本完成主要领域改革，并逐步规范化、法律化，形成中央与地方财政事权和支出责任划分的清晰框架。注意到党的十八届三中全会对于此项改革的提法是"建立事权与支出责任相适应的制度"，这一指导意见在事权和支出责任前面添加"财政"二字，其意图虽可理解为以财政事权和财政支出责任的划分为突破口，从而为整个事权和支出责任的划分铺平道路，但它毕竟在事实上收缩了其作用空间，实质上是一个"缩水版"。

毋庸置疑，立足于中国特色社会主义进入新时代的新的历史定位，中央和地方之间的关系无疑是现代国家治理领域最重要的关系链条之一，中央和地方之间的财政关系又无疑属于其中最具基础性和支撑性意义的要素，最具"牛鼻子"效应。围绕它的改革，不仅事关党和国家事业发展全局，而且牵动整个财税体制改革进程。事实上，在迄今三个方面的财税体制改革进程中，中央和地方财政关系的改革相对迟缓。鉴于加快中央和地方财政关系改革的极端迫切性，也基于防止本应发挥的"牛鼻子"效应演化为"拖后腿"效应的现实可能性，必须将其作为下一步财税体制改革的重点工程，摆在优先位置。

最后，就中央与地方的财政关系而言，在"发挥中央和地方两个积极性"方面，十八届三中全会的表述比较系统而完整，而十九大的表述相对简明扼要，改革目标进一步细化，具体表现为三个词，即"权责清晰、财力协调、区域平衡"。然而，值得注意的是，所谓表述的简明扼要，绝非是对十八届三中全会关于"中央与地方财政关系"即"发挥中央和地方两个积极性"亦即"建立事权和支出责任相适应的制度"这一段表述本身的简要概括和提炼，而是有深化和创意的提升和提炼。"权责清晰""财力协调"和"区域平衡"都不是原表述中已有的概括，也不是原有表述的抽象和浓缩，而是新概括、新提炼和新表述，富有新意，也极具针对性。所以，这一简明扼要的概括和提炼，充分体现了与新时代中国特色社会主义的历史定位相适应的创新和深化。

第三节　建立全面规范透明、标准科学、约束有力的预算制度，全面实施绩效管理

对于预算管理制度，党的十八届三中全会定位的改革目标是"实施全面规范、公开透明的预算制度"。这一目标，当然也是问题导向的：以现代预算制度为镜鉴，着力解决现行预算制度"不公开、不透明、不适应国家治理现代化的要求"的问题。

相对而言，党的十八届三中全会迄今，预算管理制度改革动手最早、力度最大，是本轮财税体制改革推进最快、成效最为显著的领域。其中，最重要的进展是2015年1月正式颁布了新修订的《预算法》。并且，围绕新《预算法》颁布了一系列旨在规范政府收支行为的制度。以此为基础，现代预算管理制度的若干基本理念得以确立，以四本预算构建的全口径政府预算体系得以建立，预决算公开透明也取得一定成效，等等。

然而，以现代预算制度的原则反观迄今为止的改革过程，也可以发现，在此领域，仍有若干"老大难"问题需要解决。

比如，虽然新《预算法》明确了"预算包括一般公共预算、政府性基金预算、国有资本经营预算、社会保险基金预算"，但具体到预算收支范围，一般公共预算比较翔实——可以细化到类款项目，其他三本预算则大而化之——"政府性基金预算、国有资本经营预算和社会保险基金预算的收支范围，按照法律、行政法规和国务院的规定执行"。

又如，虽然新《预算法》明确了公开透明的标准，但除一般公共预算之外的其他三本预算收支并未达到这一要求，或者遵守的标准并不一致。也正是由于管理标准不一，在我国，对于四本预算的预算监督和约束事实上存在不小的差异，甚至迄今未能形成一个覆盖全部政府收支的"财政赤字"概念。

再如，虽然新《预算法》已颁布近三年，但与之相配套的实施细则至今未落地。由于缺失具有可操作性的实施细则，不仅现代预算制度的理念难以从根本上得到确立，而且诸如财税部门统揽政府收支、实现政府预算的完整和统一等这些根本性的改革目标也难以落到实处。

所有这些，既是下一步预算管理制度改革亟待攻克的障碍，也是与现代国家治理相适应的现代预算制度必须具备的基本素质。可以认为，正是出于这样的考虑，党的十九大在十八届三中全会提出的"全面规范、公开透明"的基础上，为预算管理制度改革确立了更加全面而系统的改革目标——"全面规范透

明、标准科学、约束有力"。也可以说，这是中国特色社会主义进入新时代的实践必然和理论必然。

第四节 深化税收制度改革，健全地方税体系

对于税收制度，党的十八届三中全会所确立的改革目标，就是在"稳定税负"的前提下，"逐步提高直接税比重"——通过税收制度的结构优化，实现税收的公平正义。这一目标的确立，同样基于问题导向：现行税收制度结构失衡——间接税收入所占比重和企业税收入所占比重甚高，既有违税收负担分配上的公平正义，亦有碍于实现税收对于收入分配以及社会财富的有效调节。

按照党的十八届三中全会的部署，本轮税制改革涵盖了"六税一法"——增值税、消费税、资源税、环境保护税、个人所得税、房地产税和税收征管法。迄今为止，本轮税制改革所取得的进展有如下几个：营改增全面推开、资源税改革顺利推进、消费税征收范围逐步拓展、税收征管体制机制改革启动。

除了税收征管机制外，注意到上述进展涉及的税种均属于间接税，可归入直接税系列的税种则"裹足不前"。若将间接税和直接税分别视作本轮税制改革行动的两翼，可以发现，两翼的改革行动颇不均衡。再注意到发生在以营改增为代表的间接税改革又是以减税为基本取向的，以个人所得税和房地产税为代表的直接税改革的基本取向则是增税，两翼改革行动"跛脚"状态所带来的直接结果便是，间接税收入减下来了，直接税收入并未相应增上去。由此带来的收入亏空，只能通过增列赤字、增发国债加以弥补。

无论从哪个方面看，靠"借钱"支撑的税制改革，既不可持续，又蕴含风险。将本轮税制改革目标落到实处，只能走税制结构优化道路——在实施间接税改革的同时，实施直接税改革。以直接税的逐步增加对冲间接税的相应减少、以自然人税源的逐步增加对冲企业税源的相应减少。

更进一步看，基于优化税制结构目标而进行的直接税改革，不仅关系到税制结构优化目标的实现，而且事关地方税体系建设以及中央和地方财政关系改革的进程。从这个意义上讲，直接税改革就是地方税改革，健全地方税体系就是健全地方财政收支体系，也就是重塑中央和地方财政关系新格局。这才有十九大对税收制度改革的战略抉择："深化税收制度改革，健全地方税体系。"从某种意义上，这种战略抉择，也不失为对十八届三中全会提出的"深化税收制度改革，完善地方税体系，逐步提高直接税比重"的画龙点睛式的高度概括和进一步提升。

上述关于十九大对下一步财税体制改革战略抉择或战略调整的分析和讨论，以及与十八届三中全会有关财税体制改革战略部署的比较对照，说到底，都是立足于中国特色社会主义进入新时代这一新的历史方位而阐发的。认识到我们已经进入新时代，新时代的社会主要矛盾已经演变为"人民日益增长的美好生活需要同不平衡不充分的发展之间的矛盾"。再认识到人民对于美好生活的需要不仅体现在传统意义的物质文化层面，而且越来越多地体现在民主、法治、公平、正义、安全、环境等涉及制度安排和政策设计的层面。特别是认识到不平衡不充分的发展，既包括物质文化领域发展的不平衡不充分，也涵盖制度安排和政策设计领域的不平衡不充分。可以确认的一点是，将一张财税体制改革蓝图绘到底，以加快建立现代财政制度的行动，更好地满足人民日益增长的美好生活需要，既是新时代对我们提出的迫切要求，更是新时代赋予我们的神圣使命。

第七章　转型："四个全面"视野下的财税体制改革

社会转型与国家治理现代化息息相关。

全面深化改革的总目标是完善和发展中国特色社会主义制度，推进国家治理体系和治理能力现代化，即国家治理现代化。财政是国家治理的基础和重要支柱。财政转型是社会转型的重要方面，财政治理现代化是国家治理现代化的重要内容。因此，财政转型与财政治理现代化必然息息相关。然而，要深入了解财政转型与财政治理现代化的内在含义和紧密关系，就不能不从深刻认识社会转型与国家治理现代化的问题入手。

第一节　社会转型与国家治理现代化

一、转型与社会转型

1. 转型与社会转型的概念

"转型"与"社会转型"这两个概念随着中国改革开放的逐步施行而逐渐进入中国的学术语系中，用以描述这种社会在结构、形态和理念上的整体性变革，并逐渐成为理论研究界的热点。

在学术界现有的论著中，鲜见对"转型"这一概念的界定，其中有论者界定："转型是描述事物由低级阶段向高级阶段在发展方式上转换变化的动态概念，是事物的结构形态、运转模型和人们观念的连续或持续性的转变过程。"[1]其界定是否科学和权威，在此不予评论。但《现代汉语词典》第7版第1722页对"转型"概念的界定，应该是具有一定共识和权威性的，即"转型"是"社会经济结构、文化形态、价值观念等发生转变"。

---

[1] 李宏斌，钟瑞添："中国当代社会转型的内容、特点及应然趋向"，载《科学社会主义》2013年第4期。

而对于"社会转型"这一概念，现行学术论著中的界定则相对多一些。如上述界定"转型"概念的作者认为，"社会转型是在社会根本性质、国家根本发展方向不变的前提下，具体的社会形态、社会结构、社会观念等发生变化"①。也有学者认为，"社会转型是经济转型发展到一定阶段后的必然要求。社会转型一般指的是一种特定的社会发展过程。如果以社会结构的根本性变化为基本内容，主要涉及社会组织、社会制度、社会生活方式、社会阶层、社会价值观念等各领域的全面变革"②。

由上可见，"转型"的要义是"转变"，顾名思义，"社会转型"就是社会转变。不过，"社会转型"有广义和狭义之分。广义的社会转型是包括社会经济结构、文化形态、价值观念等社会各个方面在内的整体性表述。狭义的社会转型是与经济转型、体制转型、国家转型、政府转型、法治转型、文化转型等具体层面的转型相并列的一个方面。或者说，狭义的社会转型与其他具体层面的转型一样，是整个转型社会的一个方面或一个部分。诚如科尔奈所言，"转型并不仅仅只包括经济的转型，还包括了生活方式、文化的转型，政治、法律制度的转型等各个方面"③。在具体的研究中，必须将广义的社会转型与狭义的社会转型加以区别，不能混为一谈。

2. 社会转型的内容

在广义的社会转型的前提下研究社会各个层面、各个方面的转型，就是社会转型的内容。

关于社会转型的内容，不同的角度有不同的认识和概括。有人认为，当代中国社会转型中，主要包括经济层面的转型、社会层面的转型、意识层面的转型，其中经济层面的转型又包括产业转型、经济结构转型、经济重点转型；社会层面的转型又包括社会经济方面的转型、社会结构方面的转型、社会进步方面的转型、社会发展方面的转型、社会价值方面的转型、社会生活形态方面的转型等。④

有人认为，按照制度学派的视野，从社会制度变迁的角度看，迄今为止，我国正在经历着三个层面的社会转型：（1）经济转型，即从传统的计划体制向市场经济体制转型；（2）政府转型，即从高度计划体制下的全能政府和管制型

---

① 李宏斌，钟瑞添："中国当代社会转型的内容、特点及应然趋向"，载《科学社会主义》2013年第4期。
② 郭玉林：《我国经济转型面临的挑战》，复旦大学出版社2010年版，第175页。
③ [匈] 雅诺什·科尔奈："大转型"，载《比较》（第17辑），中信出版社2005年版，第2页。
④ 李宏斌，钟瑞添："中国当代社会转型的内容、特点及应然趋向"，载《科学社会主义》2013年第4期。

政府，向有限责任和服务型政府转型；(3) 法治转型，即从人治向法治转型。①

有人认为，当下中国正处在一个急剧转型过程中。这个转型，既有从传统的计划经济体制向市场经济体制转型，即体制转型；还有社会转型，即从传统社会向现代社会转型；更有国家转型，即从传统国家向现代国家转型。②

即使是对社会转型中某一个层面内容的认识，不同的作者，其认识的角度和概括也有所区别和不同。如对经济转型的认识，有人认为，中国的经济转型是双重转型，即体制转型和发展转型的结合或重叠。其体制转型，就是从计划经济体制转向市场经济体制，其发展转型就是从传统的农业社会转向工业社会。③

有人认为，经济转型是指一个国家或地区的经济体制、经济结构和经济制度在一定时期内发生的根本变化。④

也有人认为，经济转型是特指一个国家的工业化和经济发展从外延型增长阶段向内涵型增长阶段的转型。⑤

上述对社会转型内容的概括和认识，尽管各有不同，但不难发现，大多概括和认识都包括了经济方面、政治方面和文化方面的转型，其经济方面的转型，基本倾向于由前市场经济（自然经济和计划经济）向市场经济的转变；其政治方面的转型，大多主张由崇尚权威和实行人治向崇尚民主和实行法治转变；其文化方面的转型，一般侧重于实现从传统文化向现代文化转变。或者说，人们对社会转型内容的概括和认识，折射出中国正在向"法治国家、市场经济与公民社会"三元并存与互补的现代国家治理模式演进。⑥

3. 社会转型的特点⑦

从历史演变和世界发展两个方面看，中国当代社会转型具有以下八大特点：

一是现代性。这是中国当前社会转型的核心特征。现代化的内涵包括了经济现代化、政治现代化、技术现代化、社会现代化等，绝不仅仅等同于经济现代化或物质现代化。尤其是党的十八大提出了国家治理体系和治理能力的现代化即国家治理现代化，党的十八届三中全会还将其作为全面改革的总目标。可

---

① 郭玉林：《我国经济转型面临的挑战》，复旦大学出版社2010年版，第175~176页。
② 陈剑："用转型理论破解转型中的问题"，载《社会科学报》2015年8月13日，第3版。
③ 厉以宁：《中国经济双重转型之路》，中国人民大学出版社2013年版，导论第2页。
④ 郭玉林：《我国经济转型面临的挑战》，复旦大学出版社2010年版，第3页。
⑤ 孙立平：《断裂——20世纪90年代以来的中国社会》，社会科学文献出版社2003年版，第103页。
⑥ 刘燕，万欣荣："中国社会转型的表现、特点与缺陷"，载《社会主义研究》2011年第4期。
⑦ 这部分内容主要参考了：李宏斌，钟瑞添；刘燕，万欣荣等人的相关文章。

见现代性在社会转型中的重要性之所在。现代性是中国当代社会转型的首要特征或核心特征。

二是多元性。现代社会是一个以多元化为特征的社会。社会构成的多元化，导致了社会形态的多元化，进而导致社会价值多元化，三者相互影响、相互作用。从社会形态来说，过去是单一型社会，如从过去农业经济、封建文化、农耕文明社会转变为现在的工业社会、信息社会、服务社会、知识社会等。当然，社会价值的多元化，并不意味着不需要社会核心价值观的主导作用和引领作用。或者说社会转型中当代中国的社会价值观无论怎么多元，都离不开社会主义核心价值观的主导作用和引领作用。

三是全面性或系统配套性。中国社会当前的转型是个全面的转型，涉及了国家政治、社会运行、社会发展、文化建设等方方面面，中国社会运行的形式、机制、内容均在转型，呈现出了全方位性特点。"是一场全面、整体性的社会结构变革。它不仅是一场经济领域的变革，而且是一场全社会、全民族思想、文化、政治、心理等各方面的'革命'。"[1]当代中国社会转型又是一个以经济体制改革为先导，通过经济、政治、社会、思想文化各个领域与层面的互动，不断推进与加速社会的整体变革。社会结构各系统之间既是相互作用、相互影响的过程，也是齐头并进、相互促进和制约的过程。计划经济向市场经济的过渡、权威政治向民主法制化的嬗变、传统社会向公民社会的转变，这些方面的转型交互影响，是社会结构整体的一种根本性变迁。在市场化、民主化、个性自由的背后，涌现的是不同的价值观念、文化认同，社会群体的流动与分化的不同选择，还会同时出现政治系统、经济系统、社会系统等相应的变化要素。全面性或系统性是当代中国社会转型的重要特征，也是当代中国改革的重要特征。从这个意义上说，全面深化改革正是党的十八届三中全会应对当代中国社会转型特点所作出的正确决策。

四是复杂性。中国当前社会转型是个复杂的转型。具体体现在复杂的转型背景、转型内容、转型向度、转型过程等方面。国际环境和格局复杂多变，"当代中国社会转型是在中国的传统文化、现代文化和西方文化所构成的复杂的文化背景中进行的，也正是这三维向度的不同文化的相互碰撞、相互制约和相互渗透规定了我国社会转型的基本内容和发展趋势"。[2]

五是渐进性。当代中国渐进性的社会转型是由当代中国渐进性的改革所决定和导致的。这主要表现在经济与民主政治两个方面。中国没有迅速摧毁需要

---

[1] 宋林飞：《中国社会转型的趋势、代价及其度量》，载《江苏社会科学》2002年第6期。
[2] 陈章龙：《社会转型时期的价值冲突与主导价值观的确立》，南京师范大学，2005年。

改造的社会主义结构并立刻实行市场经济,而是在相对保持政治和经济结构的同时,逐步确立市场经济,实现了经济的"软着陆"。这条道路"不仅暗合了现代化系统结构转换的渐进性要求,而且提出和实践了新的转型目标——社会主义市场经济,其意义就是试图走出一条在市场经济基础上通过社会主义道路实现现代化的新路,也就是既符合现代型经济、社会的基本要求,又具有社会主义属性的另一种现代化形态。这种另类现代化是与资本主义现代化处于同时段(同在商品—市场经济阶段)的现代化"。① 这就说明,中国的体制转轨与结构转型齐头并进,社会转型呈现出渐进性的变革特点。实施渐进式转型的中国在一个具有强大的"制度供给"能力的政府主导下,通过稳健而有效的制度改革措施,在深入推动市场化改革的同时,不断协调磨合政府、市场与社会三大制度治理系统之间的关系,从而在保持国家与社会秩序基本稳定的基础上推动着国民经济的持续高速增长。

六是非均衡性或不同步性。中国当前社会转型是个不均衡的转型。这种不均衡性主要表现在地区间的发展、产业和行业间、经济与其他领域、经济发展与人的进步等方面。除此之外,当代中国经济与政治改革的不同步或非均衡也决定了当代中国的社会转型具有非均衡性或不同步性。先经济后政治的改革顺序与改革格局,导致经济领域与政治领域的发展呈现出不同步和非均衡的转变。换句话说,相比于经济的快速发展和推进,中国民主政治制度还很不完善,时至今日,表现为"权力经济""以权谋私""以权代法"等现象的"人治"因素还有广泛深厚的影响;区域、阶层、城乡、行业、群体间,不均衡发展产生的社会不公平现象有蔓延趋势。

七是冲突性。中国当前社会转型是个社会冲突频发、高发、大发的转型。社会转型必然会引发人们的诸多不适应和不平衡,进而引起了不愿意和不满意,随着时间的积累逐渐显现为社会各种冲突。尤其是区域、阶层、城乡、行业、群体间在经济、政治社会地位上的社会断裂和权利失衡,差距不断扩大,导致社会不公平和权利不对等现象严重,并成为当今中国社会转型所面临的一个突出问题,也加剧着不同利益主体的矛盾与冲突,反过来又冲击着社会的平衡发展和平稳转型。

八是混沌性。社会转型有自觉转型和自发转型之分。但整体上来说是处于混沌状态中的,少部分是主动转型、自主转型的,大部分方面是被动转型或自发转型的。我国社会当前部分地区还处于前工业时代。我国当代的社会转型,

---

① 毛立言:"新中国五十五年经济发展与未来前景",载《中国社会科学院院报》2004年10月17日。

主要还是为全球化所影响和推动的,其次才是内部的市场化。因此,我国当前的社会转型需要在系统性理论的指导下,自主地、有序地推进和跟进。

社会转型的上述特征,有自觉转型与自发转型之分,如果说现代性、多元性、全面性、复杂性更多地侧重于市场经济自发转型所引起,那么,渐进性、不同步性、冲突性也许更多地由改革秩序的先后和改革格局的调整所引发。事实上,自觉的转型道路与市场经济自发成长的发展道路相比,前者会给社会转型带来更高的成本、更大的风险和不稳定。换句话说,中国长期形成的结构性矛盾尚未得到根本改变,影响发展的体制机制障碍仍然存在,中国的社会转型包含着转型风险与制度缺陷。

4. 社会转型存在的转型风险、转型曲折与制度缺陷

经过几十年改革开放的推动和内外拉动,中国社会转型的总体趋势是走向进步的,是趋向高一级阶段的。对此,必须予以肯定。然而,我们又不能不清醒地看到,自觉的转型道路与市场经济自发成长的发展道路,其成本、代价和风险是不一样的。客观地说,由改革所决定的自觉的转型道路有可能会给社会转型带来更大的社会痛苦、社会代价、社会成本、社会风险和社会的不稳定。这种变革在后发国家则被压缩到较短的时间内,有突发性特点。社会结构各因素变革的不同速率使内部结构存在落差,非均衡性与无序性表现突出。作为一种传导性的社会巨变,它既不能在完全保持原有传统的基础上进行,又不能完全割断或抛弃传统,因此,遇到的困难和障碍都比先发国家要多要大。市场经济的发展不仅改变了中国的经济结构与社会结构,带来了社会利益的多元化,发展的时滞性差距,产生了新的社会问题和冲突,并在人们的生活方式、思想观念以及自然环境等方面产生了不可逆转的影响。显而易见,当中国长期形成的结构性矛盾尚未得到根本改变,影响发展的体制机制障碍仍然存在,中国的社会转型必然存在着转型风险、转型曲折与制度缺陷。

一是渐进式改革较高的制度转换成本。计划经济与市场经济之间根本的差别使得转型过程中两种体制之间的冲突和摩擦十分激烈。这两种体制的转轨、过渡并存的时间愈长,由其内在冲突和摩擦导致的代价必然愈高;时间、成本、风险与社会承受力与忍耐力出现冲突。面对转型期的相对"无序",社会对作为社会变革"制度供应者"的政府怀有更高的希望,政府在制度供应方面的滞后或无效无疑将成为制约社会平稳发展的障碍。"市场经济+公有制主体+社会主义制度"的中国式发展模式无人尝试,其问题、矛盾、冲突都无太多可资借鉴的经验,需要中国独立面对和解决。这是中国转型的一个显著特点和尤其值得注意的问题。

二是经济与政治改革的不同步,社会转型的系统性与配套性有待提高。中

国从立法、司法、执法等一系列制度入手推进民主法制建设，政治结构层面进一步扩大了民主的参与，政府治理层面进一步推进了制度的理性化。但是，相比于经济的快速发展和推进，中国民主政治制度还很不完善，表现为"权力经济""以权谋私""以权代法"等现象的"人治"因素还有广泛深厚的影响；治理社会共同生活、为未来希望奠定信心的制度尤其是法律制度还处于演进状态，由政府进行大包大揽的全能政府的治理模式，还没有得到根本的转换，全社会对制度、规则、规范和价值的"共识"，还没有真正形成。社会转型的系统性与配套性的确有待提高。①

三是由于转型环境与转型动力的不确定性或复杂性，转型过程无时无刻不充满了曲折。转型环境是一个复杂系统，它包括国际环境和国内环境。来自国际转型环境的压力和挑战的不确定性表现在，以加入WTO为显著标志，我国经济已经融入世界经济体系之中，原有的体制规则和政策指导的基础发生了重大变化。发达国家经济社会政策的出台，包括民主政治规则与政策的变化，都将会对我国的经济社会产生较大的影响，同时也逐步加大了我国外部市场的不可控因素。这种转型环境的不确定性，在2008年的国际金融危机中得到了充分体现，这次由次贷危机引发的经济危机，从局部发展到全球，从发达国家传导到新兴市场国家和发展中国家，范围之广，程度之深，冲击之强超出预料。其对我国经济的冲击从沿海向内地，从中小企业向大型企业，从劳动密集型、出口导向型企业向其他企业扩展，由此导致我国工业生产增长放缓，能源原材料和运输需求减少，财政收入增幅下降，农民持续增收难度加大；造成企业亏损、停产、歇业现象增多，就业形势趋于严峻，严重影响了我国经济社会转型的进程。

来自国内转型环境的压力和挑战的不确定性表现在，一方面，经济形势严峻带来了农民工、白领和大学生就业压力增大，收入减少，而市场经济的转型，也使不同社会阶层群体之间收入差距进一步扩大，公共品供应不足，要素分配不公，以及公共品的逆向配置，社会问题凸显；另一方面，由于市场的权力化以及分配的扭曲，社会大众的生存空间受到挤压，要求政府增大和改善公共品供给的政治诉求日益高涨。如何应对经济社会转型时期大多数人的民主政治的诉求，包括由社会突发公共事件可能引发的社会危机，均存在着较大的不确定性。这种不确定性还包括缺乏相关法律、心理准备和应对经验，往往会使政府在重要事件面前，显得底气不足，并产生较大的压力，也影响到政府主动转型的决心和进程。由此又会进一步强化民众对政府转型的预期和意愿，包括对文

---

① 刘燕，万欣荣："中国社会转型的表现、特点与缺陷"，载《社会主义研究》2011年第4期。

化转型的迫切愿望。这些意愿和实际转型的进程，都存在着较大的变数，也增加了我国经济社会转型的不确定性。

转型动力产生的不确定性表现在，尽管三十多年的改革开放已使我国发生了巨大变化，创造出中国增长的全球奇迹，但是人们又不得不承认：目前改革的动力衰弱，或改革动力机制已经发生了新变化。如果说20世纪80年代改革的动力是来自上层与下层的共同"合力"，20世纪90年代以来的改革动力来自喻为"诸侯"的地方政府、喻为"王爷"的部门，以及强势利益集团的合谋的话，那么，改革进入今天，改革动力又将来自何方？显然，当前的改革动力主要来自部分有强烈改革诉求的知识分子，以及底层利益的多数"群体"。由于拥有权力的既得利益者不思改革，而希望改革的多数群体则缺乏权力支撑，以往那种以权力开路的自上而下的改革动力日渐式微，下一步的改革或转型，所遇到的阻力无疑将会更大。①

二、治理与国家治理现代化

1. 治理与国家治理

西方的治理一词（governance）源于拉丁文和古希腊语，原意是控制、引导和操纵。长期以来它与统治（government）一词交叉使用，并且主要用于与国家的公共事务相关的管理活动和政治活动中。

20世纪90年代以来，西方学者，特别是政治学家和政治社会学家，对治理作出了许多新的界定。有的认为，与统治不同，治理指的是一种由共同的目标支持的活动，这些管理活动的主体未必是政府，也无须依靠国家的强制力量来实现。② 有人认为：治理意味着"统治的含义有了变化，意味着一种新的统治过程，意味着有序统治的条件已经不同于以前，或是以新的方法来统治社会"③。也有人认为："治理的概念是，它所要创造的结构或秩序不能由外部强加；它之所以发挥作用，是要依靠多种进行统治的以及互相发生影响的行为者的互动。"④⑤

---

① 郭玉林：《我国经济转型面临的挑战》，复旦大学出版社2010年版，第192~194页。
② [美]詹姆斯·N. 罗西瑙：《没有政府统治的治理》，剑桥大学出版社1995年版，第5页；"21世纪的治理"，载《全球治理》1995年创刊号。
③ [英]罗伯特·罗茨："新的治理"，载《政治研究》1996年第154期。
④ [美]库伊曼，范·弗利埃特：《治理与公共管理》，见库伊曼等编：《管理公共组织》，等萨吉出版公司1993年版。
⑤ 以上3条引用转自俞可平主编：《治理与善治》，社会科学文献出版社2000年版，第2~3页。

尽管西方学者对"治理"的表述各不相同，其基本政治主张和倾向却大体一致，即主张政府放权和向社会授权，实现多主体、多中心治理等政治和治理多元化，强调弱化政治权力，甚至去除政治权威，企望实现政府与社会多元共治、社会的多元自我治理。在此基础上，西方治理理论提出"善治"的理念，即以合法性、透明性、责任性、法治、回应、有效为标准和规范，缓和政府与公民之间的矛盾。因此，在今天的西方学术话语语境中，"治理"一词主要意味着政府分权和社会自治。①

事实上，"治理"并非舶来品，中国古代历经五帝治理、诸子治国理政、汉朝"修齐治平"、唐朝"制法成治"、宋朝"资治"之鉴、元代"治乱警监"、明朝重修吏治和清朝治权之辩。中华人民共和国建立后，我国先是经历了"全能主义国家治理模式"和社会管理创新的"内生性演进"，而后，党的十八届三中全会提出全面深化改革总目标，这标志着治理现代化方略的正式形成。②

在现代化的语境中，"治理"这一概念包含着四方面的意义：一是从"治理实体"来说，强调治理"主体的多元化"，以与传统社会的政府是单一的治理主体相区别，政府、社会、市场乃至个体的"多元共治"是其根本特征；二是从"治理价值"来说，强调治理主体的"权利与义务"及责任平等；三是从"治理本质"来讲，强调"淡化权力、注重权利"，即政府作为"权威性的治理主体"，要尊重其他治理主体的权利，也就是说治理要从"强制"走向"协商"；四是从"治理过程"来说，强调公民"参与式"治理而不是单纯的政府"主导式"治理。③

2. 中国国家治理的要义

国家治理，在中国传统政治思想中，通常是指统治者的"治国理政"，其基本含义是统治者治理国家和处理政务。实际上，统治者治国理政的研究，构成了中国传统政治思想的主要命题和内容，比如老子所说的"治大国如烹小鲜"，他所形容国家社会长期安定太平的"长治久安"，就是针对统治者的治国理政活动而言的。

中国共产党人的国家治理，既在本质上区别于中国传统统治者的治理国家，又在价值取向和政治主张上区别于西方的治理理论及其主张。中国共产党人对于"治理"和"国家治理"概念的运用，在中华人民共和国建立以后，坚持和

---

① 王浦劬：《国家治理、政府治理和社会治理的含义及其相互关系》，载《国家行政学院学报》2014年第3期。

② 李龙，任颖：《'治理'一词的沿革考略——以语义分析与语用分析为方法》，载《法制与社会发展》2014年第4期。

③ 竹立家：《社会转型与国家治理现代化》，载《科学社会主义》2014年第1期。

贯彻了马克思主义国家学说，尤其是党的领导和人民民主制度为本位的政治统治。改革开放以来，中国共产党人逐步明确，国家治理的总体战略是党的领导、人民当家做主和依法治国有机结合。国家治理的基本含义就是在中国特色社会主义道路的既定方向上，在中国特色社会主义理论的话语语境和话语系统中，在中国特色社会主义制度的完善和发展的改革意义上，中国共产党领导人民科学、民主、依法和有效地治国理政。①

具体地说，中国的国家治理，必须在中国共产党的领导、人民当家做主、依法治国的有机结合中，在中国特色社会主义的道路、理论、制度和文化的指引下，践行以下四个基本要义：

一是科学治理。即通过建立健全既体现科学理念、科学思想、科学精神，又具有科学规划、科学规则、科学运作的治理体系，并充分利用现代科学技术进行治理。

二是民主治理。国家治理要以保证人民当家做主为根本，坚持和完善人民代表大会制度、中国共产党领导的多党合作和政治协商制度、民族区域自治制度以及基层群众自治制度，更加注重健全民主制度，丰富民主形式，充分发挥社会主义政治制度优越性。

三是法治治理。坚持作为国家治理要义的法治治理，就要形成完备的法律规范体系、高效的法治实施体系、严密的法治监督体系、有力的法治保障体系，形成完善的党内法规体系。必须完善以宪法为核心的法律体系，加强宪法实施；坚持依法治国、依法执政、依法行政共同推进；坚持法治国家、法治政府、法治社会一体建设。法治治理体现着制度治理，国家治理，实质上就是依托于包含法治在内的制度治理。

四是善于治理。在全球化时代，各国之间应该相互学习、相互借鉴，善于治理。善于治理，首先，要向中国的历史学习，深入了解我国历史和传统文化，并进行积极总结。其次，要学习借鉴国外经验，并将其中国化，使它在中国发挥作用，能够得到发展。善于治理，不是简单地照搬其他国家的政治理念和制度模式，而是要从中国自身的国情和现实条件出发，认真借鉴其有益之处，为我所用。②

3. 国家治理体系现代化的基本含义

国家治理是国家治理体系和治理能力的有机统一。习近平同志更是明确指

---

① 王浦劬："国家治理、政府治理和社会治理的含义及其相互关系"，载《国家行政学院学报》2014 年第 3 期。

② 许耀桐："中国国家治理的特色、要义和体系"，载《人民论坛》2016 年第 13 期。

出,"国家治理体系和治理能力是一个国家制度和制度执行能力的集中体现"。何谓国家治理体系?"国家治理体系是在党领导下管理国家的制度体系,包括经济、政治、文化、社会、生态文明和党的建设等各领域体制机制、法律法规安排,也就是一整套紧密相连、相互协调的国家制度"。[1]

何谓国家治理体系的现代化?国家治理体系的现代化就是适应社会主义现代化建设的需要,通过改革创新各种体制机制和法律法规,促进各方面制度更加科学、完善,实现各项事务的治理制度化、规范化、程序化。它回答的是"靠什么治理"的问题。

第一,实现由中国共产党领导的治理主体多元化。中国共产党作为领导各项事业的核心力量,无论在何种情况下都必须统揽全局,协调各方,充分发挥治国理政的主导作用。与此同时,又要充分发挥各方面的积极性,协调多元主体共同参与,以增强国家治理的科学性、共识和民意基础,使公共政策更加周全和科学。

第二,增强治理结构、治理主体的协同性。多元主体参与治理形成了复杂的、具有监督和制衡功能的治理结构,但这一结构必须要同时具有协同性。各治理主体只有协同配合,相互协调,才能达到理想效果。在新的历史时期,党和政府应当主动筹划,从体制、机制、理念、能力等各个方面适应时代和现实的需要,通过法定程序和法律手段,协调好政府与社会以及不同利益群体之间的关系,建立党委、政府与社会磋商、交流的平台,最大限度地凝聚社会共识,将制度的优势更好地发挥出来。

第三,达到治理结构、治理主体间的密切互动。对于现代化的国家治理体系而言,其多主体之间展开密切的互动,互通信息、互相监督、互相配合,才能形成高效运行和协调的"体系"。就互动方式而言,包括正式方式,如召开人民代表大会、党代表大会、政府工作会议等;也包括非正式方式,如网上的舆论表达、群众对国家机关及其工作人员提出意见建议、上访、申诉等。

第四,实现国家治理体制机制的全面性、合理性。国家治理体系现代化,不是存在多元主体就能够参与公共事务的治理,还需要在实践中不断磨合,最后达到"默契"的程度,才能称得上真正形成了"体系""机制"。所谓国家治理体制机制的全面性,就是指一个国家的治理体系必须在各个方面、环节都有规则、制度,否则,国家治理体系就是不完整的。所谓国家治理体制机制的合理性是指各种体制、机制、规则必须有公认的、能够经得起检验的精神与

---

[1] 习近平:"切实把思想统一到党的十八届三中全会精神上来",载《人民日报》2014年1月1日。

原则。

总之，国家治理体系的现代化，就是适应社会主义现代化建设的需要，通过改革创新各种体制机制和法律法规，促进各方面制度更加科学、完善，实现各项事务治理的制度化、规范化、程序化。达到多元主体共同参与公共事务的治理活动且密切互动、高度协同，社会生活的各个方面、领域都有公开的、稳定的规则、制度。①

4. 国家治理能力现代化的基本含义

何谓"国家治理能力"？国家治理能力是"运用国家制度管理社会各方面事务的能力，包括改革发展稳定、内政外交国防、治党治国治军等各个方面。""有了好的国家治理体系才能提高治理能力，提高国家治理能力才能充分发挥国家治理体系的效能"②。

何谓国家治理能力的现代化？国家治理能力的现代化，就是指国家治理手段、治理方法的时代化、科学化以及治理结果的有效性，它回答的是"国家治理的本领与效能"问题。

第一，国家治理手段、治理方法的时代化。不同的时代，国家治理的手段和治理方法是不同的，国家治理手段和治理方法要随着时代特征的变化发展而不断改变。当今时代的基本特征就是市场化、信息化、全球化。它要求国家治理手段和方法必须是民主的、法治的、理性化的和负责任的。政府如此，其他治理主体也必须如此。总之，民主、法治、效率、责任就是时代对国家治理方式、方法提出的要求。掌握这些方式、方法和要求，国家治理能力就顺应了现代社会的发展趋势，并因此而获得良好的治理效果。

第二，国家治理方式、方法的科学化。科学是人类按照理性和逻辑的方式认识事物的成果和方法，符合科学就意味着人们做事是有道理、有根据的。国家治理也需要符合科学性。国家治理的科学性包括两个层面：一是经验科学，二是理性科学。对中国来说，实现国家治理方式、方法的科学化，必须"发挥市场在资源配置中的决定性作用"，"大幅度减少政府对资源的直接配置"，放宽市场准入条件，尊重和保护社会组织、团体的自治权利和参与公共事务的权利。同时，要"更好地发挥政府的作用"，建立科学的政府体制，建设法治政府，实现决策的科学化、民主化。

第三，国家治理行为、治理过程的程序化。程序公平、程序正义是结果公

---

① 郑慧，何君安："试论国家治理体系和国家治理能力现代化"，载《新视野》2014年第3期。
② 习近平："切实把思想统一到党的十八届三中全会精神上来"，载《人民日报》2014年1月1日。

平、结果正义的重要保障。从某种意义上讲，自由平等、民主法治、公平正义等社会主义核心价值的实现都取决于有没有或能不能建立起一套合理的、受到尊重和严格实施的程序。对当前的中国而言，程序化可以说是在治理行为、治理过程中的一块"短板"，上至各级政府、下至普通民众，均缺乏明确的程序意识和遵守程序的习惯。所以，树立程序意识是必须加紧弥补的一课。同时要增加有关程序，尤其是行政决策前置程序的制度供给。政府工作人员尤其要带头严格遵循程序，严格按程序办事，在全社会发挥表率作用。

第四，国家治理行为、治理过程的制度化。制度化是近现代国家治理活动取得良好效果必须坚持的基本原则，但不同的时空范围，制度化的含义和衡量标准截然不同。在现代社会，制度化的含义是所有治理行为、治理过程的规则化、法治化、程序化。对处于现代社会的国家来说，要实现治理方式的制度化，必须高度重视制度化建设，努力做到每一个具体行为、步骤都严格按照制度的规定进行。制度化必须使制度具有可操作性和相对稳定性，增强约束力，防止制度变成"纸老虎"和"稻草人"。

第五，国家治理结果的有效性。有效性为实践是检验真理的唯一标准在国家治理问题上的具体体现。对当前的中国社会来说，治理结果的有效性集中体现在民生改善、生态文明建设、社会公平正义、经济结构调整和经济发展方式转变等方面。政府要真正把改善民生、保障所有人享有公平的机会、民主法治建设、生态环境保护等作为治理目标。要进一步完善政治与行政体制，建立结构合理、职权匹配、配合密切、行动高效的行政体制，为提高行政效率、改善行政效能提供保证。要释放市场和社会活力，发挥市场和社会的自治、自律功能，通过政府与社会的合作，提高治理过程的有效性。①

5. 国家治理体系和治理能力现代化的相互关系

国家治理体系的现代化与国家治理能力的现代化之间，是互为条件、相互促进、相得益彰的关系。

第一，现代化的治理体系为现代化的治理能力提供结构性前提和体制性保障。结构决定功能。治理体系作为一个大的系统或结构，规定了不同主体的地位、属性、关系，进而决定了不同主体的活动方式与能力限度。因此，治理能力就是对治理结构的适应力，治理能力的现代化就是各种主体对现代化治理结构的适应性。能够适应多元主体既合作又监督、依法行事的治理结构，也就具有了现代化的治理能力。因此，培养现代化的治理能力必须同时改革、完善治理体系。由于治理能力是包括政府在内的多种治理主体在其治理结构所处的社

---

① 郑慧，何君安："试论国家治理体系和国家治理能力现代化"，载《新视野》2014 年第 3 期。

会环境下履行其功能、达成其目标的能力。从根本上讲，这些主体只有完全处在现代社会的环境与治理结构中，才能真正具备现代化的治理能力。在这个意义上，可以说现代化的治理结构是现代化治理能力的根本保障。

第二，治理能力现代化为现代化治理体系不断发展创造条件。体系的形成和发展是一个不断的过程，这一过程需要经过漫长的试验和调适，因此，国家治理体系的现代化是以人们思想观念和行为方式的现代化为前提的。正是改革开放以来中国民众思想观念和行为方式发生的变化，才对治理结构、治理体系的现代化提出要求、提供动力。没有中国民众在改革开放中思想观念和行为方式的变化、探索和创新，就不可能推动国家治理能力的现代化，并为国家治理体系的现代化创造源源不竭的需求和动力。

第三，治理能力现代化是治理体系、治理方式转型的目的。尽管治理体系的现代化和治理能力的现代化都是全面深化改革中不可或缺的两个方面。然而，归根结底，治理体系的现代化是为治理能力的现代化服务的，因此，与国家治理体系的现代化相比较，国家治理能力的现代化才是更根本的目标。以现代化治理体系的建立为制度保障，最终还是要落实到现代化治理能力的不断提升上，并在不断完善现代化治理体系的过程中不断提升现代化的治理能力。用国家治理能力的现代化为国家治理体系的现代化铺平道路，顺利地建立起现代化的国家治理体系。[1]

三、法治与国家治理现代化[2]

法治与国家治理息息相关。在现代国家，法治是国家治理的基本方式，是国家治理现代化的重要标志，国家治理法治化是国家治理现代化的必由之路。

1. 法治是国家治理现代化的基本表征

法治是现代国家治理的基本方式，实行法治是国家治理现代化的内在要求。国家治理现代化的实质和重心，是在治理体系和治理能力两方面充分体现良法善治的要求，实现国家治理现代化。其突出表现为现代法治为国家治理注入了良法的基本价值。

一是秩序价值。国家治理首先要建立和维护秩序。但法治和国家治理要实现的秩序是"包容性秩序"。在社会主义核心价值体系引领下的"包容性秩序"是充满活力的秩序。充满活力，意味着一切有利于社会进步的创造和创新得到尊重、支持、发挥和肯定；意味着人们享有广泛的自由；也意味着要尊重劳动、

---

[1] 郑慧，何君安：《试论国家治理体系和国家治理能力现代化》，载《新视野》2014年第3期。
[2] 本部分主要参考张文显：《法治与国家治理现代化》，载《中国法学》2014年第4期。

知识和人才；更意味着全社会的积极因素被充分调动起来，消极因素尽可能被化解。

二是公正价值。公平正义是现代法治的核心价值追求，也是中国特色社会主义的内在要求。十八届三中全会把"促进公平正义""增进人民福祉"作为全面深化改革的出发点和落脚点，强调"让发展成果更多更公平惠及全体人民"。习近平总书记更是深刻阐释了国家治理与保证社会公平正义的关系，指出："全面深化改革必须着眼创造更加公平正义的社会环境，不断克服各种有违公平正义的现象，使改革发展成果更多更公平惠及全体人民。""不论处在什么发展水平上，制度都是社会公平正义的重要保证"[①]。在国家治理范畴内，社会公平主要包括权利公平、机会公平、规则公平和司法公正。

三是人权价值。确认和保障权利是法治的真谛，尊重和保障人权是国家治理的精髓所在，也是国家现代性的根本体现。尊重和保障人权，最重要的是保障公民的基本权利。基本权利主要是指人权和宪法宣告的公民基本权利。通常划分为三类，第一类是公民政治权利和自由；第二类是经济、社会、文化权利；第三类是特殊人群、社会相对弱势群体的权利。在这些权利当中，生存权是首要人权，发展权是根本权利。作为国家治理核心主体的执政党和国家权力机关要积极回应人民群众日益增长的多样化权利诉求，不断丰富宪法法律权利体系，健全人权和权利保障制度。

四是效率价值。效率也是一个社会的核心价值。一个治理良好的社会必然是有秩序的社会、公正的社会、人权有保障的社会，也应当是高效率的社会。国家治理的效率通过法治可以更好地实现。从理论和实践两个方面看，法治化的治理要比人治化的治理更富有效率，更能够保持可持续的发展。在法治化的治理中，决策者依照程序科学决策、民主决策，看起来似乎比人治化的治理中的个人说了算比较费时费事，但决策失误的可能性大大减少，而决策失误是最严重的负效率。同时，由于建立了明晰的人权制度、物权制度、合同制度、侵权制度、诉讼制度等，为经济社会主体确立了制度信心，从而激发了社会活力，保障了自由竞争，实现了政治效率、经济效率和社会效率在法治的框架内持续增量。

五是和谐价值。我们正处在改革的深水区和发展的关键期，同时也处于社会矛盾的凸显期。构建社会主义和谐社会，实现各主体各得其所又和谐相处，毫无疑问应当是国家治理的核心价值。党的十六大、十七大、十八大、十九大报告均把和谐作为国家发展的核心价值。在推动国家治理现代化中，以和谐作

[①] 习近平："切实把思想统一到党的十八届三中全会精神上来"，载《人民日报》2014年1月1日。

为法治和国家治理的核心价值，就是要把和谐价值融入法律规范体系和国家治理制度体系之中，致力于构建社会主义和谐社会。它包括人与人的和谐、人与社会的和谐、人与自然的和谐、中国与世界的和谐四个方面。和谐不仅是法治和国家治理的基本价值，在某种意义上也是法治和国家治理的终极价值、元价值。其具体表现：一是凝练国家和法的价值；二是规范国家和法的价值；三是引领和协调国家和法的价值；四是反思和追问国家和法的价值。

2. 法治化是国家治理现代化的必由之路

第一，推进国家治理法治化，是国家治理现代化题中应有之义。改革开放以来，我国各项治理制度的创新发展始终与法律制度体系完善发展同步，与全面深入推进立法体制、执法体制和司法体制改革相适应。改革开放几十年的实践表明，国家治理现代化的过程也就是国家治理法治化的过程，国家治理现代化必然要表现为国家治理法治化，并通过法治化引领和保障现代化。

第二，推进国家治理法治化，是中国共产党执政理念的必然要求。党的十七大、十八大、十九大相继提出，要全面落实依法治国基本方略、全面推进依法治国和加快法治中国建设，实现国家各项工作的法治化。在实现国家各项工作法治化当中，最重要的当属实现国家治理法治化，使国家治理在法治轨道上运行。党的十八届三中全会作出"全面推进依法治国"的重大决定，党的十九大又提出"坚持全面依法治国"。法治的作用，已经从十五大提出依法治国基本方略时的"基础性作用"演进为今天治国理政当中的"决定性作用"。

第三，推进国家治理法治化，也是人民群众的共识和关切。无论是党的执政活动、国家机关履职活动，还是人民行使民主权利参与国家治理的活动，都应当遵循法治的规则和程序。据统计，十二届全国人大第二次会议期间，以代表团名义和30人以上代表联名提出的议案有468件，其中绝大多数为法律议案。"最大特点是落实全面深化改革总目标和任务的要求，围绕完善和发展中国特色社会主义制度、推进国家治理体系和治理能力现代化，从法律的制定、修改、废止、解释的角度，提出意见和建议"[①]。

第四，推进国家治理法治化也是国际社会的潮流。进入21世纪之后，法治成为民主、文明国家的基本共识。当今世界，国家之间、区域之间乃至世界范围内的很多问题越来越多地被纳入法制轨道。2005年《世界首脑会议成果文件》将法治作为一项普遍核心价值和原则，呼吁在国家和国际两级全面实行法治。从2006年开始，联合国大会第六委员会开始讨论国家和国际两级法治的问

---

① "关于第十二届全国人民代表大会第二次会议代表提出议案处理意见的报告"，载《中华人民共和国全国人民代表大会常务委员会公报》2004年第2期。

题。对于这个问题的研讨扩大了国家之间在加强法治方面的共识，体现出世界人民共同努力建设一个法治世界的愿望。在这样的国际时代背景下，加快推进国内法治，尤其是推进国家治理法治化，毫无疑问是顺应历史潮流的正确选择。

3. 国家治理法治化的基本面向

国家治理法治化包括治理体系法制化和治理能力法治化两个基本方面。

第一，国家治理体系法制化。国家治理体系本质上就是国家制度体系。中国特色社会主义国家治理体系由一整套制度构成，包括以中国共产党党章为统领的党内法规制度体系、以党的基本路线为统领的政策制度体系、以宪法为统领的法律制度体系。然而，国家治理的各项制度总体上最终都要汇总于、表现为法律制度体系，即法制化的制度体系。国家治理制度法制化的路径一般是：党和政府先是以党内法规和政策形式宣示、确认其治国理念、治国道路、治国路线、治国经验等，待这些党内法规和政策在治国理政的实践中进一步成熟后，再通过立法程序将其上升为法律，由宪法或法律加以确认、完善和定型。

国家治理体系是一个有机的制度系统，统领这个制度系统并使之协调运转的是宪法。所以，推进国家治理现代化，要倍加重视宪法的作用。宪法是国家治理体系的基石，也是国家治理体系的最高表现形式和制度载体，是国家治理的总章程。正是通过宪法，国家治理中带有根本性、全局性、长期性的制度获得了最高的法律效力、政治效力和社会效力，具有极大的权威性和神圣性。通过宪法进而通过法律和行政法规而得以法制化、定型化和精细化的路线方针政策作为国家治理制度具有了普遍性、强制性、长效性、可诉性等特点，既便于民众遵守，也便于国家机关执行。

第二，国家治理能力法治化。国家治理能力，既指各主体对国家治理体系的执行力，又指国家治理体系的运行力，还包括国家治理的方式方法。习近平总书记指出："必须适应国家现代化总进程，提高党科学执政、民主执政、依法执政水平，提高国家机构履职能力，提高人民群众依法管理国家事务、经济社会文化事务、自身事务的能力，实现党、国家、社会各项事务治理制度化、规范化、程序化，不断提高运用中国特色社会主义制度有效治理国家的能力。"[①] 提高这些能力，最重要最关键的就是提高运用法治思维和法治方式的能力，解决法治缺位情况下治理动力不足和能力不够的问题。

善用法治思维和法治方式治国理政，就要把法治理念、法治精神、法治原则和法治方法贯穿到政治治理、经济治理、社会治理、文化治理、生态治理、

---

① 习近平："完善和发展中国特色社会主义制度推进国家治理体系和治理能力现代化"，载《人民日报》2014年2月18日，第1版。

治党治军等国家治理实践之中，逐步形成办事依法、遇事找法、解决问题用法、化解矛盾靠法的良好法治习惯。

善用法治思维和法治方式治国理政，应当正确处理改革与法治的关系，这也是国家治理法治化要解决的突出问题。要善于以法治凝聚改革共识，以法治引领改革方向，以法治规范改革程序，以法治确认、巩固和扩大改革成果。"改革越深入，越要强调法治，通过立法来引领改革方向、推动改革进程、保障改革成果，让全体人民共享改革红利、法治红利"[1]。提高依法执政、依法治国、依法行政、依法治理社会的能力是国家治理能力法治化的紧迫任务和时代课题。培养和提升这种能力要比建立一整套制度困难得多，因而，推进国家治理能力法治化要比推进国家治理体系法制化艰巨得多。

第二节　大国财政转型的世界潮流[2]

任何国家都要汲取财政资源并按一定的方式进行支出。国家汲取和使用财政资源的方式有很多，也就是说，财政制度有很多种。不同的财政制度通常与不同的国家治理制度相联系，并意味着不同的国家治理水平。因此，"财政是国家治理的基础和重要支柱"。一旦国家的财政制度发生改变，在很大程度上，国家的治理制度也会随之改变。因此，在国家治理现代化的过程中，应抓住财政制度这个关键环节，通过财政制度改革来引导国家治理制度转型。[3] 或者说，财政制度转型是国家治理制度转型的关键，财政转型可以引导国家治理转型。换句话说，财政转型或财政治理的现代化是国家转型或国家治理现代化的重要内容，财政转型或财政治理的现代化可以推动并引导国家转型或国家治理的现代化。因此，研究财政转型尤其是当代世界的大国财政转型，对于研究中国这样的大国通过财政转型从而推动其国家转型或国家治理的现代化具有重要意义。

在当今世界上，各大国探索财政转型的努力从未间断。"二战"以来，大国财政转型的世界潮流主要表现在以下方面：

一、构建现代税制体系

"二战"之后，大量殖民地国家走向独立自主的发展道路，多数发达国家

---

[1] 李适时："充分发挥立法在国家治理现代化中的引领和推动作用"，载《求是》2014年第6期。
[2] 本节主要参考：何代欣："大国财政转型轨迹及其总体框架"，载《改革》2016年第8期。
[3] 马骏，谭君久，王浦劬：《走向"预算国家"：治理、民主和改革》，中央编译出版社2011年版，第4~5页。

则迈向市场经济新阶段。促进增长与实施有效的社会保障，成为各国财政的主要任务。为筹得所需资金，绝大多数政府都将构建现代税制体系、实施有效的政府收入政策作为制度建设的优先方向。

20世纪50年代，法国在西方大国中率先放弃所得税为主的税制结构，实施以增值税（VAT）为主的间接税税制。它是将纳税人与税负人分离，并在直观上减轻税收负担、提高主观上的税收遵从的举措。加之以增值税为代表的货物与劳务税具有间接征收、链条抵扣的特征，使得纳税人在税收环节中彼此监督，有利于提高征收效率。税收收入由此大幅增长。

20世纪70年代，主要发达国家经历了两次大范围的经济危机。凯恩斯主义下，政府收入占社会产出比重不断上升的趋势被遏制。作为政府主要收入来源，个人所得税和企业所得税之间的税负不平衡问题开始被讨论。经过调整，二者的实际税率最终大致相当。为了鼓励社会创新，以美国为代表的所得税最高边际税率普遍下调至50%以下，平均税率上浮至30%左右。一降一升令所得税总收入没有大幅度降低，但产生了新的问题——最高收入人群变相减税，收入分配差距再次被拉大。同时，改革还加重了中等收入人群的负担。社会保障缴费的兴起对巩固并完善福利制度起到了关键作用，这是一种实际上的增税行为。20世纪90年代后，OECD国家的社会保障交款占政府收入比重超过了任何一个税种所带来的收入。社会保障交款是一种近似于个人与政府储蓄的政府收入形式。新型国家治理体系下的现代税制，乃至现代政府收入体系变革，正是在不断调试甚至试错的过程中成长起来的。

二、变革公共支出功能

现代国家的公共支出规模存在自身膨胀的冲动。国家职能的扩大和经济的发展要求保证行使这些国家职能的公共支出不断增加，即随着人均收入提高公共支出相对规模相应提高。究其原因，公共支出的建设功能与公共服务功能彼此交替，推升了公共支出规模的扩张。

一般而言，公共经济学理论将公共产品提供的种类、数量和成本，作为制定公共收入规模的依据，即以支定收。"二战"之后，世界各国百废待兴，传统意义上较少负担经济建设的财政资金，参与到了经济社会的恢复过程。彼时，公共支出支持了大量公共基础设施的修建。公路、铁路、学校、医院等修筑过程之中，财政资金发挥了不可替代的作用。然而，随着婴儿潮的退却，人口老龄化开始蔓延各国。"二战"后的建设财政支出开始往公共福利支出转移。需指出的是，一些不具有实体特征的公共服务供给与公共基础设施建设大不相同。一方面，劳动年龄人口减少令公共服务的供给成本越来越高，公共服务所需财政资金的总规模不断膨胀。另一方面，公共服务的享受者——民众追求更好教育、医疗与养老服务的需求会不断提升。然而公共收入存在极限，公共支出不可能无限增支，收支矛盾会最终爆发。因而，从建设财政走向公共财政的轨迹说明，公共支出会面临长期增长的压力，特别是在民主政治下，委托代理人对民众的政治承诺，加剧了有限的公共支出资源与无限的公共服务需求之间的矛盾。

三、建立现代预算制度

拥有现代预算制度是现代国家治理结构的最重要特征。现代预算制度植根于各国的不同发展模式，并受到经济发展程度与社会发展阶段的约束。财政、公共管理和法学等诸多内容都融入预算研究之中。具体来看，各国构建的现代预算制度体现如下特征：

（1）注重预算的科学性和系统性。信息技术与管理方法的进展，令整个世界的数字化程度大幅度提升。数字化能够为管理决策和政策制定提供更多经验与证据。因此，数字化的预算制定使政府部门能够比以往更清晰地获悉过去做对了什么，又做错了什么，还能够更细致地将收入与支出进行分类，同时关注到收入与支出之间的彼此联系。

（2）指向财政绩效乃至政府绩效的预算管理。政府绩效评估中的一个主要环节是考察有限的财政资金是否处置得当，是否满足了公共需求。20世纪下半叶，源于公共资源短缺与公共服务旺盛需求之间的矛盾，如何令政府如企业般更高效地运行，成为各方关注的焦点。仔细来看，财政绩效乃至政府绩效的测评思路，大多是先获得一个科学的预算框架，然后将政府行为结果与预算作比较。这也是为什么大多数政府绩效评估由预算制定与管理部门主导。

（3）把预算法上升为财政母法地位。现代国家把财政规则和财政纪律放置在了较高的位置。为此，法制手段被引入。税收法制框架下，中国现行税种已经立法或正处于立法进程。预算法贯穿收入、支出和管理全过程，是串联财政活动的根本性"母法"。事实上，大多数治理效果比较理想的国家和政府，预算法的制定和贯彻都比较高效。

四、加强赤字与债务管理

赤字和债务管理的阴霾从未远离各国政府。目前，赤字与债务风险诱发的财政风险，乃至传导到经济风险的可能性非但没有消除，反而有进一步加剧的可能。欧元区债务危机依然处于发酵当中。债务国不仅仍然需要向债权方借新债还旧债，而且既有的货币联盟面临解体风险。依据莱因哈特与罗格夫主张，要走出债务危机，财政紧缩的紧迫性高于经济增长。[1] 债务国首先要保证财政稳定，进而再促进经济复苏。阿根廷政府之所以至今未能走出财政危机的阴影，正是赤字与债务管理的不善，令其错过经济社会再发展的数次机会。

欧盟成员国3%的财政赤字率标准被世界各国广泛借鉴为警戒线。实际上，这一要求是"稳定与增长公约"下的协调结果。即使在成员国内部，意大利、法国乃至德国，都很难一以贯之地遵守上述标准。大量的研究证实，赤字管理的核心是实现时间序列上的平稳（Bohn，2005）。如果我们认可金融层面的资金跨期配置，那么原理上，赤字的跨期配置并没有什么问题。[2]

解决债务问题的出路依然要寄希望于经济增长。经典理论认为，债务是赤字的积累。实践中，债务的增加有赤字积累的部分，还有债务利息的贡献。大部分债务危机国家的问题是，资金周转出了问题而非绝对规模本身：表现为借贷成本过高、削减支出不力、增加收入乏力。换言之，债务市场对债务危机国缺乏信心。债务危机国需要付出更高的借款成本，甚至难以融资。大多数情况下，只要债务能够有效循环，债务规模不是问题，比如世界债务负担率最高的国家——日本，债务负担率常年维持在200%以上，却从未听闻该国有多大的债务风险。令借款人重拾信心的关键是债务方能够用经济增长这一显性指标来展现国家能力和财政潜力。

第三节　世界潮流下的中国财政转型及其面临的挑战[3]

一、新阶段中国财政体制改革的主要目标

面对世界潮流下财政转型的艰巨性和紧迫性，新阶段中国财政转型的主要目标是：

1. 回应短期转型发展的诉求

一是直指新一轮增长的供给侧结构性改革。2010年以来，世界经济步入下行区间几成事实。中国经济与世界经济的关联日趋紧密，全球增长放缓势必拉低中国经济增长预期。中国经济L型转型或将经历较长一段时期。经济下行并

---

[1] Reinhart C. M., Rogoff K. S.. Growth in a Time of Debt. American Economic Review, 2010, 100 (2): pp. 573 – 578.

[2] Bohn, H.. Who Bears What Risk? An Intergenerational Perspective, Paper Prepared for Presentation at the 2005 Pension Research Council Symposium, 2005, April, 25 – 26: pp. 1 – 37.

[3] 本节主要参考何代欣："大国财政转型轨迹及其总体框架"，载《改革》2016年第8期。

不可怕，关键在于下行的过程中找到前进方向，进而缩短转型周期，降低转型成本。目前中国的供给侧结构性改革是要在蓄积长远发展动力与遏制短期经济下行之中寻找平衡点。这之中，如何利用财政政策和设计财税制度，进而引导甚至推动供给侧结构性改革，值得深入探索。

二是经济社会全面发展与转型。经济转型的背后是社会及发展模式的转变。当我们极力论证转型发展优越性的时候，决不能忽视转型期间包括转型风险在内的诸多不确定性。透明、规范和法制，一些过去存在理论或者呼吁层面的概念，将开始影响发展转型的进程。大国崛起的经验教训有待借鉴。所谓的中国模式也好，中国特色也罢，很多具体问题确实需要我们遵循一定的既有规律，探索自身前进的道路。例如，财政政策与货币政策之间的协调与独立，并没有太多现成经验可循，无论是美国模式还是欧盟模式。我们的经济社会转型也不可避免遇到美国或欧盟碰到的问题，如何汲取它们的经验教训，对我国来说，非常重要。

2. 解决长期稳定增长的难题

一是立足经济长期增长的财政政策。财政政策具有稳定宏观与微观预期、塑造经济规则和治理形态的能力。财政政策包含了财税制度、财政体制和财政管理诸多方面的内容，看似是一个宏观决策，却包含了一套自上而下的治理结构。因此，财政政策超越了传统的拯救危机、促进转型的角色，将内化于整个国家治理体系和治理机制现代化的全过程。全力发挥财政政策维持经济长期增长方面的优势是必不可少的。

二是宏观调控的时机、力度与角度。财政政策的调控能力体现在三个方面：第一，选择财政政策的调控时机；第二，把握财政政策的力度；第三，选取财政刺激的实施角度。不能否认大规模基础设施建设的积极作用。然而，诸如基础设施建设的投融资机制亟待重新探索。特别是在地方政府支出压力较大的当下，如何维持必要的财政刺激，保证资金有效投入重要领域？这有赖于更多的体制机制创新。选取更合适的角度及更合理的方式，比以往任何时候都显得紧迫而重要。

3. 法制化的财税体制机制

一是税收与支出的法制化。法制化是现代国家的主要特征。目前，中国税收与支出的法制化任务依然艰巨。一方面，建立现代财政制度，税收立法不可或缺。另一方面，支出法定的工作需要进一步研讨。例如，将教育支出占当年GDP的4%写入法条。某种程度上而言，法定意味着限定支出比例。从财政管理角度看，如果大量支出被限定比例，必将降低财政的灵活性，进而增加支出刚性，人为平添财政风险。大多数发达国家在经历支出法定引发的一些问题之后，正在反思如何既保证支出又维持财政灵活性。

二是预算与财政管理的法制化。2014年，"新预算法"正式颁布，随后，各省配套预算法执行的地方性法规陆续出台。然而，这并不意味着预算法制化已经完成，比如透明的预算公开、规范的预算编制、广泛的预算参与等，真正行动比制度建设或许更为艰难。财政管理的法制化与行政管理的法制化一脉相承。多数情况下，财政管理涉及具体的财力供给。财力与事权之间的关系几乎是完全对应的。要提高政府绩效，为老百姓提供优质的公共产品与公共服务，就不能不提高财政管理的法制化水平。

三是中央与地方财税关系的法制化。稳定的中央与地方财税关系，必须要有法律的保障。而一切法制的前提是，搞清楚中央与地方之间选择怎样的治理机制和治理结构。作为幅员辽阔的大国，单一制特征不意味着我们集中所有的权力。现实中的分权治理模式说明，中央与地方的关系除了委托代理还有大量的权力下放与自治。基于上述的理解，中央与地方的财税关系法制化依然有赖于重拾"分税制财税体制改革"的精神要义，全面落实真正意义上的财力、事权与支出责任相匹配。

二、中国财政转型面临的主要挑战

财政转型的外部环境与自身条件决定了改革之路充满挑战。中国的财政转型主要面临以下挑战：

1. 中国经济 L 型探底需要财政承担长期扩张的压力

一是财政政策的作用会进一步增强而非减弱。财政政策的效用往往取决于政府财力强弱，以及外部经济环境的状况。中国相对宽裕的财政收支状况以及政府主导经济发展的能力，为财政政策的有效推进提供了可能。基本条件固然具备，主要挑战依然存在。2012年之后，中国财政收入增速开始下滑。与此同时，中国经济 L 型探底的基本格局业已形成，但国家重大工程投入有增无减，且未来数年国际经济环境依然复杂多变，中国经济的不确定性正在提升。在不大幅度提升财政支出规模的情况下，尽可能发挥财政政策稳定经济运行、防控各类风险的作用，是各方需要面对的主要挑战。

二是世界主要国家缺乏财政工具的教训。近些年，财政政策的重要性再次被提及，但世界主要国家重启财政政策实属艰难。福利国家与民主政治承诺，大多将减税与增加福利支出作为赢得执政权力的回报。殊不知，肆意践踏财政规则动摇了行政能力乃至国家实力。世界主要债务危机国，无不是财政危机诱发了经济危机乃至政治危机。短期之内，中国并没有上述风险，但长期来看，如何避免迈入无财政政策可用的陷阱，需要时刻保持警惕。

三是扩张性的财政政策可以更有新意。中国实施的扩张性财政政策是在

1994年分税制改革之后。主要办法是通过增加公共支出占GDP的比重，运用超过常规的财政刺激方式，解决市场投资不足和内需不足的问题。未来的扩张性财政政策可能还要寄希望于公共支出领域发力，但难度更大，要求也更高。首先，公共支出转变为公共投资的渠道已经变窄。其次，公共支出开始面临市场有效供给不足而非传统的内需不足。最后，公共支出面临复杂的经济环境。因此，扩张性的财政政策更需要弥补缺位，提高利用市场机制的能力与效力。

2. 收不抵支带来赤字累积与债务管理

一是各级政府财政赤字的常态化。中国地方财政赤字正进入常态化阶段。这与财税体制有关，也与财政增收乏力与支出刚性有关。一方面，地方政府大都关注财政收支是否平衡，对于收入是否来自本级财政还是来自上级转移支付并不太在意。另一方面，地方政府代理行使国有土地有偿使用权，获取了大量土地出让收入。基于对主要收入来源持续增加的预期，地方政府对财政赤字敏感度逐步降低。事实上，在未来，医疗和社保等民生领域的支出将持续增加很难减少，而土地市场和房地产市场波动日渐增大，财政收入日趋减少。一增一减之间，各级地方政府财政赤字规模可能快速上涨，财政压力已近在眼前。

二是各级政府债务负担的常态化。各级政府债务负担常态化是指债务负担水平和债务偿付责任，都将比过去进一步凸显。首先，传统意义的地方政府财政赤字累积会成为债务负担的主要来源。各级政府债务负担水平将进入全面上升的通道。其次，中国地方政府作为投资主体和类金融组织，具有不同于其他国家政府的借贷与融资功能。无论是形成资产的公共投资还是供给服务的公共支出，都需要政府特别是各级地方政府来承担。最后，在建立事权与支出责任的现代财政制度过程中，地方政府肩负的债务偿付责任将进一步明确。发展中的地方政府债务评级也会更多考虑市场化的因素。债务偿付责任划分将是左右未来地方政府债务市场价值的重要因素。

三是赤字与债务的风险累积。赤字与债务的风险累积不止于财政，而是与金融风险和经济增长相关联。近四十年的改革开放，令中国财政与金融彼此深度融入。绝大多数地方政府都曾通过各种渠道向金融机构借款填补财政亏空，积累下来的债务不仅是财政风险，也是金融风险。由于资本稀缺，政府运用公权力强信用的优势可轻松融资，必然导致政府以外的企业与个人融资要花费更大的成本，那么无疑损害了资源配置的效率，阻碍了经济增长。

3. 新经济与信息化对税制和公共支出的挑战

一是新经济与信息化所致的便利与不利。新经济（服务业）与信息化为税制改革和公共支出变革带来的便利表现在：一方面，新经济带来的快速资金流动及更高经济产出有利于扩大税基；另一方面，信息化为税制改革和公共支出信息的快速上传下达提供了可能。新经济与信息化给税制改革和公共支出改革带来的挑战表现在：首先，服务经济的非实体性决定了税制设计不同于过往；其次，公共支出基于个人与企业等微观信息，以什么样的形式获得并处理相关信息考验技术，更涉及伦理道德；最后，新经济和信息化要求财税部门掌握来自其他部门的信息，如何协调合作，并没有现成的模式，急需探索。

二是税制设计中的信息化因素：区别于工业时代。税制中的信息化因素决定了税制改革的基本方向，但如何区别于工业时代，仍需进行大量的前期铺垫（张斌，2016）。第一，增值税改革之路远未完成。在"互联网+"时代，增值税如何进入非实体经济，如何找到纳税人，又如何计征税额，再如何获得税款，都与传统查账征收、链条抵扣存模式有着显著差异。能不能把增值税改造成为适合新经济形态的税种，考验各方的能力。第二，所得税改革将面临新的局面。无论是企业还是个人，新经济时代的收入构成多元化，来源也进一步差异化。在个人申报成本和企业稽查成本都还比较高的情况下，所得税管理中信息不足的问题会被无限放大。如何汇总所有收入来源，如何连接收入与财产，又如何防止收入被转移出境，再如何从源泉扣缴走向激励相容的申报制度与稽查管理，都是所得税改革需要应对的新情况和新问题。

三是公共支出的压力：服务价格上升与质量提升。新经济对公共支出影响主要体现在公共服务价格上升与品质提升。首先，传统的公共服务模式正受到服务价格上升的影响。以基础教育为例，好的教育对应昂贵的服务价格。如果公办基础教育没有市场化的薪资机制，那么基础教育提升的瓶颈将越来越大。其次，民众对提升公共服务品质的愿望很迫切。无论是医疗还是其他公共服务的供给，与当今物质生活水平相比还是存在差距。优质意味着优价，在不能完全市场化定价的情况下，只能依靠公共支出增加对优质公共服务的投入。最后，如何利用更多的微观信息，提升公共支出效率。研究证实，提升公共支出效率的关键是处理好公共需求信息。如看病就医、入学入托等问题，须依据人口属性，有效甄别服务对象的需求，合理布局医院、学校，将是未来精细化管理公共支出需求、缓解支出压力的关键。

三、中国财政转型的理论支撑

1. "基础和支柱说"[①]

党的十八届三中全会明确提出："财政是国家治理的基础和重要支

[①] 本部分内容主要参考高培勇："论中国财政基础理论的创新——由'基础和支柱说'说起"，载《管理世界》2015 年第 12 期。

柱"——不妨将其简称为"基础和支柱说"。这一全新的论断，是我们党在深刻总结国内外财政发展经验教训的基础上形成的，也是在深刻分析国内外财政发展大势的基础上形成的，更是针对我国财政发展中的突出矛盾和问题而提出的。它标志着我们党对中国特色财政运行规律以及经济社会发展规律的认识达到了一个新高度。"基础和支柱说"以及由此推动的中国财政运行新格局的构建，涉及一系列重大的财政理论和实践问题。它不仅是财政基础理论的创新与突破，也是中国财政转型这一实践的理论支撑。

转型的核心意义是"转变"或"变化"。财政转型的核心要义则是财政的"深刻转变"或"深刻变化"。而财政"基础和支柱说"正是由于建立在财政概念、财政职能、财政活动主体、财政学科属性与财政科学理论体系等一系列方面的"创新"和"转变"，才成为中国财政转型的理论支撑。

第一，"基础和支柱说"揭示并带来了财政概念性质的深刻变化。对于财政，我们历来把它视作一个经济范畴并在经济生活领域来定义。在我们使用多年的财政学教科书中，所谓财政，就是政府的收支或政府的收支活动。随着财政被从经济领域推进到国家治理层面，进而被纳入国家治理体系之中，并且注意到国家治理是一个整体性、系统性概念，国家治理体系也绝非某一领域、某一方面可以涵盖，从国家治理的总体角度加以定位，财政固然仍可表述为政府的收支或政府的收支活动，但它不再仅仅是一个经济范畴，而是一个可以跨越经济、政治、文化、社会、生态文明和党的建设等多个学科的国家治理范畴。它也不再仅仅属于经济领域，而是一个可以覆盖经济、政治、文化、社会、生态文明和党的建设等所有领域的国家治理要素。以此为转折点，财政具有了鲜明的"综合性"特征：一个可以跨越多个学科、覆盖所有领域的综合性范畴和综合性要素。

第二，"基础和支柱说"揭示并带来了财政职能格局的深刻变化。对于财政职能，人们通常将其与政府职能层面的基本问题相对接，这种认识，显然是在将财政作为一个经济范畴的前提下确定的。在这种认识里，财政职能主要指的是财政在经济领域所具有的内在功能。在财政作为一个国家治理范畴和国家治理要素被从经济领域推进到国家治理层面之后，财政所履行的职能便要与国家治理层面的基本问题相对接了；作为国家治理的范畴，财政职能自然不限于经济领域，而须伸展至经济、政治、文化、社会、生态文明和党的建设在内的所有领域；作为国家治理的要素，财政职能除了对接政府的职能之外，还要对接国家治理领域的其他经济主体的行为，并由此牵动经济、政治、文化、社会、生态文明和党的建设等领域在内的各种活动。以此为转折点，财政职能具有了"跨越一般政府职能"的特征：一项可以覆盖并牵动国家治理领域诸方面活动的基础性、支撑性政府职能。

第三，"基础和支柱说"揭示并带来了财政主体活动的深刻变化。按照以往的定义，财政活动的主体只能是政府。除此之外，以其他企业组织、社会组织或居民自治组织为主体的收支活动，都不属于财政。然而，在国家治理的视界内，其活动主体并非是单一的政府主体。除了政府之外，还包括企业组织、社会组织乃至居民自治组织。政府不仅是治理的主体，而且是被治理的对象；社会不再只是被治理的对象，也是治理的主体。这说明，随着财政收支被纳入国家治理视界，作为在国家治理层面运行的一种重要活动，它不再只是单向的，同时也是互动的；不再只是独占的，同时也是共享的。因而，尽管政府仍须在财政收支中发挥主导性作用，仍旧在财政活动中居于核心地位，但不再是唯一的主体。除了政府之外，企业组织、社会组织或居民自治组织也是财政收支活动的重要参与者。并且，有关财政收支的决策和组织，除了要体现一定的强制性之外，更需在政府与社会广为互动的基础上贯彻协商性，即所谓协商民主。以此为转折点，财政活动主体趋向于"多元化"：一种由政府主导、多元利益主体参与的政府收支活动。

第四，"基础和支柱说"揭示并带来了财政学科属性的深刻变化。对于财政学科，人们通常都是把它作为一门经济学科来定性的。在人们眼中，财政问题就是经济问题，财政政策就是经济政策，财政工作就是经济工作。然而，站在国家治理的立场上，从财政作为国家治理的基础和重要支柱意义出发，财政问题绝不仅仅是经济问题，财政政策绝不仅仅是经济政策，财政工作也绝不仅仅是经济工作，而是跨越经济、政治、文化、社会、生态文明和党的建设等所有领域的综合性问题、综合性政策、综合性工作。正如财政是一个综合性范畴和综合性要素一样，作为一门学科的财政学，实质是经济学、管理学、政治学、法学、社会学等多个学科的融合体。当然，这并不排除经济学可能在诸多学科中处于主导地位，其他学科则可能是补充性的、辅助性的。但无论如何，经济学绝非财政学的全貌，也非财政学的全部属性。以此为转折点，财政学科还原于"交叉性"：一门以经济学为主导、兼容多个学科的交叉性或综合性学科。

第五，"基础和支柱说"揭示并带来了财政学理论体系的深刻变化。任何学科都有自己的理论体系。任何理论体系都是由各个范畴和概念之间的内在联系构成的。随着形势和环境的变化，范畴和概念也会发生变化，因此，反映范畴和概念之间内在联系的理论体系也就需要相应调整。

在过去很长的一段时间内，主流财政学理论体系的基本逻辑关系是：以满足市场经济条件下的社会公共需要为逻辑起点，围绕履行政府职能层面的基本问题而界定财政职能，以此为基础，按照政府收支活动运行的内在联系依次引入各个相关范畴和概念。毋庸赘言，这样一个体系架构是建立在财政是一个经济范畴、财政职能主要限于经济领域、财政活动的主体是政府、财政学是一门经济学科等方面的认识基础上的。现在的问题是，随着财政伸展为综合性范畴和综合性要素、财政职能延伸到国家治理层面、财政活动的主体趋向于多元化、财政学还原于交叉性或综合性学科，财政学科的理论体系又该做怎样的调整和改变？

尽管许多问题尚需做深入探讨，但根据"基础和支柱说"，对其基本逻辑关系作出如下的调整可能是必要的：即以满足国家治理活动中的社会公共需要为逻辑起点，围绕国家治理层面的基本问题界定财政职能，以此为基础，按照政府收支活动运行的内在联系依次引入各个相关范畴和概念。其中，按照进入国家治理层面的基本问题而界定的财政职能主要是优化资源配置、维护市场统一、促进社会公平和实现国家长治久安。具体线索可归结为：国家治理活动—社会公共需要—财政职能界定—财政支出规模与结构—财政收入规模与形式—财政收支平衡—财政收支管理—财政体制安排—财政政策布局。以此为转折点，财政学理论体系回归于"治国理政"轨道——以满足国家治理层面的社会公共需要为中心线索布局的逻辑体系架构。

2. "四个全面"转型理论①

第一，"四个全面"既是治国理政的战略布局，又是一种转型理论。2014年习近平同志在江苏省调研考察时提出了"四个全面"，这是以习近平同志为核心的党中央在新形势下治国理政的战略布局，具有重要的战略意义。但同时，"四个全面"在中国正处于社会急剧转型的背景下，又不失为一种转型理论。这个转型，既有从传统的计划经济体制向市场经济体制转型，即体制转型；还有社会转型，即从传统社会向现代社会转型；更有国家转型，即从传统国家向现代国家转型。从严格意义分析，这种转型从1978年开始，即从改革开放始，目前正在进入转型过程中最激动人心、高歌猛进的时代，也即转型重要的历史时期。这其中主要标志是，市场经济体制趋于健全和完善；法治建设取得一定成效，明确了法治中国建设的未来发展方向；公共服务型政府建设初见雏形；人口城市化快速推进；新的社会阶层迅速壮大，现代意义的公民意识正在逐渐形成，民间社会组织发展已具有一定规模，等等。这个转型目前正处在快速推进过程中。在这个背景下，"四个全面"战略布局的提出，实际是以习近平为核心的党中央坚持问题导向，针对转型过程中出现大量矛盾提出来的，具有明

---

① 本部分内容主要参考陈剑："用转型理论破解转型中的问题"，载《社会科学报》2015年8月13日，第3版。

显的转型理论色彩和特征。

第二，"四个全面"转型理论的特点。"四个全面"作为一种转型理论，主要有以下三个特点：

一是具有针对性、时效性和阶段性特征。"四个全面"作为一种系统的理论，"全面建成小康"是奋斗目标，也可称为"四个全面"的中心环节。这个奋斗目标的实现时间是到2020年。因而，这一理论是基于一定阶段的奋斗目标提出来的理论，具有明显的阶段性和时效性。

二是问题导向，基于现实生活中大量需要面对的问题。这些问题包括存量问题，即前期存留下来的问题；还有增量问题，即在发展进程中出现的问题。

三是着重于制度建设。转型作为一种大规模的制度变迁，制度建设无疑是它的重要内容。而这其中，体制建设更是重要内容。全面建成小康、全面深化改革、全面依法治国和全面从严治党，都是针对转型过程中遇到的问题提出来的，都涉及推进体制和机制建设。例如，推进经济体制改革，重要的是推进经济体制的建设；全面依法治国，重要的是推进法治建设，包括推进司法体制改革等内容。

第三，"四个全面"重在破解转型中的问题。作为一种转型理论，"四个全面"重在破解转型过程中遇到的重点和难点问题。中国社会在急剧转型中，遇到了一系列重点和难点问题。作为一种转型理论，推进四个全面，有利于破解的重点和难点问题包括：在全面建成小康社会中如何进一步消除贫困，缩小贫富差距，实现共同富裕；在全面深化改革中，推进政治体制改革，如何从现有制度入手，进而扩大公民有序的政治参与，加大人民对政府的监督，对公权力的监督；在推进全面依法治国中，如何落实党必须在宪法和法律范围内活动，如何落实法律面前人人平等的原则；在全面从严治党中，如何保障党无特殊利益学说的实现，如何限制领导干部谋求任何私利和特权，等等。

第四，"四个全面"是继承与创新的结合。"四个全面"的提法是一种创新，这种创新主要体现在整体性和系统性，体现在"全面"上。但"四个全面"中的诸多内容，还主要是继承，因为每一方面内容，前期领导人也在不同时期提出过。因而，"四个全面"应该是继承与创新的结合。"四个全面"作为一种转型理论，虽然涉及制度建设，但重点是解决转型过程中遇到的突出问题。制度建设实际是放在第二位的。随着"四个全面"中的全面建成小康社会的目标基本实现，需要结合现实情况，从国家长治久安考虑提出更具有长久意义的理论。或者说，社会转型和国家转型，究竟向什么方向转的问题。从近现代人类文明史看，那就是在新的社会转型、国家转型的理论指导下，推进整个国家的制度建设，推进国家治理体系和治理能力的现代化，如十九大报告所言，在全面建成小康社会的基础上，分两步走，在21世纪中叶建成富强民主文明和谐美丽的社会主义现代化强国。

3. 中国特色社会主义理论体系

中国特色社会主义理论体系是中国社会转型、体制转型、国家转型最根本的理论支撑，也是中国财政转型最根本的理论支撑。

中国特色社会主义理论体系，包括邓小平理论、"三个代表"重要思想、科学发展观和习近平新时代中国特色社会主义思想。恩格斯说："每一个时代的理论思维，都是一种历史的产物，它在不同的时代具有完全不同的形式，同时具有完全不同的内容。"从这个意义上说，中国特色社会主义理论体系的每一个部分，都是改革开放以来相应阶段里中国共产党把马克思主义普遍原理和中国具体实践相结合的理论成果。那么，在决战全面小康的今天，中国特色社会主义进入了什么样的发展阶段？我国发展处在什么样的历史方位？又将产生什么样的创新理论成果呢？

对此，习近平同志在十九大报告中明确指出："经过长期努力，中国特色社会主义进入了新时代，这是我国发展新的历史方位。"

中国特色社会主义进入新时代，要求习近平同志为核心的党中央必须承前启后，继往开来，在新的历史条件下，丰富和拓展中国特色社会主义理论体系。习近平新时代中国特色社会主义思想应运而生！习近平新时代中国特色社会主义思想，在坚持马克思主义基本原理的基础上，保持和发扬了马克思主义政党与时俱进的理论品格，勇于推进实践基础上的理论创新，以更宽广的视野，更长远的眼光来思考和把握国家改革发展所面临的一系列重大战略问题，在理论上拓展了新视野，作出了新概括。

4. 习近平新时代中国特色社会主义思想中关于中国社会主要矛盾转化的理论对中国财政转型的支持

习近平新时代中国特色社会主义思想的精神实质和丰富内涵具体地体现在"八个明确"和"十四条坚持"上。其中"八个明确"中的第二个"明确"，就是"明确新时代我国社会主要矛盾是人民日益增长的美好生活需要和不平衡不充分的发展之间的矛盾"。习近平同志在十九大报告中明确提出："中国特色社会主义进入新时代，我国社会主要矛盾已经转化为人民日益增长的美好生活需要和不平衡不充分的发展之间的矛盾。"这是一个意义非常重大而深远的新判断。这是因为：

第一，正确认识和把握我国在不同发展阶段的社会主要矛盾，是确定党和国家中心任务，推动社会发展进步的重要前提。对于我国社会主要矛盾，从党的八大指出"人民对于经济文化迅速发展的需要同当前经济文化不能满足人民需要的状况之间的矛盾",到党的十一届三中全会指出"人民日益增长的物质文化需要同落后的社会生产之间的矛盾",再到党的十九大阐明我国社会主要矛盾发生的重大变化,以习近平为核心的党中央作出了一个根本性、全局性的重大判断。

  第二,提出新时代我国社会主要矛盾,是我们党的理论创新的重大成果,是科学社会主义的重大发展。我们党是马克思主义政党,始终坚持把马克思主义基本原理与中国国情和时代特征相结合,与时俱进推动理论创新发展。当今中国,党和国家事业发生历史性变革,中国特色社会主义进入新时代,对社会主要矛盾的准确把握成为执政党必须面对的重大时代课题。十九大报告对社会主要矛盾变化作出重大判断,抓住了新时代中国基本国情的主要特征,是习近平新时代中国特色社会主义思想的重要内容。这一重要论断,拓展了马克思主义理论的视野,是对科学社会主义理论的重大发展。①

  第三,提出新时代我国社会主要矛盾变化的判断,是社会转型、体制转型、国家转型和财政转型最根本的理论支撑。马克思主义唯物辩证法最核心的内容,就是研究矛盾尤其是主要矛盾,研究主要矛盾的变化以及这种变化的趋势。而马克思主义历史唯物主义最核心的内容,就是研究社会矛盾尤其是社会主要矛盾,研究社会主要矛盾的变化以及这种变化的趋势。今天,我们讲新时代中国特色社会主义,实际上它的最基本的判断标准是和主要矛盾的变化联系在一起的,当然这种变化有初步的形态,有真正转折的形态,也有它后续扩张的形态。我们应该把握矛盾的多重方式,它的演变形式,它的具体化类型,以便揭示我们这个时代正在发生的重大转变。②

  转变就是转型,社会转变就是社会转型,重大转变就是重大转型。而重大转型是与社会主要矛盾的转变或变化紧密相连的。或者说,重大社会转型是社会主要矛盾变化的客观基础,社会主要矛盾变化是重大社会转型的理论依据。经济转型、体制转型、国家转型、财政转型,都是重大社会转型的客观内容,也是社会主要矛盾变化的具体表现。从这个意义上说,习近平新时代中国特色社会主义思想,尤其是他对新时代我国社会主要矛盾变化的重大判断,不但具有重要的理论价值、重大的现实意义和深远的历史意义,而且是社会转型、体制转型、国家转型和财政转型的最根本的理论支撑。

---

  ① 徐茂华、李晓雯:"新时代我国社会主要矛盾变化的三重维度及现实价值",载《重庆社会科学》2017年第11期。

  ② 吴晓明:"新时代条件下的哲学任务",载《社会科学报》2017年10月26日,第1版。

第四节 "四个全面"转型理论视野下的中国财税体制改革

中国现代意义上的财税体制改革，始于 1994 年的分税制改革。1994 年分税制改革"是一揽子综合改革措施，其目的是解决三个领域的问题：抑制财政收入下降和对政府尤其是中央政府，提供充足的收入；消除税收结构中的扭曲因素和增加透明度；调整中央政府 - 地方政府之间的收入分配。"[①] "其主要目标是简化和增加收入分配制度的透明度。但这一目标还未达到"[②]。尽管它在很短的时间内提高了中央财政收入占全国财政收入和财政收入占 GDP 的比重。

"1994 年改革中的一个突出的特点是，分税制作为旧的财政收入分配制的补充，而不是取代财政包干制，仍包括以前全部的转移支付机制，如对贫困和少数民族地区的额度补贴，还有旧体制中大多数指定用途补助（专项转移支付）。两套体系并行偏离了分税制的关键目标，关键目标是：使收入分配更为透明和规范化。"[③] 而在此之后十多年的运行期间，基本上所有改革，如省直管县、乡财县管、村账乡管、撤乡并镇、三奖一补等，都是为了应付当时最迫切的问题，带有应急性的特征，局部增量改革的最终结果是收入和支出不匹配，激励被扭曲，不能产生有效的理想财政体制。也就是说，我国的财政体制改革具有较强的工具性和过渡性，关注现实压力缓释的动机超过对财政体制改革本身的系统性的要求。[④] 具体表现在：危机爆发后的危机应对；局面复杂时的单兵独进；矛盾突出时的技术缓解；乱象丛生时的政策频出。实践已经证明并将继续证明，这些局部增量式的应急性、工具性、过渡性、缓解性、灭火性、临时性的措施，或许能解财政收支困境或债务危机的一时一地一事之急，却并不能解决产生财政收支困境或债务危机的根源和根本，即制度、规范和规则，反过来还损害和误读了财政体制改革本身。只有在"四个全面"转型理论的视野下，改弦更张，改危机应对为长效治理，改单兵突进为全面深化，改技术缓解为制度建设，改财税政策为财税法治，中国的财税体制改革才会在新时代中国特色社会主义建设中真正步入正确的方向和轨道。

[①] 黄佩华，迪帕克等：《中国：国家发展和地方财政》，中信出版社 2003 年版，第 34 页。
[②] 同上书，第 41 页。
[③] 同上。
[④] 吕晨飞："对我国财政体制分权化改革制度演进的分析及政策建议"，载《财政研究》2007 年第 1 期。

一、从危机应对到长效治理

从危机应对到长效治理的机制转型，是"四个全面"视野下财税体制改革的首要转型。"应对"这一概念，在《现代汉语词典》第 7 版的解释是"采取措施、对策以应付出现的情况"[①]。其核心要义是"应付"。"应付"的词义则是"对人对事采取措施、办法"[②]。可见，"应对""应付"都是针对相对具体的人或事采取措施、对策和办法，即针对一时一地具体的人和事物采取临时性、应急性和缓解性的举措、对策和办法，而非针对一般性和普遍性的人和事物制定的制度、规则和规范。换句话说，危机（"严重困难的关头"[③]）应对就是针对特别困难的情况下对相对具体的人和事物采取临时性、应急性、缓解性的具体措施、对策和办法，一旦事过境迁，就将失去效能，它只能解一时之需，而不能解长久之围。它只有短期之效，而绝非有长期之能。"危机应对"又可称为"危机治理"。

与危机治理的应急性、过渡性、临时性相反的就是长效治理。长效治理，顾名思义，就是能产生长期效力、效果的治理，即长效机制的治理。所谓机制，"泛指一个工作系统的组织或部分之间相互作用的过程和方式，如市场机制、竞争机制"[④]。所谓"长效机制，一般是指系统的组织或部分之间模式化相互作用一贯性和连续性的保持。""真正理解长效机制应该注意以下几个问题：第一，长效机制的核心在于长效，不能长期发挥作用的机制不属于长效机制的范畴；第二，长效机制是利益导向机制，非利益导向的机制不可能成为长效机制；第三，长效机制是战略性的问题系统，非战略性的问题不可能牵强为长效机制；第四，机制的背后是制度、体制和政策，长效机制是制度、体制和政策的一贯性和连续性的保持；第五，没有合适的制度、体制和政策，再好的机制也不能发挥好的作用，更不能长期发挥好的作用"[⑤]。

从危机应对向长效治理的机制转型的国际范例，最值得引人思考的不外为应对金融危机而由"八国集团"财政部长会议演变而来的"二十国集团"峰会（G20 峰会）。

1997 年亚洲金融危机爆发后，国际社会认识到，要解决国际金融问题，有影响力的发展中国家必须参与其中，以寻求合作并促进国际金融稳定和经济的

[①] 《现代汉语词典》第 7 版，第 1574 页。
[②] 同上。
[③] 同上书，第 1357 页。
[④] 同上书，第 600 页。
[⑤] 范毅：《走向财政民主：化解乡村债务长效机制研究》，法律出版社 2013 年版，第 109 页。

持续增长。1999年9月25日,"八国集团"财政部长和中央银行行长在华盛顿举行会议,同意建立一个由主要发达国家和新兴市场国家组成的新的国际平台——二十国集团(G20)。G20由原八国集团以及其余12个重要经济体组成,属于布雷顿森林体系框架内的非正式对话机制。而发达国家之所以愿意组成一个包括重要新兴经济体在内的新的对话机制,应对全球金融危机是一个重要的要素。[1] 2008年,在国际金融危机最紧要关头,二十国集团临危受命,秉持同舟共济的伙伴精神,把正在滑向悬崖的世界经济拉回到稳定和复苏轨道。在2008年国际金融危机的推动下,G20这一应对危机的产物,已显示了其治理危机的成效。G20机制实现从财长会议向领导人峰会的转变,逐步发展成为"国际经济合作的首要平台"。但不容忽视的是,G20至今仍保留着危机应对的特征。在发达国家经济复苏后,对G20的热情和全球治理改革的紧迫性下降的背景下,如何实现G20从危机应对向长效治理的机制转型,成为2016年中国主办G20杭州峰会亟须破解的难题。

在G20杭州峰会上,习近平同志代表中国政府,提出"构建创新、活力、联动、包容的世界经济"这一峰会主题。寄望于二十国集团,习近平主席建议,随着危机治理慢慢走向全球治理,二十国集团的机制建设也要与时俱进,切实担负起领导作用,展现战略视野,为世界经济指明方向,开拓路径。G20杭州峰会取得了巨大成功,制定了《二十国集团全球投资指导原则》,这是全球首个多边投资规则框架,填补了国际投资领域空白,对促进二十国集团从危机应对向长效治理机制转变具有里程碑意义。G20杭州峰会从危机应对向长效治理机制转变,议题从短期问题向深层次和长期性问题延伸,体现了更广阔的历史视野。这个过程,需要解决制度化、功能化、程序化问题。

G20杭州峰会促进二十国集团从危机应对向长效治理机制转型的范例对于中国财政体制从危机应对向长效治理机制转型具有重要的启示作用。在"四个全面"转型理论视野下的中国财政体制改革,也必然要经历一个由危机应对向长效治理机制的转型,在这个过程中,应急性、短期性、过渡性、临时性的对策、措施和办法,也应该向深层次、长期性的问题延伸,向制度化、功能化、程序化的方向转换。

二、从单兵突进到全面深化

从单兵突进到全面深化的转型,是"四个全面"视野下财税体制改革的核

---

[1] 本报记者汪仲启:"G20峰会:推进全球治理体系革新",载《社会科学报》2016年8月25日,第1版。

心转型。单兵突进，往往指人们在解决某些问题时陷入单一思维、线性思维、孤立思维时所采取的措施、对策和方法，它与危机应对的方式方法是紧密相连的。逐一分析分税制以来财税体制改革的演进过程中，面临财政危机、债务危机等各种危机时，所出台的一系列通知、决定、办法、意见等政策性文件，人们不难看出财政管理部门认识和处理此类问题时单兵突进式思维方法的轨迹、痕迹和印记。就债务化解所出台举措的轨迹而言，最初是着眼于村级债务出台意见、决定和通知；当乡镇债务爆发时，就着重出台应对乡村债务的意见、决定或通知；当县级债务爆发时，又转而出台应对县乡债务的意见、决定和通知；当县级以上债务爆发时，又重点出台应对各级地方政府债务的决定、意见和通知。回过头来看，这些意见、通知、决定等规范性文件中，大都是头痛医头脚痛医脚、临时抱佛脚式的应急之举，是财税体制改革中思维方式单一的单兵突进的表现，而不是从对各级政府和组织中债务问题的全面认识和深层次剖析中去把握解决问题的关键和根本。在危机面前，不是釜底抽薪式的思考，而是扬汤止沸式的思维。其思维方式既缺乏广度即全面性，又缺乏深度即深刻性。而且这种思维方式，在突击解决某一层次的危机时，往往忽视了这一危机与其他层次的相互联系和相互作用及其影响。以乡村债务及其化解问题为例，正如朱钢、谭秋成、张军在《乡村债务》一书结尾中所说："通过以上我们对乡村债务及化解观点的评述，我们可以清楚地看到，对乡村负债的研究和讨论，已经从对负债成因的讨论，延伸到对体制和政策的讨论；从对乡村两级政府职能与分工的讨论，延伸到对各级政府职能与分工的讨论；从对债务总量的讨论，延伸到对债务结构的讨论；从对一般乡村政府和组织的讨论，延伸到对不同地区的乡村政府和组织的讨论；从乡村政府和组织的一般债务关系的讨论，延伸到对乡村政府和组织对政府、对机构和对个人的债务关系的讨论；从对债务政策的讨论，延伸到对财政政策的讨论。研究和讨论在不断地深入。应该说，这些研究和讨论，对于抑制乡村债务增量，化解债务存量起到了积极作用。但是，随着研究和讨论的深入，一些不足和问题也逐渐暴露出来。最突出的就是，研究和讨论的最终结果和提出的政策建议，仍然是局部和针对个案的政策建议，缺少一个更加客观，即包括金融、财政、税收、行政管理体制和机构改革、法律框架等在内的一揽子改革与政策建议方案。乡村债务不是一个孤立现象，因此，单一的政策和方案不能根本解决负债问题。这就需要我们把研究和讨论继续进行下去，要以更高的视角，以综合性的诊治来寻找解决乡村负债问题的良药。"[1]

---

[1] 朱钢，谭秋成，张军：《乡村债务》，社会科学文献出版社2006年版，第206~207页。

这付良药，我想我们党已经找到了，这就是，在习近平新时代中国特色社会主义建设中的"四个全面"转型理论。与所有其他改革一样，"四个全面"视野下的财税体制改革，之所以要从单兵突击向全面深化转型，是因为"当前，国内外环境都在发生极为广泛而深刻的变化，我国发展面临一系列突出矛盾和挑战，前进道路上还有不少困难和问题。""解决这些问题，关键在于深化改革"①。

三、从技术缓解到制度建设

从技术缓解或技术性缓解到制度建设的转型是"四个全面"视野下财税体制改革的重要转型。

所谓"技术"，18世纪法国科学家狄德罗（1713～1784）在他主编的《百科全书》条目中曾指出："技术是为某一目的的共同协作组成的各种工具和规则体系。"其中的"规则"就是生产使用的工艺、方法、制度等知识。② 按照《现代汉语词典》（第7版）的解释，"技术"一是指"人类在认识自然和利用自然的过程中积累起来并在生产劳动中体现出来的经验和知识，也泛指其他操作方面的技巧"；二是指"技术装备"。③ 就财税体制改革中的技术缓解措施而言，这里的"技术"应该属于第一层含义，即侧重于"技术"的"经验、知识、操作、技巧"之意。当然，它也包括狄德罗所说的"规则"，即生产使用的工艺、制度等知识。

所谓"技术性"，按照《现代汉语词典》（第7版）的解释，一是"指技术含量或技术水准"；二是"指非原则性、非实质性的方面"④。就财税体制改革中的"技术性"缓解而言，这里的"技术性"显然应该属于第二层含义，即侧重于"技术性"的"非原则性、非实质性的方面"。

将《现代汉语词典》中对"技术"和"技术性"两个概念的定义结合起来，人们便不难理解，所谓财税体制改革中的"技术缓解"或"技术性缓解"，并非是指按照相关合同约定或者依照法律规定的制度对财税体制改革中出现的财政困境进行"原则性、实质性"的解决，而是离开"合同约定"或者"法律

---

① 习近平："关于《中共中央关于全面深化改革若干重大问题的决定》的说明"，载《光明日报》2013年11月16日，第1版。

② 宋健主编：《现代科学技术基础知识》（干部选读），科学出版社、中共中央党校出版社1994年版，第5页。

③ 中国社会科学院语言研究所词典编辑室：《现代汉语词典》（第7版），商务印书馆2016年版，第617页。

④ 同上。

规定"的"原则"和"实质",运用"非原则性""非实质性"的"经验、知识"和"技能、技巧"等,不循守常规而灵活巧妙地调整各级政府和组织之间财政权利义务关系的"技术性"变通。财税改革实践中,"由于分税制改革维持了改革前原有的支出框架,各级政府事权始终维持不甚明确的格局,易于引起事权的'错位'与'越位'。在经济增长和财政收入形势较好时,收支矛盾并不突出,但面对经济下行,政府收入上限来临之际,这个矛盾就尖锐地暴露出来了。在财政实践中,每次面临财政困境之时,政府更多地倾向于从技术层面缓解这一矛盾,比如多年的部门预算、国库集中支付制度以及收支两条线等,这些措施可以在政府收入的上线内寻找解决的方法,但实际上立宪角度政府职能的界定模糊才是分配格局始终失衡的桎梏"[①]。

由此可见,"技术缓解"或"技术性缓解"并非"四个全面"视野下财税体制改革在面对财政困境或财政危机时的根本之道,要真正实现财税体制改革向"四个全面"的转型,则决不能止步于"技术缓解"或"技术性缓解"等操作性、技巧性、灵活性的"变通"上,而是要从"技术缓解"向"制度建设"转型,因为制度建设才是包括财税体制改革在内的一切改革的根本所在。由于"四个全面"转型理论着重于制度建设,转型作为一种大规模的制度变迁,制度建设无疑是它的重要内容。而这其中,体制建设更是重要内容。全面建成小康社会、全面深化改革、全面依法治国和全面从严治党,都是针对转型过程中的问题提出来的,都涉及推进体制和机制建设方面的制度建设。从"技术缓解"到"制度建设"的转型,在财税体制改革中,就是以预算管理制度建设、税收制度建设、事权和支出责任相适应的制度建设等为主要内容的现代财政制度建设。

四、从"政策主导"到"法律主治"

在制度建设中,法律制度建设是最根本的制度建设。因此,从政策主导到法律主治的转型是"四个全面"视野下财税体制改革的根本转型。为什么财税体制改革一定要从政策主导向法律主导转型?

(1) 政策本身及其运用具有局限性。政策的局限性主要表现在政策的制定和实施两个方面:一方面,政策制定较为方便,但缺乏有效的制约,其正确、科学与否,往往更多的是凭人的主观意志而非切实有效的制度保证,故其偏离社会经济生活条件、偏离社会发展规律的情况也就在所难免,所以政策的制定

[①] 余红艳,沈坤荣:"公平与效率的权衡:中国财政体制改革的路径选择",载《经济学家》2016年第3期。

本身容易产生随意性；另一方面，政策的灵活性本来是其长处，但为了有一定的灵活性，政策的具体规定往往要留有余地，这种余地好的一面是可以根据具体情况具体处理解决，避免一刀切，但其不足的一面往往为执行者的变相行为或任意行为大开绿灯。"上有政策，下有对策"，这种政策实施的随意性，足可以使政策从中央到地方完全走样，从而助长官僚主义和主观主义。

（2）法律与政策相比较，虽然同属于上层建筑的领域，但它具有不同于政策的内涵和特征。这种内涵和特征使其与政策相比较，具有优良的品质和属性。

一是法律不同于政策，其范围有着明确的界定。从实践上看，对"政策"的界定是相当模糊的，而且没有人确定过政策的指称范围，任何范围、任何级别都可以定"政策"。而对于法律，则只有最高权力机关（全国人民代表大会）才有权力制定，国务院、中央各部委、和省、市、自治区的权力机关，以及民族区域自治机关等任何机构、组织、单位，都不能越权制定，只能相应地制定行政法规、行政规章、条例等政策性规范性文件。具体执行部门如国务院、最高人民检察院等部门即使可以解释或制定施行细则之类，也不能与法律规定的内容相抵触、相违背。

二是法律有着严格的制定程序，从提议起草、审查讨论，到通过批准、颁布生效，步步把关。通过严格的程序，一方面可以防止决策者的轻率随意，尽量保证做到合情合理；另一方面通过上述程序才可以反复权衡各方面利益，防止那些只从某部门利益出发，或过分看重部门利益而忽视广大人民群众利益的方案轻易被通过。而政策的制定往往缺乏法律制定那样严格的程序，而且越到基层，政策制定的程序要求越少，这就为政策制定者的随意行为留下了空子。

三是法律的内容较为稳定，不像政策那样活动余地大，上下幅度宽，特别是法律的具体规定往往不允许那种漫无边际的"各地可以根据情况灵活掌握"之类的措辞和用语。这就可以较好地限制执行者的随意性，保证了法律的严谨性、严格性和严肃性。

四是法律具有较强的稳定性，一旦决定，就会在较长时间内保持稳定，一般不会年年变来变去。因此，从理论上来说，保持稳定的最好方式莫过于法律，政策要稳定，也最好是上升为法律。只有以法律的形式来规范各种社会关系，使其获得较强的稳定性，才有利于国家与社会的长治久安。

五是法律具有较强的约束力，它可以通过专门的强制机构（司法机关）和专门的强制措施，并最后借助于国家武装力量来保证实施。因此，运用法律手段就可以使有关规定不仅得到正确的执行，而且可以得到彻底的执行。[1]

---

[1] 张厚安，徐勇：《中国农村政治稳定与发展》，武汉出版社1995年版，第855~857页。

由上可见，法律作为调整社会关系的手段，相对于政策等手段来看具有明显的优点，而这些优点正是与国家治理体系和治理能力现代化的要求是相一致的，也是和"四个全面"转型理论，尤其是全面依法治国的理念一致的。因此，从政策主导到法律主导，也是"四个全面"视野下财税体制改革的根本转型。

（3）财税体制改革本身需要由政策主导向法律主导转型。

一是现行分税制财税体制改革始于1994年，它的产生和发展变迁本身就是政策主导的产物。"94分税制推行时，作为直接依据的'国发〔1993〕85号'只是一个国务院颁布的行政规范性文件"，而不是全国人民代表大会及其常务委员会颁布的法律，作为国务院颁布的行政规范性文件，实际上仍然是停留在有待上升为法律的政策性范畴的文件。作为政策性范畴的行政规范性文件，"国务院可以随时改变或撤销。事实上，2002年当国务院决定推行所得税收入分享改革时，就是凭借《关于印发所得税收入分享改革方案的通知》（国发〔2001〕37号），修改了94分税制方案。"① 可见，国务院主导分税制改革，只能是"政策主导"，而非"法律主治"。要真正让分税制得到完善，由"政策主导"转型为"法律主治"，只能将分税制的规则设计由国务院转至全国人民代表大会及其常务委员会。这是因为《立法法》第8条明确规定："税种的设立、税率的确定和税收征收管理等税收基本制度""只能制定法律"。《立法法》第7条同时规定："全国人民代表大会和全国人民代表大会常务委员会行使国家立法权"；"全国人民代表大会制定和修改刑事、民事、国家机构的和其他的基本法律"；"全国人民代表大会常务委员会制定和修改应当由全国人民代表大会制定的法律以外的其他法律；在全国人民代表大会闭会期间，对全国人民代表大会制定的法律进行部分补充和修改，但是不得同该法律的基本原则相抵触"。国务院没有制定法律的权力。按照《立法法》第65条的规定，国务院只能"根据宪法和法律，制定行政法规"。

二是财税体制改革要真正实现"法律主治"，还有一个前提是"财政立宪"。十八届三中全会通过的《中共中央关于全面深化改革若干重大问题的决定》通过"改进预算管理制度""完善税收制度""建立事权和支出责任相适应的制度"，以实现"完善立法、明确事权、改革税制、稳定税负、透明预算、提高效率，建立现代财政制度，发挥中央和地方两个积极性"的深化财税体制改革目标。尽管这些只是执政党意志的体现，也只有转化为国家意志才具有执

---

① 熊伟："财政分税制的规范意旨与制度进阶"，载《苏州大学学报（哲学社会科学版）》2016年第5期。

行力，但从改革的目标和内容上看，这些都是"94分税制"改革的延续。现行体制如何实现这些目标，值得深究。从以往的经验看，如果不建立强有力的法律约束，财政改革难以跳出治乱的循环。①

怎样建立强有力的法律约束，才能让财政改革跳出治乱的循环？十八届四中全会通过的《中共中央关于全面推进依法治国若干重大问题的决定》作出了回答，这就是"全面推进依法治国"，"完善以宪法为核心的中国特色社会主义法律体系，加强宪法实施"。由于"财政是国家治理的基础和重要支柱"，无疑，财税体制改革也是全面推进依法治国的重要方面。更值得注意的是，"坚持依法治国首先要坚持依宪治国"。据此推理，财税体制改革不但要"法律主治"，首先还应有宪法依据。换句话说，财税体制改革既要"法律主治"，更要"财政立宪"。"沿着这条路径思考，如果中央和地方都同意进行宪法制度的改革，以法律条文限制中央单方面改变游戏规则，94分税制就有可能进化为真正意义上的分税制。中央和地方财政权力的大小只是问题的一个方面，如何设置权力、分配权力，如何让权力在法治的轨道上运行，才是问题的根本。"② 要使"问题的根本"得到解决，在目前的情况下，除了财政立宪和财税法定外，似乎还别无他途。

---

① 熊伟："财政分税制的规范意旨与制度进阶"，载《苏州大学学报（哲学社会科学版）》2016年第5期。

② 同上。

第八章　挑战：建立与国家治理现代化相匹配的现代财政制度

党的十八届三中全会明确提出要深化财税体制改革，建立现代财政制度。这是全面总结古今中外历史经验，深刻把握国家治理与执政规律，着眼我国现代化建设全局作出的重大决策。如果说1994年财税改革的目的是建立"与社会主义市场经济体制相适应"的体制框架，那么，新一轮财税体制改革就是要建立"与国家治理体系和治理能力现代化相匹配"的制度基础，即现代财政制度。只有财税体制改革取得根本性突破，即建立起与国家治理现代化相适应的现代财政制度，才能为实现国家治理现代化和"两个一百年"奋斗目标提供物质基础和制度保障。从这个意义上讲，新一轮财税体制的改革和现代财政制度的建立，绝不是体制机制的修修补补，而是一场关系我国现代化事业和国家治理现代化的深刻变革，必然是一场牵一发动全身的硬仗，必然是一场充满了困难、问题和矛盾的挑战。

第一节　现代财政制度：基本原则与主要特征

一、现代财政制度建立的基本原则

1. 有利于优化资源配置

现代财政制度的建立必须有利于资源配置效率的提高。提高经济效益，关键是让市场在资源配置中的决定性作用得到充分的发挥。国家与市场很容易形成天敌关系。从短期来看，国家的扭曲性行为容易破坏市场机制的作用；从中长期来看，一旦市场扭曲，资源配置效率也无法真正提高。现代财政制度的建立，应致力于市场的平等竞争环境的形成，鼓励各种市场主体积极性的发挥，特别是通过简政放权，释放民间资本的活力。

2. 有利于维护统一市场

现代财政制度的建立应有利于统一市场的形成。市场半径的大小，直接决定着市场作用发挥的大小。分割的市场不利于专业化分工，不利于各地比较优势的发挥。一段时间以来，一些地方为了局部利益，政策选择上不惜采取"以邻为壑"，破坏统一市场。在分级财政管理体制下，各地利益相对独立，这无可厚非。但前提是不能妨碍统一市场的形成。一些地方政府或明或暗，对给本地财政收入作出较大贡献的企业以各种各样的激励。这与地方政府补贴企业没有二致。地方政府不按统一市场的要求来保护本地企业，势必歧视和伤害其他企业，严重破坏统一市场秩序。

3. 有利于促进社会公平

现代财政制度建设必须有利于促进社会公平正义目标的实现。

在现实社会中，收入差距是客观存在。但只要个人所得到的高收入凭借的是各自的能力，是在公平竞争环境下获得的，即使是较高的收入水平，人民往往也能接受。基于此，实现社会公平正义，当前的重点应放在人民基本生活的保障上，并努力给社会成员创造平等机会。这样的公平观，易为社会各界所接受。

现代财政制度的具体设计，应与经济发展相适应。一个平等的社会，应当保证经济增长的成果为全体社会成员所同步享受。所有社会成员都应享有与经济增长水平相适应的基本生活保障，包括养老、医疗、教育、住房等方方面面的保障。

缩小不合理的收入差距需消除不合理因素带来的收入差距。在初次分配中，一些人依靠不正当手段获取国有经济收益，依靠政府特许权得到垄断租金，依靠不正当手段有了与自己能力极度不相称的高收入。建立现代财政制度必须直面这些问题，规范政府与国有经济之间的关系，尽可能让各种行政性垄断租金消散。只有在初次分配秩序相对较为合理的条件下，税收、社会保障支出等收入再分配工具才能更好地发挥作用。

需要注意的是，强调收入再分配功能并非不鼓励致富。但是，现代财政制度应在引导富人怎么做富人上有所作为。现代财政制度应有意识地引导包括慈善活动在内的第三次分配，形成有利于非营利性组织发展的财政制度，鼓励更多人参与社会慈善事业，参与各种公益活动。

4. 有利于实现国家长治久安

建立现代财政制度，是国家长治久安的基础。建立现代财政制度，可以夯实国家治理的基础，提高国家治理能力，有利于国家治理能力的现代化。财政制度与国家治理能力相辅相成。不同的财政制度，体现不同的国家治理能力。财政是国家治理的基础和重要支柱。发达国家都建立起现代财政制度。财政是经济、政治、社会各种问题的结合点。发达国家的财政制度建设，促进了市场繁荣、经济稳定和社会发展。中国建立现代财政制度，同样要致力于经济、政治、社会、文化、生态文明建设等多方面的国家治理工作。①

二、现代财政制度的主要特征

1. 现代财政制度是公共财政

现代财政制度以现代公共财政为核心和基础，或者说，公共性是现代财政制度的核心特征和基础特征。

首先，党的十八届三中全会决议提出的全面深化改革的总目标是完善和发展中国特色社会主义制度，推进国家治理体系和治理能力的现代化。因此，全面深化改革以及国家治理体系和治理能力现代化的核心和首要任务就是处理好政府与市场的关系，使市场在资源配置中起决定性作用和更好发挥政府的作用。财政作为国家治理的基础和重要支柱，处理好政府与市场的关系同样是建立现代财政制度的核心和首要任务，而界定政府与市场的边界恰恰是公共财政的理论基础与前提。因为公共财政是市场经济条件下的政府财政，其实质就是市场经济财政，它鲜明地揭示了市场在资源配置中的决定性作用范围和政府在市场失灵领域（只限于公共服务领域）的作用范围，为避免政府"缺位"和"越位"，必须为政府提供公共产品的范围划出明确的界限。②

其次，公共性是财政这一范畴与生俱来的本质属性。所谓公共性，无非是表明，现代财政制度以满足整个社会的公共需要、保障人民根本权益，而不是以满足哪一种所有制、哪一类区域、哪一个社会阶层或社会群体的需要，作为界定财政功能及其作用的基本口径。凡不属于或不能纳入社会公共需要领域的事项，财政就不去介入。凡属于或可以纳入社会公共需要领域的事项，财政就必须涉足。问题是，我们现行财政体制的"公共性"是不完整的，是打了折扣的。时至今日，随着公共财政的建设进程，尽管现行财税体制已经向"多种所有制财政＋城乡一体化财政＋公共服务财政"的运行格局迈进了一大步，但从整体说来，它仍然在很大程度上带有"二元"经济社会体制的烙印。就坚持人民主体地位而言，它尚未完全做到全面覆盖所有的区域、所有的企业和所有的居民，尚未完全做到一视同仁地对待所有的区域、所有的企业和所有的居民，尚未完全担负起提供完整的公共服务体系的重任。这既同现代财政制度的建设方向有差距，也不能适应国家治理体系和治理能力的现代化进程。因此，站在现代国家治理体系和治理能力的高度，以"公共性"归结现代财政制度的基本

---

① 杨志勇："现代财政制度：基本原则与主要特征"，载《地方财政研究》2014 年第 6 期。
② 张丽华，闻勇："中国深化财税体制改革面临的难点"，载《学习与探索》2015 年第 12 期。

特征，把改革的实质内容落实在彰显"公共性"的各项安排上，不仅在以往，而且在当前，都是中国财税体制改革的重心所在。①

2. 现代财政制度是民主财政

现代财政是民主财政，是人民当家做主的财政。或者说，民主性是现代财政制度的重要特征。现代国家不同于传统的君主国家，执政党和政府都是接受人民之托，提供服务的。集财富管理者、生产组织者、公共服务提供者等多种身份于一身，决定了现代国家事务的复杂性。国家受人民之托理财，专门的财政管理机构集国家财富管理和政府收支之大权，必须得到有效的监督。现代财政制度建设中，要充分发挥人民代表大会的作用，让人民代表的意见得到最充分的表达。要充分发挥人民在财政资金筹集和使用中的监督作用。要积极推动财政透明度的提高，除少数国家机密外，政府预算决算信息应尽可能有效公开，为人民监督财政事务提供必要的基础。民主财政还应表现在有效的社会舆论对财政事务的监督上。

大国的民主财政建设是多层次的。从全球的视野来看，立法机构对政府收支的约束分两个层面，一是制度层面；二是日常运行层面。制度层面表现在政府收入和支出即国家财富管理制度的形成，就受到立法机构的约束，充分反映人民的意见。政府的年度预算和多年度收支计划（规划）的编制和执行，属于日常事务，也要受到立法机构的监督。

3. 现代财政制度是法治财政

现代国家是市场经济国家。法治是市场经济的重要保障。法治性是国家治理体系和治理能力现代化的重要内容之一，也是现代财政制度的重要特征。公有财产不可侵犯，私人财产同样不可侵犯。国家取得收入的过程，是财产让渡过程。这一过程，应符合法治精神，并依法进行。征税必须建立在税收立法的前提下，不仅要有税收的实体法，还要有税收征管的专门立法。从形式上看，中国已有税收征管法这一税收程序法，还有企业所得税法、个人所得税法、车船税法三部税收实体法。但这距离税收法治化的要求太远。税收征管法仍有进一步完善空间，70%以上税收收入所依托的是条例甚至是暂行条例。在改革开放初期，人大授权税收立法的做法有一定的合理性。随着全面改革的启动，这种局面亟待打破。不仅征税要立法，而且是所有构成市场和社会负担的政府收费和政府性基金，均应严格立法。

法治化财政建设不能顾此失彼。一定时期内，某种职责的法定支出比例规

---

① 高培勇："论国家治理现代化框架下的财政基础理论建设"，载《中国社会科学》2014年第12期，第117~118页。

定,有助于政府职责的落实。但是,现实不断变化,企图一劳永逸地解决财政资金保障问题的做法,是以灵活应对空间的丧失为前提的。当前中国有一半左右的财政资金受制于这种比例约束①,极其不利于法治化财政制度建设。②

4. 现代财政制度是与国家现代化建设相适应的制度

财政是国家治理的基础。国家现代化需要有与之相适应的财政制度。从全球来看,大国的现代化进程伴随着工业化和城市化。现代财政制度的建立应与工业化和城市化进程相适应,要致力于提供与工业化和城市化相适应的公共服务。政府收入的取得也应与工业化和城市化进程一致。国家的现代化进程与政府职能转变有关。市场经济国家现代化建设初期,政府职能相对较为简单,后愈发复杂,国家作用表现出综合特征。现代财政制度的建设应与国家职能的变化相适应。当前中国城乡分割问题还没解决,新型城镇化尚在进行之中。现代财政制度建设要适应现代化的不同阶段的不同要求,致力于形成城乡统一的财政制度。现代财政制度应公平对待公有制经济与非公有制经济,应支持混合所有制经济的发展,应从根本上改变政府在某些领域缺位同时又在某些领域越位的状况。③

第二节 西方现代财政制度的变迁与中国现代财政制度建立的探索

一、西方现代财政制度的变迁

财政制度转型是国家治理制度转型的关键,财政制度转型可以引导国家治理转型。

在西方现代国家建设的历史上,发生过两次意义深远的财政制度转型。它们不仅改变了国家汲取和支出财政资源的方式,而且导致国家治理制度的转型。第一次财政制度转型是从"领地国家"向"税收国家"转型,第二次财政制度转型是从"税收国家"向"预算国家"转型(王绍光,2007)。在财政收入层面,核心是从"领地国家"制度转变为"税收国家"制度;在财政支出层面,

---

① 根据楼继伟(2013),2012 年仅财政安排的教育、科技、农业、文化、医疗卫生、社保、计划生育 7 项与财政收支增速或生产总值挂钩的重点支出就占全国财政支出的 48%。
② 杨志勇:"现代财政制度:基本原则与主要特征",载《地方财政研究》2014 年第 6 期。
③ 同上。

核心是创建了现代预算制度。随着财政制度的转型成功，这些国家开始迈向现代国家。在很大程度上可以说，如果没有这两次财政制度转型，现代国家建设是不可能成功的，国家治理制度也不可能发生转型。

1. 从"领地国家"制度到"税收国家"制度

西方现代财政制度的建立是从现代税制开始的，而现代税制的形成，又经历了从"领地国家"向传统直接税、再到现代直接税发展演变的历史过程。

"领地国家"是建立在古代分封制和宗族制度基础上的，它是封建制度的产物。在"领地国家"，国王与诸侯各自有相应的领地范围。在这样的封建制下，国家的财政收入主要有两个来源，一部分来自国王自己的领地收入，另一部分来自诸侯的贡纳收入（按比例进贡）。国家无权直接对诸侯领地进行征税。由于领地国家的统治者主要依赖其领地收入而生存，因此，国家财政对于社会的影响是有限的。中世纪的欧洲国家大都属于"领地国家"制度。

从中世纪后期开始，在战争和宫廷消费所形成的巨大支出压力的驱使之下，加上新兴的商业繁荣累积了让各国统治者垂涎不已的财富，国家于是开始到领地之外去寻找额外的收入来源，并以税收的方式将领地之外的其他财产所有者财富的一部分转化为国家财政收入。这就使得这些欧洲国家逐渐转变为另一种类型的财政国家——"税收国家"。税收自古便有，但有税收的国家不一定是税收国家。税收国家是中央政府及下级政府在全国范围内用税收的方式来汲取财力，而且更重要的是，国家的财政收入主要来源于私人部门（家庭和私有经济）的财富，这使得税收国家的财政收入高度依赖于私人财富。

欧洲各国向税收国家转变的速度是不同的，有迟有早，有快有慢，但总的来说，从13世纪末到18世纪是欧洲国家建立税收国家的关键时期。在这一时期，随着统治者开始获得并垄断了征税权，欧洲国家纷纷转向税收国家。税收国家的建立大大地提高了国家的财政汲取能力（主要与领地国家相比），但是它也使得国家越来越依赖于私人部门。在汲取税收收入的过程中，国家不得不与私人部门讨价还价，并在某些关键时候作出政治上的让步，最终导致国家重新构建财政制度和政治制度。其中尤以议会制的产生最为重要。早期的议会制既是纳税人（尤其是纳税大户）为了保护自己的财产而建立起来的制度，也是国家用来和这些纳税大户讨价还价、获得征税方面的同意与合作的制度。

在税收国家，纳税人及其代表不仅希望将国家的征税行为纳入某种制度化的约束，而且越来越要求国家能够负责而且有效率地使用这些纳税人提供给国家的资金。对于税收国家来说，由于财政收入不再是来自统治者自己的财产所形成的收益，不再是"私人资金"，而是"公共资金"，用公共资金建立起来的政府就不再是"私人政府"，而是"公共政府"。既然是"公共政府"，就必须对公众负责,尤其是在资金的汲取和使用上负责。正是在这个意义上,著名财政学家马斯格雷夫总结说:"税收是现代民主制度兴起的先决条件"。

问题是,在税收国家,如果没有一个有效的财政制度将所有的收支都集中起来并进行约束和规范,要约束国家的收支行为并使之负责是很难的,尤其是国家财政收入汲取能力越来越高的时候。一方面,国家的收入汲取行为经常存在各种过度掠夺的现象,甚至激发了各种抗税暴动,而且收入征收也是低效率甚至是腐败的;另一方面,尽管国家汲取的财政收入越来越多,但是,这些资金中的绝大部分并没有被用于公共目的,而主要被用来满足统治者及其军队和官僚体系的消费,而且,充满着浪费和腐败。要解决这些问题,需要全面、彻底地根据"公共政府"的原则重构国家财政制度。没有一个符合"公共政府"精神的现代预算制度,就不可能有真正的公共政府。

2. 从"税收国家"制度到"预算国家"制度

"税收国家"是以税收法定原则的确立和现代直接税税制的建立为基本标志的,解决的是政府收入的法定、确定、公平等问题,它约束的是政府收入行为。"预算国家"既约束政府收入行为,又约束政府支出行为。"预算国家"制度的建立,标志着现代财政制度的真正形成。

建立预算国家经历了一个漫长的历史过程。税收国家为预算国家的建立奠定了基础,只有转化为税收国家后,才可能变为预算国家。然而,税收国家只是预算国家产生的必要条件,不是充分条件。只有拥有现代预算制度的国家,才能称为"预算国家"(王绍光,2007)。

现代预算制度萌芽于税收国家形成的后期,即17世纪后期的英国。1688年光荣革命后,为了适应国会议员们越来越强烈的加强监督政府资金的要求,英国国会不仅进一步巩固了原有的收入同意权,而且获得了对政府开支的否决权以及对已开支的支出款项的审计权,国会进而任命了各种委员会来审查它授权的资金在使用过程中是否做到了"明智、诚实和经济"。这些措施极大地加强了国会的预算监督权,也提高了它的预算监督能力。这也使得财政问责进入了一个崭新的阶段。在17世纪之前,国家也有财政问责的问题,但它主要是和领地国家君主的私产管理联系在一起的,问责的重点是,财政官员是否保证君主的财产安全、保值和增值。然而,17世纪后期的这一系列旨在加强议会监督的改革颠倒了财政问责的链条,使得财政问责在"向谁负责"这个问题上发生了根本性的改变:"从对国王的个人负责转变为对人民的代表负责。"18世纪末期,为了实现资金收支管理的经济与效率,英国进一步对政府的财政管理进行集中和规范,要求建立一个将所有支出合并在一起的支出预算,要求各个政府部门提前计划一年的支出,要求所有部门都按照统一的格式记录支出,等等。

18世纪后期，法国也开始在政府内部将收支权力集中到当时建立起来的财政部，由它在政府内部进行集中管理，其集中型的国库管理模式对现代预算制度产生了很大影响。

不过，直到19世纪，现代预算制度才最后成型，并发展成为现代国家治理的基本制度。西方国家建立现代预算制度的时间各异。尽管英国在18世纪的后25年就已开始编制预算，但是，直到1866年，它才在支出方面建立起全面的国库控制。也是在这一时期，它才建立以内阁承担总体预算责任的行政预算体制，从而才建立起真正的预算体制。1814年，法国开始编制年度预算，这被视为现代预算的第一次实践。在1817~1827年，法国颁布了一系列旨在对税收和支出进行集中管理的法令。但其后的预算改革经常被政府动荡打断。1830年，比利时模仿法国模式建立了现代预算制度，但不是很成功，它的预算体系很长时间都没有整合在一起，例如议会经常要在一年时间内不停地审批预算。1848年后，荷兰建立了有利于议会控制支出的集中型财政体制。其他的欧洲国家也在19世纪后期和20世纪初建立起现代预算制度：意大利（1860）、瑞典（1876）、挪威（1905）、丹麦（1915）。美国的现代预算制度建立得比较晚，直到20世纪20年代它才建立起现代预算制度。

二、西方主要经济发达国家的现代财政制度

预算国家有两个标志：集中统一和预算监督。从这两个标志出发，从逻辑上讲，存在三种向预算国家转型的可能途径。一是先有集中统一，后有预算监督；二是集中统一和预算监督交替推进；三是先有预算监督，后有集中统一。历史上，法国、英国、美国正好分别走上了这三条路。这实际上也可以看成是建立现代预算制度以及预算国家的三条道路。同时，从国家建设的角度看，这也是三条建设现代国家的道路。

1. 法国的现代预算制度

法国从税收国家到预算国家的转型模式就是先实现集中统一，后实现预算监督。虽然早在15世纪初，法国就规定税收必须经过等级议会批准，但在当时的等级议会制度下，这项权力形同虚设。不经国王的召集，它就不能开会。在1789年以前的175年间，一切税收都是国王说了算。不过，在大革命以前，法国就已经开始采取一系列措施，把财政集中统一起来。每年伊始，中央政府各部委都要向国王呈交一份资金需求表；每个月，各部委必须呈交一份资金分配表，说明哪项税收用于哪项支出；而且，这些都须经国王签署后才有效。尽管如此，当时的财政统一程度还不是很高。

1789年法国大革命爆发，刚刚召集的国民会议就颁布一项法令，宣告以后

表决课税（不包括开支）的权限应当专属于全国代表。但原则归原则，当时的国民会议根本不知道如何行使自己的权力，也没有建立相应的预算制度。进入19世纪，拿破仑试图对所有财政开支（包括军事和非军事开支）进行控制。1807年，拿破仑创立了国家审计署，目的是更有效地掌握有关各类开支的信息，从而对财政开支进行有效的监督控制。从此以后，中央政府已经基本上获取了对财政资源的掌控。但拿破仑不把议会监督放在眼里，引起强烈反感。拿破仑被迫流亡后，复辟的波旁王朝进一步强化财政集中统一的力度。1814年，法国开始编制年度预算，并宣布每年将根据政府部门的需要对他们进行拨款。在1817～1827年，法国通过了一系列财政法令，希冀建立起对财政收入与支出的集中管理。这些法令决定了预算文件的形式，规定会计年度和结账的时间，统一了会计机关的工作，决定了账目的形式和报告书的性质；每年各部长要把报告提交到国家审计署接受审查。尽管实行了财政的集中统一，法国王室仍经常滥用权力。1824年登基的查理十世对王权的滥用，最终导致了1830年革命。在法律上，七月王朝和复辟王朝没有太大变化。但在实践上，七月王朝的国王和以前的国王却有很大区别，新国王路易·菲力浦正式承认君主立宪政体。1831年，国民议会开始决定财政拨款的细节。至此，法国向预算国家的转型大致完成。①

2. 英国的现代预算制度

英国的预算制度模式是财政的集中统一与预算监督交替推进。早在"光荣革命"后，由于国家面临着严重的财政经济危机，在议会中控制王室财政权的呼声就日趋高涨。1681年，议会发表决议声明，任何未经议会授权就借款给政府或者经营政府债券的人都是议会的敌人。从此，不仅征税和借款要征得议会的同意，而且财政资金的使用也要由议会规定。如何限制王室财政并促使王室财政与国家财政分开，是议会需要解决的重大议题。"光荣革命"后，议会就已经认识到，国家财政不应与执政者个人财务混在一起，以往给予国王大笔拨款授权的做法，为国王滥用权力和侵吞国家财政资金提供了极大的便利。解决问题的出路是建立"王室年俸制度"。1689年，议会给予威廉三世和玛丽二世60万英镑的固定年收入的终身授权，作为回报，君主取消了自己大部分的世袭收入，并将其列入"王室年俸"，由专门指定的政府收入来支付用于君主和王室需求的财政款项。从此，王室收入成为一项公共收入，给予国王的这些收入只不过是为了国家利益而暂时交给王室保管。这是英国宪政史上的一个重要转

---

① 王绍光，马骏："走向'预算国家'——财政转型与国家建设"，载马骏，谭君久，王浦劬主编：《走向预算国家：治理、民主和改革》，中央编译出版社2011年版，第4～16页。

变，也是现代预算制度的重要基础。

18 世纪初期，议会开始推进国家财政支出的制度化建设。在军事支出方面，主要是议会通过详细审议各项拨款，控制陆军的所有支出，使军费开支制度化；在民生项目支出方面，本来主要由政府负责，并用王室年俸的拨款来保障，不受议会审查，但由于财政困难，君主们要求增加财政拨款，议会则借机对王室年俸中的项目进行详细的审查。从1760年起，开始推行预算报告、审批制度，规定财政大臣必须于每个财政年度开始之前，向议会提交预算草案，请求议会批准，并开始形成惯例。1787 年，议会通过了统一基金法，规定政府在英格兰银行开设统一的公共账户，所有的财政收入和财政支出均纳入统一基金。1789 年，议会又通过了《联合王国综合基金法案》，把全部财政收支统一在一个文件中，所有的财政收入都要纳入这一综合基金之中，一切财政支出都必须从综合基金中拨付。1816 年，联合王国综合基金形成，英国诞生了世界上第一个完整的政府预算。1832 年，英国国会又通过了一项法律，规定财政大臣每年必须向国会提供全部"财政收支计划书"，并由国会批准。至此，英国建立了具有现代意义的政府预算法律框架和制度体系。

自18 世纪中后期，英国就实现了由传统农业社会向工业社会的转变，经济结构和社会结构发生了深刻的转型，在这样的政治、经济和社会大背景下，包括现代预算制度、现代税收制度以及内阁制度、政党制度、选举制度在内的一系列现代国家治理的制度框架及机制，就开始渐进式地建立和发展完善。

3. 美国的现代预算制度

与英国比较，美国现代预算制度的建立则要晚得多。美国建立现代预算制度的过程有两个特点：一是从地方到中央，二是先实行预算监督后实行集中统一。

1890～1920 年是所谓的"进步时代"。在此之前，美国的财政制度是碎片化的，透明度低、效率低，寻租腐败盛行。在财政收入方面，苛捐杂税数不胜数，凡是能够想象得出的名目都用来向民众征税，即使如此，也不能满足国家的开支需要。在支出方面，没有统一、规范的政府预算支出制度约束，每一个政府部门自己争取资金，自己掌控开支。因此，民众和议会都无法对政府及其各职能部门的财政支出活动进行有效监督，权力滥用，贪赃枉法猖獗。

在"进步时代"，美国从财政收支两个方面，强化财政制度建设。

在财政收入方面，最重要的是引入现代税收制度——个人所得税和公司所得税。尽管早在1861 年美国南北战争爆发时，为筹措经费，美国联邦政府就开始对年所得在800 美元以上的个人征收3%的个人所得税，1862 年对个人所得税法进行修改，对超过1 万美元的年所得，税率提高为5%，并使个人所得税开始具有了累进性，但战争结束后，因遭到纳税人的一致反对，1872 年个税税法即被废止。直到1913年，美国50个州中有42个州批准了宪法第16条修正案："国会有权对任何来源的收入规定和征收所得税。"此后，所得税开始逐步成为美国的主体税种，现代税收制度框架也才得以建立。

在财政支出方面，最重要的是引入了现代预算制度。直到20世纪初，美国财政开支都是杂乱无章的，事先没有预算可循，只是事后报账。对政府某部门的拨款也只是一个总数，开支分类是没有的，细目也是没有的，不准确、不完整、不规范、不透明。在这种情况下，美国虽然号称民主，民众实际上根本无法对政府行为进行有效监督，腐败现象屡禁不绝。"进步时代"的核心目标是净化政府、消除腐败、打击政治寡头。1908年，纽约市率先推出了美国历史上第一份现代预算，尽管这份预算只包括市政府的四个主要部门的分类开支计划，还非常粗糙，但这在美国却是一个"敢为天下先"的创举，此后预算日臻细化、硬化，其完整性、规范性、透明度也逐步增强，到1913年，预算文件已从1908年的122页增加到836页。纽约市的经验很快引起了美国其他城市的兴趣，它们纷纷索要"市政研究所"编制的"市政会计手册"，并派人到"市政研究所"举办的培训班学习。从此，像"自由"、"民主"一样，"预算"这个词也迅速地为美国政治家、官僚、普通民众所广泛接受，并对美国的政治发展产生了巨大影响。一方面，它将各级政府的活动通过预算收支"一览表"公之于众，详尽地展现在阳光下，有效地遏制了腐败势头，改善了政府与民众的关系，缓解了社会矛盾，推动了基层民主甚至更大范围的民主发展进程，增强了政府的正当性和公信力。另一方面，它加强了政府内部的统一集中领导，提高了政府整体运作效率，造就了一个更加强有力的政府。地方政府预算改革的成功，为美国联邦政府预算改革树立了榜样。革命性的变革发生在哈丁总统任期内，在此之前，美国总统无须向国会提供年度财政收支政策，因而对整个政府缺乏全盘计划，各内阁部门直接向国会申请拨款。1921年通过的"预算和会计法"，要求总统为各行政部门提供统一的年度计划，总统成为公共政策的发起者和财政领导人，必须每年负责制订政府的财政计划。同时，国会建立了独立于行政的总审计办公室，主管稽查，这标志着美国现代财政预算制度的诞生。[①]

三、中国现代财政制度建立的探索

1. 计划经济时代的中国财税体制

1978年以前，我国实施的是计划经济管理体制，企业几乎都是公有制的，

[①] 卢洪友："西方现代财政制度：理论渊源、制度变迁及启示"，载《公共财政研究》2015年第1期。

生产按照计划进行，国家统筹和管理所有的经济活动。然而，由于受到信息处理能力的限制，完全的中央计划方式实际是不可能实现的。因此，分层次产销衔接，层层下达，是该阶段行政性分权式的政府间关系的主要表现。与这种资源配置方式相一致，中央与地方政府间财政关系的特点是财权高度集中在中央。或者说，高度集中的计划经济体制，决定了财政上的两个集中：财力的集中和财权的集中。尽管历经数次变动（从集中到较为分散又到集中），但财政统收统支的框架仍未被打破。地方财政处于中央的统一领导之下，并被作为中央财政计划的执行单位加以考虑和设置。地方自身的利益主体地位未受重视，也不具备对自身行为负责的基本条件。总之，在传统指令性计划处于支配地位的经济体制中，财政体制不过是计划经济资源配置方式的反映。①

2. 改革开放初期的中国财税体制

改革开放初期的中国财税体制，实际上是各种形式的财政包干制，或称为"大包干"式的财政分权。1978 年以后，我国央地财政关系开始以"包干"为主要特征，以"承包"为主要方式，进而形成了收支划分基础上的分级包干、自求平衡的协议关系。这一体制又被称作"分灶吃饭"。这种"分灶吃饭"的财税体制又可具体划分为 1980 年、1985 年和 1988 年的三次财政体制调整和改革，体现为财政放权不断加大的一个过程。

1980 年 2 月实行的"划分收支、分级包干"的财政管理体制，主要是把收入分成固定收入、固定比例分成收入和调剂收入，实行分类分成，财政支出主要按照企业和事业单位的隶属关系进行划分，地方财政在划定的收支范围内多收可以多支，少收则少支，自求平衡。这次改革在体制设计上由全国"一灶吃饭"改为"分灶吃饭"，财力分配由过去的"条条"为主改为以"块块"为主。

两步利改税后，我国自 1985 年起财政体制也相应调整为"划分税种、核定收支、分级包干"，是"分灶吃饭"体制在新税制下的继续，主要是把过去的划分收入改为划分税种，在其他方面也相应做了一些调整，但并没有突破"分灶吃饭"体制的总体框架。

1988 年，开始推行财政大包干。包干制在发展经济和财政平衡方面进一步加大了对地方政府的激励。包干制是对 1980 年"分灶吃饭"财政体制的延续和强化，是农业大包干延伸到企业改革之中后的再一次延伸。各种财政包干制是对高度集中体制的彻底否定，扩大了地方政府在组织收入和安排支出方面的自主权，强化了地方的利益主体意识，同时也使地方政府在计划经济下被束缚

---

① 张勇："新一轮财税体制改革的收权与放权"，载《税务研究》2016 年第 7 期。

的主动性和积极性得到释放，促进了国民经济和各项社会事业的发展。很自然，这次改革不可能消除原财政体制的弊端，相反，由于包干制把中央财政收入的增长给"包死"了，增量大部分留给了地方政府，导致中央财政收入在全国财政收入中的比重不断下降。① 实践中，这种财政上的分权体制还产生了很多负面影响。由于不同地区先天条件和实际情况的不同，其在包干体制下获得收入的能力也不尽相同，因而财政包干制度造成了地区之间的"待遇"不平等。此外，财政包干制度还造成了地方经济间的相互封锁。不过，最终导致实行多年的"财政包干制"被取代的关键原因，还是中央的预算收入占全部预算收入或占国内生产总值的比重所呈现出的持续下降态势。这一态势引发了中央政府的重视和担忧，于是开始酝酿并着手对当时的财税体制进行改革。

3. 1994 年分税制改革以来的中国财税体制

从 1994 年开始，我国实行了新的财税体制改革——分税制。改革的首要目的是改变中央政府财政紧缺的状态，让各级政府尤其是中央政府获得充足的收入。1994 年的分税制改革不仅使上述目的得以实现，还带来了如下几个方面的重要变化：第一，改革从根本上改变了央地政府间的税收分成方法，并简化了税种结构，统一了税率。第二，改革确立了一种以规则为基础的税收分成方法，明确了中央和地方的税收分配规则和比例，一定程度上改变了旧体制中讨价还价的特征。第三，改革后地方政府擅自批准免税将不再被准许。

然而，尽管 1994 年的分税制改革在为我国确立合理财税体制的进程中迈进了一大步，但结合现状而言，其所建立的制度却远未完善。第一，1994 年后的财税体制虽得以更新，但旧体制的残余仍然存在，在旧体制下议定的中央与地方收入分成协议仍然有效。中央为争取地方支持、弥补地方存在的财力缺口，会定期对地方进行税收返还。但税收返还是以分税制政策实行前一年的地方自有税收为基数，由中央与各省分别商定返还数以及税收增加数的分成比例。从本质上看，它是旧体制所延续下来的落后的支付方式，其目的是赢得地方对分税制改革的支持，更多的是政治博弈下的一种妥协，而与我们通常所支持的转移支付存在根本区别。② 第二，改革后的财政收入配置方法仍然缺乏宪法和法律的约束。第三，财政支出责任的划分这一政府间关系中的基本问题仍悬而未决。

---

① 刘尚希，邢丽："中国财政改革 30 年：历史与逻辑的勾画"，载《中央财经大学学报》2008 年第 3 期。

② 刘剑文，熊伟：《财政税收法》，法律出版社 2014 年版。

4. 对分税制改革后央地财政关系的思考

综合对财政改革历史脉络的梳理和分析，不难发现，无论是分税制改革还是之前的历次财税改革，均将着眼点放在了财政收入的划分上，而并未过多关注政府的财权、财力、事权及支出责任的匹配。一方面是因为，在分税制改革之前，我国的整体经济实力较弱，加之中央仍然需要大量的财政支撑开展国家建设，因此包括收入分配在内的财政收入问题自然便成为需要重点关注的问题。另一方面是因为，当时我国正由高度集中的经济模式向市场经济模式过渡，央地的财权、事权关系不断变化，并未形成稳定的事权划分模式，时常随着管理的需要而反复变动。在这一背景下，各级政府间的事权和支出责任分配问题不可能得到足够的关注，也不可能出现有关事权和支出责任划分的具体法定方案。

时至今日，由于分税制改革的持续推进，既有的央地间财政收入失衡问题已逐渐得以解决，中央取得了更大的财源。但随着我国经济社会的发展，政府的职能也逐渐由政治职能向经济职能转变，政府管理事务的种类和范围极大地被丰富，央地政府间事权的划分日益呈现复杂化趋势，上下级政府间或同级政府不同部门间的事权往往存在交叉重叠的情况。此外，在各级政府间事权划分本不明确的情况下，上级政府掌握着对事权划分变化的决定权，往往会将本属于本级政府的事权交由下级政府行使，从而使事权下放的现象愈发严重，使地方政府承担了在经济与政治建设、提供公共服务等方面的巨大任务，进而导致了央地财政关系的严重失衡。央地政府间事权与财权间的匹配逐渐成了政策的关注点。1994年分税制改革实施以来，中央先后提出了"事权与财权相结合""财权与事权相匹配""财力与事权相匹配"等原则，这些原则的提出均反映了事权与财权间匹配问题的重要性。但从内容上看，却仍然存在试图以财权的划分去匹配既有事权和支出责任的问题。

由上可知，要解决分税制所遗留的种种问题，若仅从央地政府间财政收入划分的角度入手，是无法实现改革目的的。因此，新一轮财税体制改革，应从央地财政支出层面的事权与支出责任的合理划分着手，对央地间现有的事权和支出责任的划分与对应情形加以改变，以平衡央地政府间的财权、财力与事权、支出责任之间的关系，从而提高政府运行和国家管理的效率。

新一轮财税体制改革中，要做到事权与支出责任相适应，应解决好三个方面的问题：一是确权，即在厘清现有事权与支出责任及其划分的基础上明确央地政府各自应有的事权与支出责任。二是事权和支出责任的局部调整与总体上收，即在明确前一问题的基础上，对现有的事权和支出责任配置进行调整，将下移的事权和支出责任总体上收，从而对现有的央地事权划分模式作出合理的改进。三是改革配套制度，包括加强事权与支出责任划分的立法保障，匹配事权与支出责任，合理调整央地财政收入划分等，进一步优化财税体制改革的成果。①

四、借鉴与启示

西方现代财政制度诞生于 18 世纪前后的英国，距今已有 200 多年的历史。此后经过长时间的改革、调整、完善，发展形成现行的市场经济发达国家一般制度形态，即现代的财税体制机制。无疑，这对于我国正在致力建设的现代财政制度，推进国家治理能力和治理体系的现代化，具有一定的借鉴和启示作用，尽管作为一个国家的治理基础和重要支柱的财政制度，其建立、改革、发展都离不开本国政治、经济、社会、历史、道德、文化等诸多制约因素。

1. 从税制转型入手，推进税制现代化

税制的现代化既标志着国家具有平等、普遍、直接和规范的统治社会的能力，也表明国家是建立在承认和保护独立资本、独立个人、公民平等的现代社会基础上的。我国现行税制结构是 1994 年以"提高财政收入占 GDP 的比重"为目标建立的，是以典型的商品服务税为主的税制结构，增值税、消费税、营业税、关税、教育费附加、城市维护建设税等间接税占税收收入的 70% 以上，税负归宿不透明、负担分配不合理，公平功能难以发挥甚至起了逆向调节作用。1994 年到现在已经过去了 20 多年，我国的经济社会结构已经发生了深刻变化，GDP 从 1994 年的不足 5 万亿元（46 759 亿元）增加到 2013 年的 56 万多亿元（568 845 亿元），财政收入从 1994 年的 5 126 亿元，增加到 2013 年的 110 497 亿元，税收收入占 GDP 的比重也由 1994 年的不足 10% 上升到 2013 年的近 20%。应该说，1994 年税制改革的目标早已实现，我国也已具有推进税制结构转型的财政经济能力。值得反思的是，我国税制结构并没有随着经济社会结构转变和财政能力的增强而相应改革，相反，进入 21 世纪以来，在农村取消农业税，使农村居民失去了与国家的直接税收联系（农村居民事实上也承担着各种间接税税负）；在城市将税改的焦点一直放在提高个人所得税起征点上，已让越来越多的工薪阶层退出纳税人行列（实际上城市低收入者不仅承担间接税，而且相对税负还要重），也让越来越多的工薪阶层失去与国家的直接联系。这类改革的价值取向，并不利于培养纳税人的纳税意识，也不利于培养公民意识，对国家现代化、社会现代化、税制现代化建设和现代民主政治发展，从长期看都是不利的。从英国的情况看，税制结构转型是一个长期艰巨复杂的历史性任

---

① 张勇：" 新一轮财税体制改革的收权与放权"，载《税务研究》2016 年第 7 期。

务，不可能一蹴而就。对此，我国应从长计议，顶层设计，分阶段、有重点地推进税制结构转型。

2. 从受益归宿均等化入手，推进财政支出制度变迁，增强财政的公共性

包括财政权在内的公共权力是现代国家治理的基础。从发达国家现代财政制度变迁的历程看，在实现财政收入转型——财政收入公共化或者大众化的同时，在财政支出方面，则顺应从封建经济向资本主义经济、从农业经济向商品经济、市场经济转变的要求，实现政府财政支出目的的公益化（从满足君主财政以及君主家庭消费，转向服务于公共需要和民生项目），以及财政支出受益归宿的均等化（政府为社会公众大致均等化提供、社会公众大致均等化分享各种基本公共服务）。发达国家经过几百年的制度变迁，最终实现了财政的"公共化"，或者说建立起与市场经济和民主政治制度相适应的公共财政制度体系，使国家渐进式地成长为社会的公器；反过来，在财政"公共化"或者公共财政制度渐进变迁的进程中，又推动着政府职能调整，使国家成为依赖于社会公众并服务于社会公众的民主、法治、文明、富强的国家。我国的财政支出制度，脱胎于计划经济制度下"二元"经济社会制度和"二元"财政制度。尽管30多年的市场化和城镇化对这种制度安排形成了巨大冲击，但政府与市场的边界依然没有厘清，基本公共服务在地区间、城乡间以及不同社会群体间的受益仍存在差距。从改革政府间财政关系入手，增强均等化的转移支付制度功能，通过"财政一元化"特别是基本公共服务的均等化，促进中国经济社会的"一元化"，是政府及其财政艰巨的、义不容辞的责任。

3. 依法治国，依法理财，加快构建现代预算制度

依法治国首先是依宪治国。回溯现代预算制度形成与发展的历史，可清晰地看到，规范约束政府的征税权、支出权等行政权力，以保护公民合法的财产权不受侵犯，是西方现行政治经济和法律制度产生和发展的基本动因。反过来，这些制度的发展又为预算制度现代化提供了可靠保障，两者相辅相成。人民代表大会制度是我国的根本政治制度，各级人大是约束各级政府的法定权威机构，能否真正发挥监督、规范政府预算行为的功能，是我国预算制度现代化建设的关键。提高立法机构的预算话语权，减少立法机构向行政部门授权，使立法机构在预算编制、审批、执行、调整、决算审查中享有充分的监督权，至关重要。因此，应强化基于宪法安排的人民代表大会的预算权力；强化基于宪法的公民对政府预算的知情权和监督权；强化预算的完整性，凡是以政府名义发生的收支包括政府债务性收支，都应列入政府预算；强化预算违法行为的法律约束力。当前，尤其要以新预算法的实施为契机，增强政府预算的完整性、规范性，提

高预算透明度和效率。①

第三节 国家治理现代化与现代财政制度

一、深化财税体制改革是关系国家治理现代化的深刻变革

财政是国家治理的基础和重要支柱，财税体制在治国安邦中始终发挥着基础性、制度性、保障性作用。财政制度安排体现并承载着政府与市场、政府与社会、中央与地方等方面的基本关系，在国家治理体系中处于基础位置，深刻影响着经济、政治、文化、社会、生态文明、国防等领域。古今中外的实践表明，人类国家史上的每一次重大变革，无不渗透着深刻的财政原因。

党中央、国务院历来高度重视财税体制改革和财政制度建设。中华人民共和国成立后，我们在建立适应社会主义国家发展要求的财政制度方面进行了艰苦探索。改革开放以来，财税体制改革成为体制改革的突破口和先行军，财税体制大体上经历了从统收统支到包干制，再到分税制三个阶段。特别是1994年实施的税收制度和分税制改革，是我国财政史上的一个重要里程碑。分税制财政体制的建立及随后的调整、完善和稳健运行，为建立现代财政制度奠定了良好的基础，对推动建立社会主义市场经济体制、充分发挥中央和地方积极性、促进经济社会发展、全面扩大对外开放、提高人民生活水平、维护社会和谐稳定发挥了重要作用。但是，随着经济社会发展和国内外形势变化，现行财税体制存在的问题日益显现：预算管理制度不规范、不透明，不适应国家治理现代化要求；税收制度不健全、不完善，不利于发展方式转变、社会公平和市场统一；中央和地方事权与支出责任划分不清晰、不合理，不利于建立健全财力与事权相匹配的财政体制。这不仅影响财政自身的稳定性和可持续性，而且影响国家发展战略、宏观政策效果，以及国家治理体系和治理能力现代化进程，迫切需要进行整体性、适应性的改革。

二、新一轮财税体制改革的目标是建立与国家治理现代化相匹配的现代财政制度

党的十八届三中全会明确提出要深化财税体制改革，建立现代财政制度。

---

① 卢洪友：“西方现代财政制度：理论渊源、制度变迁及启示”，载《公共财政研究》2015年第1期。

这是全面总结古今中外历史经验、深刻把握国家治理与执政规律、着眼我国现代化建设全局作出的重大决策。如果说1994年财税改革的目的是建立"与社会主义市场经济体制相适应"的体制框架，那么，新一轮财税体制改革的目标就是要建立"与国家治理体系和治理能力现代化相适应"的制度基础，即现代财政制度。只有财税体制改革取得根本性突破，才能为实现国家治理现代化和"两个一百年"奋斗目标提供物质基础和制度保障。从这个意义上讲，新一轮财税体制改革绝不是体制机制的修修补补，更不是扬汤止沸，而是一场关系我国现代化事业和国家治理现代化的深刻变革，是完善社会主义市场经济体制、加快转变政府职能的迫切需要，是转变经济发展方式、促进经济社会持续稳定健康发展的必然要求，是建立健全现代国家治理体系、实现国家长治久安的重要保障。

三、建立现代财政制度是对现行财税体制的继承与重构

现代财政制度是国家治理现代化的重要基础，深化财税体制改革、建立现代财政制度，既是对现行财税体制和制度的继承与创新，又是适应国家治理现代化新形势，对财税体制等基础制度的系统性重构。总体上讲，现代财政制度在体系上应建立全面规范、公开透明的预算制度，公平统一、调节有力的税收制度，中央和地方事权与支出责任相适应的制度；在功能上要坚持公共财政的定位，体现市场在资源配置中起决定作用和更好发挥政府作用的要求，不"越位"、不"缺位"，发挥财政制度稳定经济、提供公共服务、调节分配、保护环境、维护国家安全等方面的职能；在机制上应符合国家治理体系与治理能力现代化的新要求，形成公开透明、权责对等、有效制衡、运行高效、可问责、可持续的制度安排。重点围绕以下改革任务展开：

一是建立全面规范、公开透明的现代预算制度。这是国家治理体系和治理能力现代化的基础和重要标志，是强化预算约束、规范政府行为、实施有效监督，把权力关进制度笼子的重大改革举措。

二是建立健全有利于科学发展、社会公平、市场统一的税收制度体系。税收制度是现代财政制度的重要组成部分。新一轮税制改革总的方向是，优化税制结构、完善税收功能、稳定宏观税负、推进依法治税，充分发挥税收筹集财政收入、调节分配、促进结构优化的职能作用。

三是调整中央和地方政府间财政关系，建立事权和支出责任相适应的制度。在保持中央和地方收入格局大体稳定的前提下，进一步理顺中央和地方收入划分，合理划分政府间事权与支出责任，促进权力与责任、办事与花钱相统一，

全面提升国家治理效率。①

四、加快建立现代财政制度,既是中国特色社会主义进入新时代的必然要求,又是围绕下一步深化财税体制改革做出的战略部署

习近平总书记在党的十九大报告中,围绕下一步财税体制改革做出了如下战略部署:"加快建立现代财政制度,建立权责清晰、财力协调、区域均衡的中央和地方财政关系。建立全面规范透明、标准科学、约束有力的预算制度,全面实施绩效管理。深化税收制度改革,健全地方税体系。"

党的十九大对于财税体制改革作出如此部署,既是中国特色社会主义进入新时代的必然要求,也是在对党的十八届三中全会以来财税体制改革进程做出恰当评估的基础上,对于下一步财税体制改革作出的战略抉择。其落脚点就是加快建立现代财政制度。这是因为:

1. 加快建立现代财政制度是实现党中央关于深化财税体制改革重大部署善作善成的必然要求

过去五年,财税领域改革多点突破,不断向纵深推进。现代预算制度主体框架基本确立。新预算法颁布施行。税收制度改革取得重大进展。财政体制进一步完善。全面推开营改增试点后调整中央与地方增值税收入划分过渡方案出台实施。站在新的更高起点上,进一步落实好党中央确立的深化财税体制改革重大部署,必须坚持一张蓝图绘到底,巩固和拓展已取得的改革成果,再接再厉,久久为功。

2. 加快建立现代财政制度是完善和发展中国特色社会主义制度、实现国家治理体系和治理能力现代化的应有之义

党的十九大报告深刻洞察世情、国情、党情变化,科学作出"中国特色社会主义进入了新时代"的重大政治判断。要在迅速变化的时代中赢得主动,要在新的伟大斗争中赢得胜利,必须进一步完善和发展中国特色社会主义制度,为党和国家事业发展、人民幸福安康、社会和谐稳定、国家长治久安提供一整套更完备、更稳定、更管用的制度体系。现代财政制度就是这个制度体系的重要组成部分。因此,加快建立现代财政制度,是更好发挥财政在国家治理中的基础和重要支柱作用的客观需要,有利于加快国家治理体系和治理能力现代化的进程。

3. 加快建立现代财政制度是决胜全面建成小康社会、实现中国梦的重要保障

党的十九大报告明确指出,我国社会主要矛盾已经转化为人民日益增长的

---

① 楼继伟:"深化财税体制改革 建立现代财政制度",载《预算管理与会计》2014年第12期。

美好生活需要和不平衡、不充分的发展之间的矛盾，作出了实现第一个百年奋斗目标和向第二个百年奋斗目标进军的战略部署。适应我国社会主要矛盾新变化，贯彻新时代中国特色社会主义发展的战略安排，支持打好防范化解重大风险、精准脱贫、污染防治的攻坚战，深化供给侧结构性改革，要求加快建立有利于转变经济发展方式、维护市场统一、促进社会公平正义的可持续的现代财政制度，充分发挥其在优化资源配置、提供公共服务、调节收入分配、保护生态环境、维护国家安全等方面的职能，促进更高质量、更有效率、更加公平、更可持续的发展，更好推动人的全面发展、社会全面进步。[1]

第四节　建立与国家治理现代化相匹配的现代财政制度面临的挑战[2]

以建立现代财政制度为标识的新一轮财税体制改革，因立足于发挥国家治理的基础性和支撑性作用，致力于匹配国家治理现代化的进程，故其影响力、涉及面、复杂性都超过以往的历次财税改革，其挑战性也都超过以往的历次财税改革。其挑战性主要表现在以下方面：

一、财政收支形势进入新常态，即财政收支矛盾呈现加剧趋势

"十三五"时期，一般公共预算收入增速已进入个位数时代，全口径财政收入的各组成项增长态势均不容乐观，而财政支出需求将继续增长，支出刚性份额继续增加。财政收支的紧张态势，将是中国长期面临的新常态之一，也是"十三五"时期财税体制改革面临的重要约束条件，更是建立与国家治理现代化相匹配的现代财政制度面临的一个挑战。

从财政收入来看。展望"十三五"时期，经济转向中高速增长将导致财政收入较低增长常态化，财政收入对GDP的弹性系数将回归1左右，财政收入增长将与GDP现价增速大体同步。与此同时，受房地产供需形势变化的影响，土地出让收入可能下滑；受经济增速的影响，其他类政府性基金收入增长也不容乐观；社会保险缴费收入增速下降，2014年已出现缴费收入低于养老金支出需要，且年度缺口将不断加大。总体上看，全口径财政收入的各组成项增长态势

---

[1] 肖捷："加快建立现代财政制度"，载《新理财（政府理财）》2017年第11期。
[2] 高培勇，汪德华："'十三五'时期的财税改革与发展"，载《金融论坛》2016年第1期。

均不容乐观，土地出让收入可能会大幅下滑。

从财政支出来看。据国际经验，财政支出随着经济社会的发展进步呈刚性增长态势。在经济增速下降区间，反而有财政支出不断膨胀、财政收支矛盾加剧的趋势。"十三五"时期，中国经济增速进入中高速平台，但财政支出的各方面需求将越来越强劲，其中与个人直接相关的刚性支出份额将继续增加。为保障和改善民生、推动经济发展方式转变、支持城镇化健康发展、应对人口老龄化挑战、深入推进体制改革等，都要求加大财政投入力度。其中，"保工资、保运转"支出、与居民利益相关的社会福利性支出，都属于刚性支出份额，无法消减。2013 年，教育、社会保障与就业、医疗卫生三项社会福利性支出达4.47 万亿元，占全国公共财政支出比重达 32%。"十三五"时期，受人口老龄化以及社会保障事业发展的影响，这部分支出的份额还将继续增加。

十八届五中全会公报指出，"到 2020 年全面建成小康社会，是我们党确定的'两个一百年'奋斗目标的第一个百年奋斗目标。'十三五'时期是全面建成小康社会决胜阶段，'十三五'规划必须紧紧围绕实现这个奋斗目标来制定"。为实现"全面建成小康社会"战略目标，需要在脱贫攻坚、加大老少边穷地区转移支付力度、普及高中教育、贫困学生救助、城乡一体化发展、现代农业、创新发展、绿色发展、以"全民参保"为目标的社会保障事业发展等诸多领域加大财政投入。如果财政收入形势难以有效改善，则"十三五"时期的财政收支矛盾将更为突出。这对于推进建立与国家治理现代化相匹配的现代财政制度来说，无疑是一个严峻的挑战。

二、全口径预算管理的力度与国家治理现代化的要求不相适应

国家治理的现代化，需要将政府所有收支纳入预算管理，通过预算程序使人民代表机构能全面控制政府收支总量、结构和政策。只有实现预算体系的完整统一，才能全面反映政府对公民的受托责任。当前中国已建立起以一般公共预算、政府性基金预算、社会保险基金预算、国有资本经营预算四本预算，全面反映政府收支的全口径预算管理制度。新《预算法》也已确认了改革成果，并提出了加强四本预算之间统筹力度的法律要求。这些改革从财政层面奠定了法治政府的基础，但着眼长远，似还有进一步改革的空间（见表 8-1）[1]。

---

[1] 转引自高培勇，汪德华："'十三五'时期的财税改革与发展"，载《金融论坛》2016 年第 1 期，第 20 页。

表 8-1　2013 年中国全口径财政收入规模及结构

项目	金额（亿元）	占全口径收入比重（％）	占 GDP 比重（％）
一般公共预算收入	129142.90	68.92	22.81
其中：税收	110497.33	58.97	19.52
政府性基金收入	10989.09	5.86	1.94
扣除征地和拆迁补偿后的土地出让收入（地方）	19952.27	10.65	3.52
社保基金缴费收入（地方）	25638.00	13.68	4.53
国有资本经营预算收入	1651.36	0.88	0.29
全口径财政收入	187373.62	100.00	33.10

资料来源：根据《财政统计摘要 2014》提供的原始数据整理所得。其中，社保基金缴费收入不包含居民养老基金缴费收入以及居民医疗基金缴费收入，具体数据来自 http://www.mof.gov.cn/zhengwuxinxi/caizhengxinwen/201410/t20141010_1147665.html。

从表 8-1 中可知，2013 年中国全口径财政收入占 GDP 的比重已达 33.10％，但税收在全口径财政收入中的比重仅为 59％。除税收外，在一般公共预算中还有非税收入占比为 10％，此外还有政府性基金收入占比为 5.86％、土地出让收入占比为 10.65％、社保基金缴费收入占比为 13.68％、国有资本经营预算收入占比为 0.88％，这些均是全口径财政收入的组成项。

现有的全口径预算管理制度，已经基本实现将所有政府收支的总量，以四本预算的方式向人民代表大会全面反映。但从国家治理现代化的要求来看，应实现各级人民代表大会在立法层面对同级政府所有收支的"全口径"控制，即财政统一。这即是说，所有政府收支都必须纳入"公共"轨道，由立法机构按照统一的制度规范审查和批准，政府的活动及其相应收支才具备合法性。即使退一步，也应实现由财税部门代表政府在行政层面对所有政府收支实行"全口径"管理，按照统一的制度规范行使管理权和监督权。这是实现立法层面"全口径预算管理"的重要基础。[①]

按照"全口径控制"这一标准，中国的全口径预算管理无论是立法层面，还是行政层面均尚未实现。即便是新《预算法》，"将所有政府收支纳入预算"

---

① 高培勇："对财政监督的几点认识"，载《财政监督》2009 年第 13 期。

仍局限于理念层面,而尚未推进到包括所有政府收支的实践层面。预算管理程序改革的重点,主要集中在占全口径预算收入比重仅为69%的一般公共预算。即使是这一部分,以支出挂钩、专项资金等形式存在的支出碎片化现象也很严重。更何况大量的政府性基金为收支部门所控制,既未实现立法层面的全口径控制,也未有在行政层面全口径统筹的具体安排。从某种意义上说,这一现状的存在,对于建立与国家治理现代化相匹配的现代财政制度来说,也不失为一种严峻的挑战。

三、财政收入结构尚不具备现代财政制度的特点

在现代财政制度中,税收应是政府取得财政收入的主要形式。税收制度反映国家与纳税人之间的经济关系,税收制度应具备公平统一、依法运行、结构合理、调节有力等特点。在当前中国经济发展新常态的背景下,特别需要税收制度在收入分配、节能环保等方面发挥经济调节功能。对照这一要求,一方面,我国目前的税收在全口径财政收入中的比重还较低;另一方面,税收制度本身、全口径财政收入体系的经济调节功能也非常不足。税收法治、构建公平统一的税收环境等方面缺陷明显。

仅就由18个税种所组成的现行税制体系而言(高培勇,2013),其中直接税占比仅25%左右,而间接税占比高达75%;93%的税收收入由企业缴纳,来自居民缴纳的税收收入占比很低;针对居民个人征收的财产税尚属"空白"。这表明,中国现行税制缺乏调节收入分配的手段。同时环境税尚未出台,资源税税率偏低;而以经济调节为主要功能的特别消费税,征收范围较窄、征收环节单一、税率结构欠优化等问题,也使其在节能环保、收入分配方面的调节作用较弱。

如按全口径财政收入来考察(见表8-2)[①],中国对所得和收入征税的比重远低于若干大国以及OECD成员国平均值;对商品和劳务征税比重高于对照国家;社会保障税费低于部分对照国家;对财产征税反而高于对照国家。可以看出,大国之间的税制结构有所差异,但也存在一般规律。中国的社会保障税费比重低,反映社会保障事业发展不足。所得或收入征税属于能起调节收入分配功能的直接税,中国的比重偏低,反映税制体系调节收入分配功能不足。中国的土地出让收入实质上是由购房人承担。与发达国家保有环节的房产税相比,中国的土地出让收入恶化了收入分配。越是低收入人群,在房价不断上涨的背

---

① 转引自高培勇,汪德华:"'十三五'时期的财税改革与发展",载《金融论坛》2016年第1期,第22页。

景下，无论是以相对值还是单位绝对值衡量，其承担的实际税负反而更高。因此，中国加上土地出让纯收入后的对财政征税比重高，并非有利于调节收入分配，反而是恶化了收入分配。

表8-2 2012年若干大国全口径财政收入结构（%）

国家	所得或收入征税		商品和劳务征税		社会保障税费及工薪税		财产征税	
	占总收入比重	占GDP比重	占总收入比重	占GDP比重	占总收入比重	占GDP比重	占总收入比重	占GDP比重
美国	47.9	11.7	17.9	4.4	22.3	5.4	11.8	2.9
德国	30.4	11.1	28.8	10.4	38.3	13.9	2.4	0.9
墨西哥	26.3	5.2	54.5	10.7	16.5	3.2	1.5	0.3
法国	23.7	10.4	28.8	10.8	40.6	17.9	8.5	3.8
英国	35.6	11.8	32.9	10.9	19.1	6.3	11.9	3.9
韩国	29.9	7.4	31.2	7.7	25.0	6.2	10.6	2.6
日本	31.1	9.2	18.0	5.3	41.6	12.3	9.1	2.7
OECD平均	33.6	11.4	33.2	10.8	27.3	9.4	5.5	1.8
中国	17.2	5.7	42.48	14.05	13.7	4.5	14.04	4.6

资料来源：OECD成员国数据来自OECD（2014）：Revenue Statistics 2014。中国数据为2013年数据，基础数据来源同表8-1，其中中国的所得和收入征税包括个人所得税、企业所得税、土地增值税；商品和劳务征税包括增值税、消费税、进口货物增值税和消费税（扣除出口退税）、营业税、城建税、资源税、关税、烟叶税、非税收入中的专项收入、政府性基金收入（不包含土地出让收入）；财产征税包括房产税、车船税、车辆购置税、城镇土地使用税、扣除征地和拆迁后的土地出让收入；社会保障税费及工薪税即城镇职工五项社会保险的缴费收入。

税收优惠政策也是发挥税制体系经济调节功能的重要手段。但在中国，区域性税收优惠政策、行业性税收优惠政策繁多，制定这些政策的目的也并非仅是促进公平、促进创新、节能环保等，更多的是区域之间、产业之间竞相比拼的结果。除正式税制体系中的税收优惠政策之外，一些地方政府和财税部门还通过税收返还、财政补贴等方式变相减免税，制造"税收洼地"。这些问题的存在，不仅没有发挥有益的经济调节功能，反而严重影响了公平统一的市场环境。这种状态的存在,对于建立与国家治理现代化相匹配的现代财政制度来说,也不能不说是一个严峻的挑战。

四、中央与地方财政关系有待理顺

处理好中央与地方关系,是中国国家治理现代化进程的关键问题。财政关系是中央与地方关系的基础,也是历史上调节中央与地方关系的主要手段。1994年分税制改革改变了中央与地方的财力分配关系,近些年来引起社会的广泛讨论,通俗的说法是"中央事少钱多,地方钱少事多"。但如果以大国横向比较的视角来分析,中国的情况应当是"中央钱不多,事太少"。事权划分及支出责任的分配领域的改革滞后,导致政府职能行使不畅,转移支付比重过大、管理混乱。

如表8-3[①]所示,法国、英国、韩国是单一制国家,美国、德国、墨西哥是联邦制国家,但各国2012年中央政府的财政收入比重均超过50%,而中国2012年中央政府公共财政收入占全国的比重仅为47.91%。在中央政府财政支出比重方面,其他国家中央支出比重均超过50%,远高于中国的14.9%。以中央与地方政府债务余额比重来观察,中国地方债务余额占GDP比重为20.64%,高于中央的15.3%。总体上看,虽然中国是单一制国家,但无论是中央地方财政收入的划分,还是支出的划分,政府债务余额的分布,都更接近于联邦制国家,甚至比联邦制国家更为分权。如将一般公共预算收支以外的政府收支加入考察,这一问题更为严重。

表8-3 2012年若干大国中央地方财政收支、转移支付和债务数据(%)

国家	中央收入占总收入比重	中央支出占总支出比重	中央转移支付占总支出比重	中央债务余额占GDP比重	地方债务余额占GDP比重
美国	54.63	52.84	7.37	81.04	22.94
德国	64.55	60.92	3.52	56.99	32.25
墨西哥	83.98	56.22	21.77	—	—
法国	84.16	79.82	5.43	103.77	10.12
英国	90.76	74.35	14.60	99.33	5.94

[①] 转引自高培勇、汪德华:"'十三五'时期的财税改革与发展",载《金融论坛》2016年第1期,第23页。

续表

国家	中央收入 占总收入比重	中央支出 占总支出比重	中央转移支付 占总支出比重	中央债务余额 占 GDP 比重	地方债务余额 占 GDP 比重
韩国	82.42	58.72	19.08	36.43	1.23
中国	47.91	14.90	36.01	15.30	20.64

资料来源：中国数据系采用《财政统计摘要 2014》以及国家审计署 2013 年第 32 号公告《全国政府性债务审计结果》中原始数据计算所得。其中，地方政府债务是将政府承担担保责任、可能承担救助责任债务折算后，与政府承担偿还责任债务加总所得。其他国家数据来自 OECD 国家财政分权数据库，http：//www.oecd.org/ctp/federalism/oecdfiscaldecentralisationdatabase.htm。

如将政府职能划分为维护市场统一的政府基本职能、社会福利职能、促进经济发展职能，则在现代发达国家，司法、市场监管等政府基本职能侧重于上级政府，社会福利职能视管理信息复杂性有所不同，但大部分也集中在中央，经济发展职能则侧重于地方。但即使与分权度较高的联邦制国家相比较，中国政府间财政关系的突出特点是中央负责的事务太少，基本沿袭由中央掌握决策权，事务的具体执行权及支出责任由地方承担的分权模式。其根源是 1994 年的分税制改革及其后的改革，基本未涉及事权划分的改革；2003 年以来多项重大民生福利项目的出台，政府事权划分采取一事一议的方式处理，维系过去的分权模式。由此带来的一个问题是中国中央政府转移支付占全国财政总支出的比重远高于其他国家，达到 36.01%。转移支付的制度设计也存在问题：具有均等化功能的一般性转移支付规模偏小，指定用途的专项转移支付比重高、项目繁多、交叉重复，导致中央部委过多干预地方事权，地方财政自主权下降。如果上述状况不能有效地得到改变，建立与国家治理现代化相匹配的现代财政制度，也是不容易成功的。①

五、社会主要矛盾的变化对国家治理现代化和现代财政制度提出了新要求

唯物辩证法告诉我们，任何一个社会都充满矛盾，其中，起主导和支配作用的是主要矛盾，它对社会发展起决定性作用。只有准确把握社会的主要矛盾，才能找到破解难题、增强动力、拓展空间的金钥匙。

党的十九大报告提出，中国特色社会主义进入新时代，我国社会主要矛盾已经转化为人民日益增长的美好生活需要和不平衡不充分的发展之间的矛盾。

---

① 高培勇，汪德华："'十三五'时期的财税改革与发展"，载《金融论坛》2016 年第 1 期。

这一重大论断是继 1981 年党的十一届六中全会指出，社会主义初级阶段主要矛盾是人民日益增长的物质文化需要同落后的社会生产之间的矛盾之后，我们党根据国际国内形势的深刻变化对社会发展阶段性特征的再一次概括和提炼。社会主要矛盾的转化是中国特色社会主义进入新时代的依据，在中国特色社会主义发展史上具有划时代的重大意义。

随着中国特色社会主义进入新时代，人民美好生活需要日益广泛。人民对于美好生活的需要不仅体现在传统意义的物质文化层面，而且越来越多地体现在民主、法治、公平、正义、安全、环境等涉及制度安排和政策设计的层面。而我国当前更加突出的问题是发展不平衡不充分，这已经成为人民日益增长的美好生活需要的主要制约因素。特别值得注意的是，不平衡、不充分的发展，既包括物质文化领域发展的不平衡不充分，也涵盖制度安排和政策设计领域的不平衡不充分。毫无疑问，财政制度和国家治理的现状也同样存在不平衡和不充分问题。

党的十八届三中全会明确指出，财政是国家治理的基础和重要支柱，科学的财税体制是优化资源配置、维护市场统一、促进社会公平、实现国家长治久安的制度保障。这一对财政职能作用的重要论断将财政上升到了国家治理的基础和重要支柱的地位，是深化财税改革的重要指导思想。

党的十九大报告对中国特色社会主义进入新时代，社会主要矛盾转化的论断，要求我们在十八届三中全会对财政职能定位的基础上，充分领会、理解这一关系全局的历史性变化对财政工作提出的新要求，以习近平新时代中国特色社会主义思想为指导，从解决好发展不平衡不充分问题入手，深入研究财政工作在更好满足人民日益增长的美好生活方面应当发挥的作用。

面对中国特色社会主义新时代社会主要矛盾的转化，为基本实现社会主义现代化与建设社会主义现代化强国两个阶段的奋斗目标，十九大报告对财税改革的基本要求是加快建立现代财政制度，具体包括中央和地方财政关系、预算制度改革和税制改革三个方面。

发展不平衡不充分问题在财政领域的一个重要表现是不同级次政府之间财力和不同区域之间公共服务供给能力的差异。中国作为发展中大国，要解决区域经济社会发展不平衡的问题，需要充分调动中央与地方两个级次的积极性。因此，根据十九大报告的要求，在合理划分并清晰界定不同级次政府权责的基础上，致力于构建财力协调、区域均衡的中央和地方财政关系。此外，结合税制改革的推进，健全地方税体系也是优化中央和地方财政关系的重要方面。

社会主要矛盾的转化要求满足人民日益增长的美好生活需要，而人民美好生活需要既包括对物质文化生活的更高要求，也包括在民主、法治、公平、正义、安全、环境等方面日益增长的要求。对财政而言，这意味着不仅要根据人民对美好生活的需要不断优化支出结构，提高财政支出的质量和效益；同时财政制度的运行也要充分满足人民对民主、法治、公平的诉求和需要。因此，十九大报告要求建立全面规范透明、标准科学、约束有力的预算制度，全面实施绩效管理。

  缩小收入分配差距、鼓励创新创业是解决发展不平衡不充分问题的重要方面，这就要求在深化税收制度改革的进程中，一方面要发挥好税收调节收入分配方面的功能；另一方面也要通过有针对性的税收优惠政策发挥好税收促进创新的积极作用。①

---

  ① 张斌："把握社会主要矛盾转化加快建立现代财政制度"，载《财经智库》2017 年 11 月 10 日。

第九章 创新：中央与地方财政事权和支出责任划分改革下的县乡财政体制改革及其思考

财政是国家治理的基础和重要支柱，也是乡村治理的基础和重要支柱。乡村治理中的县乡财政困难问题之所以持续多年却始终未能从根本上得到解决，主要是以分税制为核心的财税体制不完善，突出地表现为政府间财权、财力和事权划分不相匹配。只有在"四个全面"的前提下，深化财税体制改革，建立起与国家治理相匹配的现代财政制度，推进中央与地方财政事权与支出责任划分改革下县乡财政体制改革的创新驱动和转型对接，县乡财政困难问题才能从根本上得到解决，乡村治理体系才能得到健全，乡村治理的体制和机制才能得到完善，乡村治理能力才会得到增强，农村社会才能保持和谐稳定，乡村振兴才能得到实现。

第一节 创新在地方财政体制改革中的意义

一、改革开放以来中国财税体制的变迁

1. 20世纪80年代的分权式"财政承包制"

20世纪80年代"分灶吃饭"的"财政承包制"，是改革开放初期经济增长的一个关键性制度安排。1980年2月1日，国务院颁发《关于实行"划分收支、分级包干"财政管理体制的暂行规定》，决定从1980年起实施"分灶吃饭"即"财政承包制"的办法。在"财政承包制"下，通过设立中央固定收入、地方固定收入、中央地方共享收入和其他调剂收入等形式，中央与省、省与更低级政府形成了"分灶吃饭"的财政格局，即下级与上级政府约定未来一定时期（原则上是五年）的财政收入固定上缴额（或补贴额），而超额部分给予地方较高的边际分成。

然而，对当时实施的"财政承包制"，地方政府并不满意，主要原因是其内在的不稳定性，更直白地说，是上级政府有很大自由裁量权去单方面更改财政承包合同。该体制在 20 世纪 80 年代就至少进行过 1982 年、1985 年、1988 年三次调整，而调整的结果都是中央扩大了地方的固定上缴额度，中央地方共享收入从 85% 下降到不到 60%（见表 9-1）[1]。

表 9-1 财政承包制下的地方财政激励（1979~1990 年，单位:%）

年份	边际分成比率	共享收入比率
1979		85.7
1980	68.2	84
1981	69.4	79.4
1982	78.1	77
1983	78.3	70.2
1984	78.3	65.1
1985	82.2	62.1
1986	84.7	59.5
1987	85.1	61.7
1988	88.7	60.2
1989	88.7	62.5
1990	88.7	58.7

注：边际分成表示地方政府超额完成部分的分成，共享收入比率表示地方政府在总财政收入中的占比。例如，某省第一年产生的财政收入为 10 亿元，其中固定上缴 5 亿元，地方自留 5 亿元；第二年，该省财政收入增加到 15 亿元，中央将地方固定上缴部分提高到 8 亿元，增收的 5 亿元允许地方拿 8 成；这样，第二年，地方的边际分成比例为 80%，共享收入比例为（2+4）/15×100% =40%。

资料来源：Cai H, Treisman D., "Did Government Decentralization Cause China's Economic Miracle?", World Politics, 2006, 58 (58): 505-535.

为避免财政收入被中央过度集中，地方政府采取的策略是"把肉烂在锅里"，即地方可以隐藏企业利润或故意减税来藏富于企业，抑或干脆将本该收缴的预算内收入转为（与本地国企与乡镇企业账户关联的）预算外收入，

---

[1] 转引自王瑞民，陶然，刘明兴："中国地方财政体制演变的逻辑与转型"，载《国际经济评论》2016 年第 2 期。

而这些收入是地方政府可以完全掌控并自行支出的，甚至还可以直接通过行政命令要求企业为地方各类政府支出埋单并计入企业成本，企业利润"降低"后的应缴利税自然会减少。如果地方政府不这样做，一旦上述利税收入经正式的财税系统收上来后，未来就可能被中央以改变财政承包合同的方式收缴。

综上可见，20世纪80年代开始的"分灶吃饭"的"财政承包制"，由于中央政府与地方政府之间的博弈，共同决定了当时不同级别政府间的财政关系必然相对分权。

2. 20世纪90年代开始的分税制财政体制改革

20世纪80年代末期开始，中国制造业产能就已开始出现过剩，地方所有国企与乡镇企业利润迅速下降，中央出于财政压力多次调整财政承包合同，而地方政府自然倾向于藏匿更多收入到预算外。在这种情况下，中央财政无论是与地方分享部分，还是独享部分都增长缓慢，中央财政收入占总预算收入的比重从20世纪80年代中期的一半以上急剧下降到略高于两成，而中央财政支出依赖地方上解的趋势始终未改变。

面对严峻的财政形势，以及进一步规范税制、调整政府间财权事责的需要，中央干脆单方面终止了"财政承包制"，而代之以更为集权的"分税制"。中央对所有制造业统一按照17%的税率征收增值税，并一举拿走其中的75%（但按基数进行了部分返还），还独享了关税与消费税，只给地方留下了当时税额不大的服务业营业税、所得税及另外十几个更小的税种。这样，中央财政收入占预算内收入的比重很快又超过一半，1994年即达到55.7%，之后也一直维持在较高水平。

1994年分税制的顺利推动表明，中央在各级政府间财政关系安排及其调整上占主导地位，甚至具有压倒性的优势。

二、分税制下当今中国地方财政之本质

分税制不仅显著提高了中央财政分成比例，同时也增加了中央对地方的转移支付。

中央财政体制的改革，必然对地方财政有着深刻的影响。

但分税制改革对不同地区的影响是不同的。总体来看，那些财政收入较高的发达地区是改革的受损者。对财政净贡献的发达地区而言，分税制后财权与财力肯定都相对减少；而对欠发达地区而言，一般性转移支付得到大幅增加。不过，对欠发达地区而言，即使财力因转移支付增加而有所提升，但转移支付资金的使用也往往受到上级政府的约束，其实际财权也因分成比例下降而相应

减少（见表9-2）①。

表9-2 地方财政收入与预算外收入（2000~2010年，单位：亿元）

年份	来源	地方合计	东部	中部	西部
2000	预算外	3578.75	2016.89	880.40	681.46
	预算内	10163.65	6342.33	1916.05	1905.27
2001	预算外	3952.99	2262.07	954.68	736.24
	预算内	11544.88	7761.77	1897.95	1885.17
2002	预算外	4039.38	2429.26	914.51	695.61
	预算内	13329.59	9041.27	2096.44	2191.89
2003	预算外	4187.46	2548.19	915.59	723.68
	预算内	15914.78	11024.59	2436.55	2453.64
2004	预算外	4348.49	2635.76	1005.10	707.63
	预算内	19120.65	13094.39	3002.65	3023.61
2005	预算外	5141.57	3035.38	1159.44	946.75
	预算内	24511.57	16428.96	4095.42	3987.19
2006	预算外	5940.77	3651.12	1254.47	1035.18
	预算内	30039.13	20017.57	5143.23	4878.33
2007	预算外	6289.95	3759.33	1370.35	1160.27
	预算内	40386.17	27302.75	6289.98	6793.44
2008	预算外	6125.17	3538.50	1462.53	1124.14
	预算内	46893.74	31809.05	7105.72	7978.97
2009	预算外	6062.66	3531.79	1390.29	1140.58
	预算内	48753.82	30236.72	8595.13	9921.97
2010	预算外	5395.09	3054.97	1157.81	1182.31
	预算内	56573.14	34655.39	10067.14	11850.61

注：财政部决定从2011年1月1日起，将按预算外资金管理的收入（不含教育收费）全部纳入预算管理。因此，本表统计至2010年。

资料来源：国家统计局。

除了一般性转移支付外，中央还通过专项转移支付的方式返还部分财力给

---

① 转引自王瑞民，陶然，刘明兴："中国地方财政体制演变的逻辑与转型"，载《国际经济评论》2016年第2期。

地方政府。分税制早期，专项转移支付甚至占大头，1994年比重高达76.34%，直到2007年专项转移支付的比重才下降到50%以下，2014年，专项转移支付仍占总转移支付的四成。根据特定的专项政策目标，发达、欠发达地区都有机会获得专项转移支付，一段时期甚至还存在发达地区因配套资金更充足而拿到更多的情况。值得注意的是，专项支付任意性更强，甚至还需"跑部钱进"，它会激励地方去运作关系，而不会像提高地方财政分成比例那样去激励地方发展本地经济。

由于其他各种条件的作用，分税制对地方财政的影响，大致还有以下几个方面：

1. "土地财政"与"土地金融"

一是"土地财政"。"土地财政"是"分税制"在特定体制组合下的一个非预期后果。

二是"土地金融"。与"土地财政"相关联并极度放大"土地财政"融资规模的，是近年来所谓的"土地金融"，即地方政府以"土地财政"为支撑，尤其是未出让土地（主要是潜在商、住用地）为抵押，搭建地方政府投融资平台筹集资金，为城镇化建设融资。

三是区域"竞次"。所谓区域"竞次"，即以低价工业用地、放松劳工与环境管制等非税手段为主要优惠政策工具组合的工业化、城市化模式，这种模式带来了中国经济2002~2008年的超常规增长。但这种增长模式的代价非常高昂：以"区域竞次"模式来吸引制造业投资并成为全世界中、低端制造业中心（往往也是低效土地利用、高能耗、高材耗制造业中心）的增长模式，已经给中国未来的发展带来一系列重大的负面经济、社会和环境影响。在某种意义上，"区域竞次"是攫取性地方财政带来的后果。

2. "吃饭财政"与"建设财政"

由于上述问题的作用，当前中国地方财政已沦入"吃饭财政"与"建设财政"。

众所周知，无论是"分灶吃饭"的"财政承包制"，还是分税制财政体制，自20世纪80年代起，中国地方政府追求的基本目标，就是地方预算内、外财税收入的最大化。但是，地方最大化财税收入又是为了什么？回答是："吃饭财政"与"建设财政"。这也是当前中国地方财政的本质所在。它可以从地方的财政支出行为体现出来。

从目前可得的地方政府预算内、外支出数据来看，发达与欠发达地区因其收入水平以及收入来源的差异，支出模式也有所不同。那些对中央财政净贡献的发达地区，基本上是"预算内收入养人吃饭、预算外收入搞工业与城区开发",而对那些财政净流入的欠发达地区,基本上是"预算内收入、一般性转移支付,甚至预算外收入也用来养人吃饭,专项转移支付搞一点建设"。

可见,中国当前发展模式下的地方财政很大程度上是"吃饭财政",加上可能过度的、并更多为"吃饭财政"服务的"建设财政",而"建设财政"早期主要以发达地区为主,近年来随着房地产泡沫在全国的扩散,各地都开始大搞土地财政、土地金融、开发区和新城区建设,其最终目标还是给那些能带来财税收入的企业提供相应的公共品——"基本建设",让它们可以在未来为政府持续创收保证未来可持续地"吃饭"。

从支出数据看,地方支出的大头还是用于"养人",而在"养人"之外,地方政府在公共品投入上,也存在较为严重的"重基本建设、轻公共服务"的倾向。① 这里地方的"基本建设",主要是指给各类企业提供的公共品,比如工业开发区与城市基础设施建设等,或可有效降低企业成本(如道路),或可提升企业效益(如房地产基础设施配套)。

而地方政府在教育、医疗和社保等针对本地百姓所提供的公共服务,就相对消极得多。这无非是因为企业可以较快地给地方创收,而基础教育、医疗、社保等服务短期乃至中期内只会花钱,却无法带来收入,自利的地方政府必然厚此薄彼。

比如,中国市县级财政支出结构中,用于初、中级教育的支出平均占预算内支出的1/3,加上公共卫生与社会保障,基本上也就占四成左右。从全球来看,这个比例基本达到平均水平。但如果算上土地出让金及各种行政事业性收费、政府性基金、乡镇自筹资金收入等预算外收入(一般达到地方预算内的50%以上),那么地方政府在其可用财力中用于给百姓提供基本教育、医疗、社保等公共服务的支出比例就大幅度降低了。

不仅如此,在处理了内生性问题之后,一般而言,县级地方预算内收入每增加1%,用于吃饭和建设的支出分别会增加1.03%与1.29%,而用于百姓公共服务的支出增加则只有0.72%。如果算上主要用于搞建设的预算外支出,表现就会更糟。

从这个意义上讲,中国的地方政府更像一个利润最大化但又存在严重预算软约束的"公司"。从20世纪80年代地方大办国企与乡镇企业,到20世纪90年代中后期从沿海到内地的一波波的工业开发区建设与新城区建设以及相应的"土地财政""土地金融",地方政府一直都在"公司化运作",只是因为市场

---

① 尹恒、朱虹:"县级财政生产性支出偏向研究",载《中国社会科学》2011年第1期,第88~101页。

环境变化、央地关系调整，地方的"公司化运作"模式也在不断"与时俱进"。

伴随着这种软预算约束的"公司化"运作，地方财政必然表现为过度的"吃饭财政""建设财政"，而不是国家治理现代化所要求的公共财政。近些年来，这种情况甚至一步步走向极端，不仅为了现在"吃饭"和未来"吃饭"所搞的"建设"相对压缩了给公众提供的基本公共服务支出，而且为"吃饭"和"建设"甚至严重损害了失地农民财产权益、劳工基本权利，让全社会承担巨大的环境成本和高房价，甚至给财政、金融体系带来日益增大的风险。

三、新时代地方财政体制改革的转型

从"吃饭财政""建设财政"转型为公共财政以至现代财政，是新时代中国地方财税改革要实现的最终目标。考虑到既有体制的惯性，必须考虑改革措施的可行性与配套性，更要根据经济形势变化安排好不同改革的顺序，将短期、中期、长期措施有效地结合。

1. 从地方债体制发行改革入手抑制地方建设规模

既然"吃饭财政"与"建设财政"是中国当前地方财政的主要特点，而目前地方财政中"建设财政"摊子已铺得过大，且通过银行与影子银行给金融系统带来了巨大风险，在房地产下行、地方预算外收入未来可能急速下滑的情况下，当前的首要任务是采取果断措施大幅度压缩地方建设规模，同时建立有约束力与可持续的地方政府融资机制。其中的一个关键措施，就是以市场化的地方债发行来控制地方建设规模。

在控制地方建设规模上，现有思路是允许省政府为下级政府代发地方债。但地方债要顺利发行并对市县形成有效约束，最重要的是建立有效的地方债市场。但前提是地方财政和债务信息要相对透明，否则很容易出现地方债利率的"非市场化"问题。

2. 以出租屋建设与工业用地转性推动土地改革与地方财务增收

既然现有土地财政与土地金融模式是地方政府不可持续的建设财政的根源，改革征地制度就成为当前压缩地方建设规模的一个关键举措。只有规定非公益用地不能征收，才能遏制当前不少地方政府继续大干快上的冲动，中央甚至可考虑直接叫停这些建设，只有这样才能防止地方债务的窟窿越补越大。

其具体措施主要是从中央层面全面启动有效的土地制度改革，尤其是人口净迁入城市城乡接合部的土地制度改革，允许流入地城市郊区农民在给政府缴纳足额公益用地的前提下，合法地为外来农民工建设出租房，来全面降低城市流动人口举家迁移并顺利在城市定居的成本。在这个过程中，既要允许集体建设用地进入住宅用地市场。又要避免大规模集体建设用地入市对商品房市场的

过度冲击；还要调整目前城市存量土地节约集约利用的政策；更要打开既有城市存量工业、仓储用地逐步转化为商、住用地的口子，为地方政府逐步淡出当前不可持续土地财政模式，但在此过程中又能持续获得稳定的补充性财源创造条件，以此换取对有效土地制度改革的支持。①

3. 以"营改增"为起点，逐步推动渐进式财政分权

新一轮财税改革中，"营改增"是一个重要切入口。分税制为平衡中央与地方利益，放弃了商品、劳务、服务统一实行增值税的方案，增值税仅限于商品，而劳务、服务则征收营业税并全归地方。这种做法牺牲了税制的规范性，但保证了分税制顺利推行。可是营业税存在税负高、重复征税、出口不退税等重大缺陷，显然不利于中国实现以服务业为主导的经济转型，"营改增"要解决的就是这个问题。但此项改革除带来服务业降税外，还会短期降低地方收入，而且如果不调整增值税分配规则还会带来中央进一步集中财权。

正因如此，"营改增"势必倒逼分税制调整。如果服务业是中国未来产业升级的方向所在，"营改增"降税也确实有利于服务业发展，那么在推动"营改增"过程中就需要寻求一个对地方政府阻力最小、激励最大的渐进式改革方案。其基本思路，就是依照"营改增"试点中已经执行的操作方法，让服务业增值税全归地方，这样所带来的调整成本最小。但地方财政仍将因"营改增"减收三四千亿元。在此情况下，即可考虑设立如下机制强化地方政府对改革的支持：即对那些愿意配合中央全面推动"营改增"的地区，给予一定的奖励补助，可通过增加一定额度的税收返还激励地方根据本地财政与服务业发展情况自行选择是否全面参与"营改增"。

上述的改革模式，将减少中央对地方在改革上的强制性，让地方自主选择通过降低服务业税率来做大服务业税基。随着服务业占经济的比重上升，这种服务业增值税全留给地方的改革将逐步提高地方收入比重，有利于地方财权与支出责任匹配，最终降低地方政府对转移支付的依赖。

4. 缩小专项转移支付并强化地方政府公共服务导向

在目前中国的政治、经济双集权体制下，无论哪种转移支付都存在一定的扭曲性。目前中央改革的基本方向是增加一般性转移支付，而逐步清理、整合、规范专项转移支付项目，逐步取消竞争性领域的专项资金和地方资金配套。

一个现实的担忧是，如果中央仅提出公共服务政策目标，却不对一般性转移支付实施监管，将很难确保地方把钱花在中央希望提供的公共服务上。要解

---

① 陶然，王瑞民，潘瑞："新型城镇化的关键改革与突破口选择"，载《城市规划》2015年第1期。

决这个问题，就必须在增加一般性转移支付的同时，推动省级政府去逐步承担起均衡省内财力差距的责任，也就是要推动所谓的"省级统筹体制改革"。

在省级统筹体制改革中，中央将不再核定全国各项财政支出标准，而只制定最低保障的标准，让省级政府负责制定本省各类公共支出标准及其动态调整原则，并基于实施情况自己去负责完善省以下转移支付体系，中央再根据各省财力缺口给予财政奖励和补助。

上述改革的意义在于：由于不同地区提供公共服务成本的差距很大，中央自上而下一刀切地去制定公共服务支出标准，势必难以符合各地的差异化需要。因此，中央应该在压缩各部委控制专项支付的同时，充分调动中央各个部委的积极性来参与制定全国各项"最低保障标准"或"公共服务标准支出"，让各部委全力配合财政部一起对地方实施监管，实现中央各部委与财政部目标一致的集体行动，最终强化中央对地方转移支付使用的监管。

具体而言，中央首先可以将各个部委诸多的专项资金合并为针对不同公共支出类别（如教育支出）而设定的"专项性一般转移支付"，并制定对应类别支出的"最低保障标准"，然后再要求各省制定本省的公共支出标准体系，同时逐步将各类"专项性一般转移支付"的分配权力下放到省，由后者在省内进行统筹安排。由中央各部委与财政部合作进行监管，这样就在适度放权的同时实现了对转移支付使用的更有效监督。

在补助地方财力缺口的均衡性转移支付上，中央可以逐步推动与上述专项资金下拨新机制的配套改革，更多地运用激励性与考核性的奖励来调动地方自行平衡预算收支，保障相关公共投入的积极性。

在当前地方政府的基本问责模式没有根本变化的前提下，上述改革能增强地方财税自主性与财税体制的整体弹性，有效激励地方为争取中央财政奖励而去努力实现基本公共服务达标，也就强化了地方财政的公共服务导向。

四、创新在地方财政体制改革中的意义[①]

党的十八届三中全会《关于全面深化改革若干重大问题的决定》提出："财政是国家治理的基础和重要支柱，科学的财税体制是优化资源配置、维护市场统一、促进社会公平、实现国家长治久安的制度保障。"财政改革在《决定》中可以说占有突出位置。党的十九大更是进一步提出，要"加快建立现代财政制度，建立权责清晰、财力协调、区域均衡的中央和地方财政关系"。因

---

① 齐守印："关于地方自主探索推进财政改革创新的若干问题"，载《预算管理与会计》2014年第8期。

此可以说，我国财政改革已经迎来一个生机勃勃的新时代。完成新一轮财政改革任务，既需要中央做出顶层设计，加强工作指导，也需要地方自觉贯彻和自主探索创新。在地方自主财政体制改革创新中，有以下方面值得注意。

1. 准确理解中央对新一轮财政改革的总体部署是地方自觉推进财政改革创新的重要思想理论前提

党的十八届三中全会《决定》从国家层面对新一轮财政改革做出了总体部署，为今后10年的财政改革指明了基本方向、描绘出大体轮廓。这一部署的脉络可以概括为"一条思路""三大重点"。"一条思路"就是"完善立法，明确事权，改革税制，稳定税负，透明预算，提高效率，建立现代财政制度，发挥中央和地方两个积极性"；"三大重点"就是改进预算管理制度、完善税收制度、建立事权与支出责任相适应的制度。透视这一部署不难看出，其内涵既包括财政体制改革，也包括财政管理改革，其策略则体现了基于时间跨度的目标有限性和突出重点原则。

准确理解中央对新一轮财政改革的总体部署是地方自觉推进财政改革创新的重要思想理论前提；而自觉贯彻中央的统一部署，才能把握住地方财政自主探索创新的基本方向。但是，如果地方仅仅局限于对中央财政改革部署的简单落实和机械执行，则既难以达成中央所期望的改革效果，更不会有财政改革生机勃勃的创造性局面。

2. 地方自主开展符合规律的财政改革创新具有重要的社会价值和历史贡献

我国地方政府及其财政部门所推进的财政改革，大体可以分为两个基本类型：

一是跟进落实型改革，即地方按照中央拟订和部署的统一方案、跟进上级步伐进行的改革，任务是结合本地实际把上级部署的改革措施落到实处。

二是自主创新型改革，即地方政府及其财政部门依据理论研究成果或着眼于解决实践中发现的矛盾和问题，自主探索、自主推进的财政改革与创新。

两种类型的改革对地方而言都需要做，但它们有着重要的不同：对于前者，地方处于被动态，必须去做，但因为已经有了现成的思路与"图纸"，所以开展起来就相对比较容易，也不必承担改革创新的风险；而对于后者，地方则处于主动态，虽然不属于必做项目因而具有选择性，但只要做，就必须自己出题、自己立项，也就是要靠自己来发现问题和解决问题，并且要承担一定的改革创新风险。

因此，想不想、能不能持续而且成功地开展自主创新型财政改革，既是地方政府、特别是财政部门领导事业心、责任感的一种主要体现，更是对改革主体之理论素质和开拓能力的重要考验。对历史进步而言，地方自主开展符合规律的财政改革创新，不但是对基层社会经济发展的有力推动，还必定会在更高层次上有益于国家富强和民生改善。假如一种重要的财政改革创新具有较大的普遍价值，得到上级推广和其他地方借鉴，当然就具有更重要、更长远的社会价值与历史贡献。

3. 地方开展自主创新型财政改革大有可为

作为地方财政部门，认真贯彻落实上级部署，按照拟就的方案完成好跟进落实型改革任务，应该说就尽到了一般责任，已经无可厚非。但是，如果仅限于此，还不足以体现"天下兴亡，匹夫有责"的主人翁责任感和高度事业心。这是因为，我们现行的财政体制和财政管理中存在着大量疏漏与弊端，它们不同程度地制约着财政职能的有效发挥和财政资金的配置效果、使用效率；而上级统一部署的改革在一定时期内往往是选择其中一部分重点事项，从而难以解决未能涉及的矛盾和问题。这就给地方政府和财政部门留下了很大的自主创新型改革空间。

地方财政部门如果具有兴国益民的强烈责任感和鞠躬尽瘁的事业心，就一定会在完成好跟进落实型改革任务的同时，根据理论研究和工作实践中发现的矛盾，以更加积极有为的精神，主动探索、自主谋划一些改革创新措施，以求取得先发改革的财政效率与效益红利，及时发挥财政促进辖区经济社会发展、增进人民福利的作用，同时为推进全国财政体系现代化率先探索经验，提供示范。

4. 地方自主探索推进财政改革创新必须具备的基本条件

地方自主探索推进财政改革创新需要具备以下基本条件：

一是地方政府及其财政部门的领导、特别是主要领导具有强烈的责任感、火热的事业心、奋发有为的精神状态和敢为天下先的开拓精神。由于财政具有很强的专业性，财政改革创新方案不能指望同级党政领导非常内行地去具体谋划，而一般要靠财政部门领导自己组织研究提出具体建议。因此，如果财政部门领导、特别是主要领导缺乏主动探索、自主创新的责任感、事业心和开拓进取精神，这个地方几乎不可能开展自主创新型财政改革。

二是改革的谋划者具有现代市场经济、民主政治的基本理念和比较系统的现代财政理论素养。这是因为，财政改革相对复杂，既涉及经济又涉及政治，理性推进财政改革创新必须有系统的现代市场经济、公共经济和民主政治理论指导。如果改革的谋划者缺乏必要的理论素质，不能透视改革创新所触及的复杂矛盾和内在联系，就难以提出系统可行的改革蓝图和行动路线，也就难以保证改革取得预期成效。

三是同级党政领导、特别是主要领导有力支持和正确指导下属改革创新。

这是因为，财政改革涉及方方面面，牵一发而动全身，特别是涉及利益格局调整，往往会遇到较大阻力，必须依靠党政主要领导撑腰做主和正确指导才有望破冰前行并取得成功。

5. 地方如何有效推进自主创新型财政改革

对于地方如何有效推进自主创新型财政改革，其基本要点如下：

一是科学拟订改革方案。从解决财政体制和财政管理中遇到的问题出发，运用现代经济学、政治学、公共经济学、管理学基本原理和矛盾论、系统论等科学方法，透析问题的内在联系和实质，区分主要矛盾和次要矛盾，明辨需要解决问题的轻重缓急，结合跟进落实型改革部署，形成自主改革创新的科学思路和总体方案。

二是广泛借鉴先进经验。以开放性思维方式，善用他山之石，广泛了解国内外先进财政体制、财政管理的经验做法，结合本地实际加以消化吸收、学习借鉴，避免闭门造车，使改革创新方案具有先进性、现代性。

三是正确选择改革事项。选择地方能够自主的财政体制或管理事项开展创新；如果对受制于上级规制的事项探索改革创新，则需要设法寻求与上级相关规制的对接办法。

四是善于组织部下参与。财政改革创新不是少数人能够完成的，因此必须运用民主机制，构建创新导向，广泛动员部下集思广益、群策群力探索推进改革创新。

五是大力营造改革环境。充分论证开展自主创新型财政改革的必要性和受益性，争取同级党政领导接受改革建议，并以适当的策略赢得同级公共部门的协同支持。

六是合理拟订推进策略。构建现代财政制度不可一蹴而就，需要累日之功。地方自主创新型财政改革，既要有整体谋划，长远考虑，又要采取分步实施、积点成面、最后系统集成的循序渐进推进策略，积小胜为大胜，逐步建成现代公共财政体系大厦。

6. 地方开展自主创新型财政改革的成功案例

自1994年我国以实行分税制为标志，开启现代化取向的财政改革大幕以来，除中央统一部署的各项改革以外，一些地方财政部门也在不同层次上开展了不少自主创新型财政改革试验并取得成功。

在省、自治区、直辖市一级，河北、广东两省可谓开展自主创新型财政改革的主要范例。河北省所进行的自主创新型财政改革探索，主要包括政府采购改革、部门预算改革、绩效预算改革、三年滚动预算改革、省以下财政支出责任划分改革和财政监督机制改革等事项。这些改革实践和改革思想得到中共河北省委、省政府和财政部的充分肯定和大力支持。广东省进行的自主创新型财政改革以财政发展性专项资金竞争性分配最为瞩目。河北、广东等省率先探索的大部分财政改革经验被财政部推向全国。

在县区一级,则有江苏溧阳、浙江温岭、上海闵行区等地堪称进行自主创新型财政改革探索的典型代表。他们分别在推行预算内外资金综合管理、参与式预算和预算绩效管理等方面较早地开展自主创新。其他一些县也进行过一些不同方面自主创新型财政改革,都值得总结和借鉴。

第二节 新时代地方财政体制改革全面深化的方法论意义[①]

党的十九大报告作出坚持全面深化改革的明确宣示。站在新的历史起点,面向"两个一百年"奋斗目标,在习近平新时代中国特色社会主义思想指引下,新时代地方财政体制改革全面深化的方法论亦应引起高度关注。

一、党对改革的领导和人民群众主体作用相结合

1. 党的领导确保改革沿着正确方向前进

十八届三中全会《决定》提出,全面深化改革的总目标是完善和发展中国特色社会主义制度,推进国家治理体系和治理能力现代化。其中,完善和发展中国特色社会主义制度是根本方向,而中国特色社会主义道路是中国共产党和中国人民经过长期艰难曲折的探索走出来的。中国共产党以维护人民的利益为唯一追求,中国特色社会主义制度符合人民的根本利益,党必须坚决捍卫。因此,全面深化改革必须加强党的领导才能排除各种干扰,才能在根本性问题上不犯颠覆性错误,才能始终沿着中国特色社会主义道路前进。在当前,特别是要坚定不移地贯彻执行习近平新时代中国特色社会主义思想。

为了加强对改革的领导,中国共产党一方面要加强组织建设,中央要成立高规格的全面深化改革领导小组,省市县各级党委也要成立全面深化改革领导小组,抓改革决策和部署,将各方面力量统筹协调起来推进改革;另一方面要加强自身能力建设,建设学习型、服务型、创新型的马克思主义执政党,提高党的领导水平和执政能力。

[①] 秦均华:"新时代全面深化改革方法论",载《社会科学报》2017年11月9日,第3版。

2. 人民群众是改革的主体

一是人民群众是改革的评判者。改革的经验表明，人民群众的实践是判断改革对错、衡量改革效果的重要指标，凡是能让人民群众受益的改革，往往能落地生根，凡是损害人民群众利益的改革，都寸步难行。所以，党中央坚持从人民群众利益出发谋划改革思路，制定改革举措，让人民群众有更多获得感。

二是人民群众是改革理论和实践的重要来源。实践表明，改革的理论和办法都来源于人民群众，人民群众是改革的活水源头。

3. 把党的领导和人民群众的主体作用有机结合起来

党是改革的总舵手，但党领导改革不是闭门造车，而是不断地发掘人民群众的智慧，运用到改革中去。人民群众是改革的动力源泉，改革不但应该倾听人民群众的利益诉求，发掘人民群众的实践经验，而且还应该创造条件让人民群众参与到改革决策中来，推进改革决策的民主化、科学化。

二、体制改革与依法治国相结合

1. 在法治下推进改革

20世纪70年代末开始的改革工作，是在经验不足和法制不健全的背景下展开的，为了达到解放和发展生产力的目的，采取草莽的方式迅速打破计划经济体制的条条框框，这种模式有其特定的历史合理性与必然性。但这种方式也形成了不按宪法和法律的规定，甚至违反宪法和法律的规定进行改革的思维，一定程度上影响法律权威。经过近40年的不懈努力，以宪法为核心的中国特色社会主义法律体系已经形成，国家经济、政治、文化、社会、生态文明建设等各个方面总体实现了有法可依。同时，随着立法的不断精细化，立法内容越来越全面，越来越具体，操作性越来越强，已经与改革开放之初无法可依的状态完全不同。这些都要求新时代的全面深化改革不能再像改革开放初期那样，随意冲破法律禁区，否则不仅法治权威和法治精神受到损害，而且经济社会秩序和发展稳定环境也会受到损害。因此，新时代必须将改革纳入法治的轨道，有序、渐进、稳步推进，这样才能正确推进改革进程并且保障改革的成果。

2. 在改革中完善法治

改革与法治虽然在本质上是一致的，但二者具有明显的形式差异。改革是破，更多强调冲破现有不合理的制度束缚；法治是立，更加重视维护现行法律权威和经济社会秩序的稳定。二者之间存在一定的张力和矛盾。改革要于法有据，但也不能因为现行法律规定就不敢越雷池一步，那样无法推进改革。中国特色社会主义法律体系虽然已经形成，但仍然需要根据改革发展稳定的新实践和新要求不断进行修改完善。因此，新形势下的法治应当是以改革为动力快速推进、日渐完善的法治。

三、顶层设计和基层探索相结合

1. 新时代改革更需要顶层设计

新时代全面深化改革对顶层设计的诉求更加强烈。

一是改革的总目标要求顶层设计。当前，经济社会发展迫切要求基本制度定型，如果基本制度长期不定型，政策体制不稳定，将影响经济社会的可持续发展。进入制度定型阶段，意味着改革更多地需要理性设计、顶层设计，局部的完美要让位于国家整体发展的要求。从改革整体来看，如果所有的改革都是自下而上地进行，这会产生制度分化和制度多样性问题。地方各改各的，各建各的，国家在制度层面整合将越发困难。

二是深水区推进改革要求顶层设计。随着改革进入深水区，摸着石头过河的方式越来越难以见效，容易改革的事项基本都改完了，剩下的都是硬骨头，都需要进行较大的利益调整，而摸着石头过河更多的是自己改自己，自己朝自己动刀，在"触动利益比触动灵魂还难"的情况下，这种方式遇到了瓶颈，改革不同程度地出现了"跑偏""滞后"和"掉队"现象。但中国各方面制度都没有成熟定型，改革必须在重点领域和关键环节上取得突破，在地方和部门缺乏自我改革动力的情况下，需要中央通过顶层设计的方式为改革提供动力。

十八届三中全会《决定》提出"五位一体"的改革总格局，整体谋划和合理布局了全面深化改革的战略重点、优先顺序、主攻方向、工作机制、推进方式，是新时代全面深化改革的顶层设计。

2. 顶层设计和基层探索互动起来

中国是一个充满社会多样性和地区差异性的单一制大国，事关国计民生和政治经济全局性的制度改革，只能由中央决策推动。没有中央的权威性，再出色的地方改革举措，也可能会事倍功半，甚至功败垂成。因此，"顶层设计"在中国有着特殊的重要性。但从内容和实施效果来看，并不是所有的改革事项都由中央政府及其部门设计好。除了总体谋划、涉及根本、风险较大、与现行法规有冲突的改革事项或重要试点外，其他改革事项，尤其是与地方事务密切、地方处置更为熟悉精准的改革，应该更多地交给地方决策，中央来监督。这样有利于调动中央和地方两方面积极性。

同时，"顶层设计"不是无根之木，它离不开基层探索，基层探索虽然有其自身的不足，但并不是一种过时的方法，"顶层设计"应该建立在基层探索的基础上。

第三节　完善县乡基本财力保障机制
——县乡财政体制改革创新思路之一

一、县乡基本财力保障机制及其现实难题

1. 县乡基本财力及其保障机制的概念

以省市县乡四个层级为主线的地方财政体系，构成了我国政府间财政管理体制的基础环节，承担着直接向众多大中型城市、小城镇和广大农村地区提供基本公共服务的职责。省以下各级地方财政能力和运行状况的好坏，直接关系到基层政权建设、民生改善、城乡经济发展和社会稳定。

在地方财政体系中，县乡财政又是最基础、最重要的组成部分，因为县乡财政直面基层广大人民群众，是民生财政支出任务的主要承担者，它的正常运转对县域乃至经济社会全局的稳定与发展具有基础性作用。

在公共财政框架下，县级基本财力是指维护县乡政权机构正常运转，保证县乡政府履行公共职能和提供公共服务的财政支付能力，按照财力与事权相匹配的原则，形成的符合正常支付标准的县级基本财力需求。[①]

然而，自1994年实行分税制财政体制以来，我国县乡两级财政陷入困境，成为整个财政体制的突出问题。

为了缓解县乡财政困难，不断提高县乡财政保障能力，2005年，财政部研究制订了《关于切实缓解县乡财政困难的意见》，明确了中央财政对缓解县乡财政困难给予指导和帮助；省市级财政要合理调节财力分布，加大对困难县乡的财力支持。建立了"三奖一补"的激励机制。在很大程度上缓解了县乡政府财力困难的局面。

2010年，在"三奖一补"的基础上，财政部出台了《建立和完善县级基本财力保障机制的意见》，提出了基层财力保障的"保工资、保运转、保民生"目标及科学的奖补机制，规范了县级基本保障支出范围和标准，强化管理制度，指导县级财政完善基本财力的保障措施。

根据财政部出台的《建立和完善县级基本财力保障机制的意见》，我国一些地区积极探索改革途径，对原有财税体制进行调整，并且取得了相应的成效。

[①] 李英利，黄力明，刘青林："建立广西县级基本财力保障机制研究"，载《经济研究参考》2011年第5期。

例如，天津市调整和完善了市与区县和区县之间的分配关系，将金融保险信托企业缴纳的营业税等市级固定收入改为市与区县分项收入，相关的城建税和教育费附加由市级固定收入改为区县固定收入。

江苏省积极建立和完善县级基本财力保障机制，主要在以下四个方面发力：一是大力扶持市县发展经济和培植财源，增强市县自我保障能力；二是完善省以下分税制财政管理体制，促进实现财力向下倾斜；三是不断加大转移支付力度，支持实现经济社会事业发展；四是深化省直管县财政改革，增强县域经济活力。

甘肃省的做法，是从2007~2011年开始分批逐步完成了省直管县财政管理体制改革，按照"九个直接、一个不减、一个不变"的方针进行了改革，即体制性补助拨付直接到县、基金收入分成直接到县、收入计划下达直接到县、转移支付下达直接到县、项目计划安排和专项补助下达直接到县、财政结算办理直接到县、收入报解及预算资金调度直接到县、债务偿还直接落实到县、工作部署直接到县、市州对县的支持不减、数据报送和汇总程序不变。另外，甘肃省以农村"普九"债务和乡村两级公益性债务为重点，积极化解县乡债务，一定程度上缓解了县乡财政困难的局面。

除了上述省和直辖市，我国其他的很多省份也都根据中央文件精神，建立了相应的完善和保障县级基本财力的机制，取得了明显的成效。这些措施和对策总结起来可以概括为以下四点：一是进行省直管县财政管理体制改革；二是加大对地方的转移支付力度；三是支持地方发展经济和培植财源；四是适当下放财权，保证财权和事权的统一。

2. 县乡基本财力保障机制存在的现实难题

然而，尽管我国县级基本财力保障机制已初见成效，但是就全国而言，各地发展水平不一，情况各异，各地县级基本财力保障机制仍然存在一些问题甚至是难题，有待进一步完善或破解。

其存在以下问题或难题：一是没有建立县级基本财力保障的长效机制；二是转移支付制度有待进一步完善；三是省级以下财政体制尚未理顺，县级财力与事权不相匹配；四是尚未建立起有效的财政资金绩效评价制度，资金不足与资金浪费并存。

可见，我国目前的县级基本财力保障机制还是初步的探索，还存在很多的问题甚至难题，需要在实践中结合我国经济社会的发展不断推进改善和逐步建立健全。更有待在十八届三中全会《决定》和十九大精神指导下，在习近平新时代中国特色社会主义思想的指引下，在全面深化改革尤其是新一轮财政体制改革中逐一破解，渐趋完善。①

二、合理界定或划分地方各级政府的事权和支出责任是完善县乡基本财力保障机制的首要前提

造成县乡财力保障机制不合理的原因很多，从财政体制分析，各级政府间的事权、财权与财力没有形成合理的匹配是主要原因。一般而言，事权、财权、财力三要素达到对称，才能使一级政府运转正常。但在分税制体制下，省以下各级政府的事权、财权、财力是确定的，事权、财权、财力的演变轨迹取决于各级政府间博弈的程度、方式和手段，县乡财政困难即是这种博弈的一种结果。从这个意义上说，合理界定或划分县乡财政的事权、财权和财力（事权和支出责任）是完善县乡基本财力保障机制的首要前提。

1. 合理划分我国地方政府尤其是县乡政府事权与支出责任存在的问题

一是各级政府职能定位不清楚。省以下政府间事权与支出责任划分的复杂程度，远超过中央与地方事权与支出责任划分，因其政府层级包括省、市、县、乡四级，各级政府的职能定位不清晰，而且变动较大。自分税制以来关于政府层级和财政层级的争论一直是个焦点。中央政府和学术界明显感觉到我国地方四级政府在行政过程中分工的复杂性和行政的低效率，一度提出将政府层级和财政层级逐步转变为三级（贾康、阎坤，2005；贾康，2007），即由"中央、省、市、县、乡"五级过渡到"中央、省、市县"三级，并且一度在中央层面决策层和地方实践中占据主流，但是由于实践中出现的问题逐渐增多，反对的呼声也不断增强。当前一个主要的问题是：政府事权和支出责任怎么在省以下各级政府间定位？

如果说，省级政府具有相对独立的权责，承担了较多的区域平衡职责。市一级政府由于省管县改革的影响，其定位比较模糊，争议较多，也无法清晰定位。由于农村税费改革以来，乡镇一级改革的思路一直没有明确，而且由于经济发展和地域情况千差万别，政策上也做不到统一明确，导致其事权范围也无法明确。但是在乡镇一级，与民生和"三农"相关的很多的问题都要通过乡镇一级来执行，而且在现在的体制下，经济考核指标也由上一级政府分解到乡镇一级政府完成。总之，由于政府层级多、各级政府职能定位不清，以及同一层级政府在区域经济发展上普遍存在不平衡的现象，导致事权和支出责任划分不清。②

---

① 周自军："完善我国县级财力保障机制的建议"，载《现代经济信息》2015 年第 1 期。
② 寇明风："省以下政府间事权与支出责任划分的难点分析与路径选择"，载《经济研究参考》2015 年第 33 期。

二是事权层层委托、层层下压的现象普遍存在。事权，是指一级政府在公共事务和服务中应承担的任务和职责。虽然宪法对中央和地方政府职责范围做出了原则上的规定，《预算法》也划分了中央和地方政府间的支出范围，但在现实中，各级政府间事权的划分一般采取的是"下管一级"的办法，上级政府凭借政治和行政上的权威决定其与下级政府的支出划分，习惯性地将事权下移，这就导致随着政府层级的越低，事权反而增多。或者说，制度上的缺乏常常使上级政府出于"财政自利"的动机，尽可能地向下级政府转移事权。其中，省级的做法一般是以市为单位进行分配，而市级的做法一般是以县区为单位进行分配，结果就是"层层委托"，在缺乏有效的考核与监督机制的条件下，极易演变成"层层推脱"。在这种体制下，在新农村建设、农村社会保障制度、城乡公共服务均等化等政策的实施中，县乡政府承担的事权必然增多。县乡政府为了尽可能地履行这些事权，要花费大量的资金，举借大量的债务，陷入财政困境，最终影响了农村公共产品的供给效率。

三是新增事权划分以一事一议模式为主。由于政府事权边界的经常变动，以及政府与市场关系的不明确，导致事权划分较为随意，难度较大，无法通过固定的制度和机制稳定。如上级政府和部门出台政策，下级政府和部门按照比例分摊，按照财力和地域经济、社会发展等因素确定分摊比例，几乎所有的新增支出都是如此。这样的事权划分模式导致事权划分的一事一议模式成为常态，因项目而异，制度非常零碎，无统一的设计，甚至支出数据的统计也难以获得。清晰的定位是事权和支出责任划分的基础，也是难点。制度的稳定性是制度有效运转的前提。"一事一议"型的模式只是暂时性的资金分配方式，并不利于制度的有效运转和事权的履行。①

2. 合理划分中国地方政府尤其是县乡政府事权与支出责任的路径选择

一是法律视角的路径选择：即明确清晰的法律文本。政府间事权和支出责任的划分最重要的是以法律保障为基础。通过法治建设将政府事权和支出责任划分制度化，是我国事权和支出责任稳定分工和配置的趋势和方向。

但是，法制化和制度化路径的事权划分方式，有一个前提就是政府和市场的分工是明确的，各级政府的事权范围至少在理论和法律文本中是清晰的而且没有争议，即可以明确认定哪些政府活动是越位的，哪些是缺位的，明确认定某项事权和支出责任该由哪一级政府负责。这样清晰的文本才能呈现在法律上，对各级政府有所制约。

---

① 寇明风："省以下政府间事权与支出责任划分的难点分析与路径选择"，载《经济研究参考》2015年第33期。

问题是，当前政府事权边界不稳定，各级政府职能定位不清普遍存在，法制化虽然方向明确，却实施困难。因为，法制化是事后的，是总结成熟经验基础上的，明显成功的案例就是《预算法》的修订，是我国多年财政和预算改革基础上的经验和制度的定型。如果某一项事权划分存在很多争议，或利益无法平衡，强制性地通过法律会产生消极被动执法的后果，对现实问题的解决不仅没有帮助，而且会增加事权划分的复杂性。

从这个意义上讲，省以下政府事权和支出责任的划分应在一省之内尽量让制度固化，形成既定的文本和成熟的经验，最后上升到制度和立法层面，才能将其稳定下来。①

二是层级视角的路径选择：即各级政府事权配置的着力点。从理论上讲，公共物品的受益空间是有层次性的，因此必须按照公共产品和服务的层次性来划分事权和支出责任。但是由于多级政府的存在，如何从事权配置的角度，考虑各级政府事权划分的着力点是一个十分关键的问题。楼继伟（2014）指出，要明晰各级政府事权配置的着力点：中央政府强化宏观管理、制度设定职责和必要的执法权；省级政府要强化统筹推进区域内基本公共服务均等化职责；而市县政府要强化执行职责。省以下政府间事权与支出责任划分的复杂程度，远超出中央与地方事权与支出责任划分。要根据实际情况，因地制宜，进一步细化各级政府事权配置的着力点，例如，省级政府区域统筹的作用如何发挥，市县政府间事权和支出责任的关系，以及如何定位乡镇政府的职能，等等。

事权和支出责任在三级政府间的划分确实比在五级政府间的划分容易、规范和清晰。同样的问题是，在理论和政策制定中的划分，并不能够解决实践中遇到的错综复杂的问题。

从财政层级方面来讲，要明确各级政府职能定位，由"五级"财政变为"三级"财政的"扁平化"改革模式极易引起因"财"而废"政"现象的出现，而且在现实中也得到了印证。由于乡财县管和乡镇综合改革的推行，乡镇的功能逐渐弱化，职能被肢解。但是乡镇是基层政权的重要节点，又不能废除，所以激进的改革也不能完全推行下去。而由于省管县改革的推进，市级功能定位又摇摆不定，是定位于城市区域的功能，还是定位于全市域，尚无定论。

总体来说，政府职能需要转变，机构需要改革，财力需要来源，从实践中来看，市和乡镇两级的作用不可偏废。而以前的改革往往从财力的角度来看，其难点在于如何在各级政府间进行分税，但是乡镇一级有没有必要分税值得商

---

① 寇明风："省以下政府间事权与支出责任划分的难点分析与路径选择"，载《经济研究参考》2015年第33期。

权，改革的思路还是要回到事权和责任的履行上来。因财力问题导致层级财政作用的发挥，这是以经济发展为主导的改革思路，而不是事权划分的改革思路。

事权改革的思路是，无论财力如何，各级政府必须承担相应的职责，首先不能因"财"而废"政"，而财力的缺乏主要是因为承担了无法承担的责任。

从这个意义上讲，不论哪一级政府须有一个基本的职能定位，财力的作用是保障其基本的公共职能发挥。无论是经济发达地区，还是经济欠发达地区，基本公共职能的发挥都需要财力来保障（不论财力来源是本地税源，还是上级转移支付）。更进一步说，保障基本公共服务职能是政府及财政层级设置的底线，其他延伸的或者发展的职能只能在基本的公共服务职能得到保障以后才能予以考虑。在合理设置基本公共服务的基础上，给予一定基础的财力保障，并且需要建立相应的考核和约束机制，这样才不会陷入财权和事权的矛盾中。

三是结果视角的路径选择：即公共服务绩效导向。事权和支出责任的划分是政府间的职责分工，其目的是要达到一定的公共服务水平，并保持区域基本平衡。经济发展水平差异导致的政府财政能力不同，政府职能、事权因为执行能力的不同导致非常复杂。这是由于激励性经济发展方式所导致的，导致省以下政府职能定位产生较多问题。

如果财政能力较强的地方政府，有足够的财力去提供公共服务，而把它的部分职能去掉，就会对公共产品提供本身产生不利影响。但是如果标准不限定，区域差距不调控，就会造成地区间差异越来越大。这种地区间差距是由于经济发展不平衡所引起的，同时，又会导致政府履行职能和提供公共服务水平的不同。所以在这种情况下，需要有一个标准的公共服务体系和财政支出标准。

政府间的事权和支出责任无论如何划分都应保障基本公共服务水平不变。基本公共服务标准既可以作为各级政府施政的参考，又可以作为对政府施政效果考核依据。因此，当前的省以下政府尤其是县乡政府事权与支出责任划分，应该以基本公共服务均等化、标准化为目标，通过各项制度改革推进事权与支出责任划分，履行其职责。

以上三点是合理划分我国地方政府尤其是县乡政府事权与支出责任路径选择的重要内容，但不是全部内容。由于事权和支出责任划分的复杂性，其牵涉到政府职能、行政体制、历史文化、经济发展、财政体制、社会等诸多方面，仅从财政学和公共经济学的视角来考虑，或者在财政体制的框架内进行事权的划分与配置，难以解决问题，无法推动改革。也许，这也正是党的十八届三中全会提出全面深化改革，推进国家治理体系和治理能力现代化的宗旨所在。

鉴于事权划分牵涉面较广，问题较多，特点突出，需要一个逐渐的过程来摸索实情，进而选择适应自己的情况。我们要从多个角度看待事权划分的问题，不要陷入财力分配与层级设置的怪圈之中。因为从财力来源的角度来看，中国的政府层级设置，怎么都不能像西方那样分税，成为一个无解的难题，最终又会反作用于行政层级设置，而扁平化的处理方式，会陷入形式主义的纠结之中。省以下政府尤其是县乡政府事权和支出责任的划分，需要各地从实际情况出发，因地制宜制定相应的改革策略。事权改革推进需要有路线图和时间表，试点先行，逐步廓清，形成清单，并选择重点领域进行推进，然后逐项明确，并能够根据政策的变化适时动态调整。同时，政府事权及支出责任划分和调整又涉及政府间财力配置与转移支付设计，是财政体制改革的一部分，所以要充分考虑改革的协调性和统一性。事权划分不能单独进行，要考虑和财政体制整体改革相一致、相协调。①

3. 因地制宜选择实现财力、财权、事权对称的方式是完善县乡基本财力保障机制的基本原则

从中国现阶段的经济发展水平和区域差异观察，省以下财政体制不宜一刀切地提倡搞分税制，但省以下体制不论如何设计，关键是要达到财力与事权的对称，使各级政府能够有效地履行其职责。② 这是完善县乡基本财力保障机制应遵循的基本原则。对不同类型的县乡，选择财力、财权、事权对称的方式应有所区别：

一是对于农业型县乡，侧重于实现财力与事权的对称，不强求财权与事权的对称，因为这些县乡税源单薄，即使有了财权，也无法获得与事权相匹配的财力。在事权一定的情况下，通过加大转移支付来实现财力与事权的对称是近期缓解县乡财政困难的最佳选择，实施重点在完善省对县、市对县、县对乡镇的转移支付制度。

二是经济发达的县乡，则强调财权与事权的对称。因为它们有较为充足的税源，只要赋予相应财权就可组织到相应的财力。因此规范财权划分，在财权的划分上向县乡倾斜对于保障这类县乡基本财力很重要。

三是对介于两者之间，有一定发展潜力的县乡，应在加大转移支付保证事权与财力对称的基础上，给予政策倾斜，逐步实现财权与事权的对称。③

---

① 寇明风：“省以下政府间事权与支出责任划分的难点分析与路径选择”，载《经济研究参考》2015 年第 33 期。

② 刘尚希，邢丽：“从县乡财政困难看政府间财政关系改革——以西安贫困县为案例”，载《地方财政研究》2006 年第 3 期。

③ 薛菁：“县乡基本财力保障：现实困境与破解思路——基于福州市的调查”，载《福建江夏学院学报》2014 年第 1 期。

三、明确县乡基本财力保障的对象范围和标准

为实现县级财政"保工资、保运转、保民生"的总体目标,保障基层政府实施公共管理、提供基本公共服务以及落实党中央、国务院各项民生政策的基本财力需要,强化中央财政县级基本财力保障机制奖补资金管理,财政部先后于 2010 年、2013 年和 2017 年制定了《关于建立和完善县级基本财力保障机制的意见》(财预〔2010〕443 号)、《中央财政县级基本财力保障机制奖补资金管理办法》(财预〔2013〕330 号)、《中央财政县级基本财力保障机制奖补资金管理办法》(财预〔2017〕114 号)(以下简称《办法》)共三个文件。

这里"县级基本财力保障机制奖补资金,是指中央财政设立,主要用于支持县级政府弥补减收增支财力缺口,奖励地方改善财力均衡度、加强县级财政管理和提高管理绩效的一般性转移支付资金"。

《办法》共分总则、管理职责、补助对象、范围和标准、资金分配和下达、运行监控、附则共六章二十一条。其中,县级基本财力保障范围和标准是核心内容。

1. 明确县级基本财力保障的对象

根据《办法》规定,中央财政县级基本财力保障机制奖补资金分配对象是全国的县、县级市和农业人口占辖区内总人口比重超过 50% 的区(以下简称县)。

2. 明确县级基本财力保障的范围

按照《办法》的规定,具体来说,县乡基本财力的保障范围主要包括以下方面:

一是人员经费。包括国家出台的基本工资、奖金和津贴补贴、养老保险支出、工资性附加支出,地方津贴补贴和离退休人员离退休费等项目。

二是公共经费。包括县级机关事业单位办公费等商品和服务支出,办公设备购置等其他资本性支出。

三是民生支出。主要包括国家统一制定政策,涉及农业、教育、文化、社会保障、医疗卫生、科学技术、计划生育、环境保护、保障性住房和村级组织运转经费等支出。

四是其他必要支出。包括必要的基本建设支出和其他社会事业发展支出。

3. 界定县级基本财力保障的标准

根据《办法》,县乡基本财力的保障标准规定,财政部依据县级政府承担的人员经费、公用经费、民生支出以及其他必要支出等,核定县级政府基本财力保障范围和保障标准,并根据政策变化情况,每年适时予以调整。省级财政

部门可以结合本地区实际情况，以财政部核定的保障范围和标准为基础，适当扩大保障范围，提高保障标准。每年11月底前，省级财政部门在中央确定标准的基础上，确定本地区下年度县级基本财力保障范围和标准，制定提高县级基本财力保障水平、改善县级财力均衡度、加强县级财政管理、提高管理绩效的工作计划，上报财政部备案。

四、努力培植财源，增强县级财政的自身保障能力

从满足县级政府基本财力保障标准需要的财力供给角度看，其主要来源是县级自有财力和上级财政给予的转移支付财力。其中，县级自有财力属于县级政府的内源性财力保障，具有相对稳定性和自我可掌控性。因而从发展县域经济和挖掘县级财政潜力入手，要强化科学发展观念，努力发展县域经济，加强收入征管，增加财政收入，努力提高财政保障能力。

1. 大力发展县域经济

完善县级基本财力保障机制要以大力发展县域经济为根本出发点，努力培植和壮大财源，通过促进县域经济的发展，从根本上增强县乡财政的实力。可以通过制定财源培植计划，完善相关政策措施，调整产业结构，促进经济转型升级。对一个地区的经济社会发展而言，内生动力是主导，外部支持是辅助。各级财政要努力把财政资源转化为经济发展的动力，由扶持输血为主转向激活内生造血机制为主，着力培养市县自身的造血机制，支持市县增强自我保障能力。

2. 深化县级财政改革

通过编制全口径预算，整合预算内和预算外财力，把政府非税收入转化为财政实际可用财力，能够提高财政支付的自我保障能力。目前各地县级普遍存在一定数量的政府非税收入和预算外资金，县级财政在提高财政支付的自身保障能力方面均有一定可挖掘的潜力。上级财政部门在对县级财政安排转移支付资金时，可以把县级财政挖掘自身管理潜力情况作为安排转移支付资金的重要依据，通过完善激励性的财政政策和奖补结合的财政体制，督促县级财政部门加强财政管理，使其自觉承担其提升县级基本财力自我保障能力的责任。

五、以公共服务均等化为目标设计转移支付体系

在县级财政努力挖掘自身财力的基础上，针对县级财政发展不平衡和大部分县级财政困难的客观现实，必须从弥补县级财力收支缺口出发，按照健全县级基本财力保障机制的要求，依据财力与事权相配套的原则，明确中央和省级财政的转移支付的保障责任，改革和完善中央与省以下转移支付制度，增强中

央和省级财政对县级财政的转移支付力度，保障县级基本支付能力需要。以公共服务均等化为目标设计转移支付体系。在转移支付的结构和项目安排上，要根据政府和地区间财力不平衡的实际，合理确定转移支付项目、资金比例、计算方法和指标体系。

（1）根据地区间人口、经济、财力和支出标准等综合因素，以公共服务均等化为目标，确定标准支出的范围和计量方式，设置一般性（均等化）转移支付项目。

由于效力的高低、供给范围的大小和各地对财政供给人员管理力度的差异，如按照实际供给人数计算支出需求显然有失公平。因此，根据人口、面积、产值、机构人数和服务对象等客观因素，区分行政、公检法、公益性事业等不同性质，设定不同的指标系数，运用数学模型计算出"标准收入"和"标准支出"，并根据"标准收入"和"标准支出"的差额，计算出一般性（均等化）转移支付指标。

（2）根据国家产业政策、经济目标和阶段性任务，对现行的专项转移支付进行整合、归并，将部门掌握的专项资金统一纳入专项资金转移支付的范围，设置专项转移支付项目和指标，纠正部分专项资金转移支付的范围，纠正部分专项资金游离于预算监督之外的现象。

从政策安排上，属于中央事权，但是出于效率考虑需要委托给地方具体承办，其所需经费由中央专门拨付，并予以监督；在事权上属于地方范围，但出于总体需要和政策目标，中央政府需要给予一定的支出和补助，激励地方政府更好地履行自己的事权；属于中央与地方共同事权范围的项目，应根据项目受益范围的大小确定中央与地方的分摊比例，明确主题，分清责任，从而减少基层政府的资金配套，发挥专项资金的政策效应和规模效应。

（3）根据省际、县际经济、财力的不平衡程度和公共服务水平等动态指数，设置贫困县财政补助或横向均等化转移支付项目和指标，从体制上遏制地区差距拉大的趋势，逐步实现全国地区财力横向均衡和公共服务均等化的战略目标。

在设置转移支付项目、确定资金比例和选择计算方式上，要在提高均等化规模、增加科学性和透明度的基础上，使财政转移支付制度体现均等化的政策意图。用于体现均等化意图的一般性转移支付资金的比重，应保持转移支付资金总量的50%以上；专项转移支付及横向均等化转移支付两项资金之和不得高于50%，从而确立以一般性（均等化）转移支付为主、专项补助为辅的转移支付模式。同时必须采用科学的计算方法和规范化的分配手段，把转移支付资金、项目纳入整个预算体制通盘考虑，与各级政府预算相衔接，从制度上构筑科学、规范、公开、透明的财政转移支付体系。[①]

六、进一步完善县乡财力保障的激励机制

根据财政部《办法》的规定，中央财政按照奖补结合的原则，结合各地区财政困难程度、省级财政调控努力程度，采用因素法对省级财政分配县级基本财力保障机制奖补资金。对县级财政减收增支额予以补助；对县级财力均衡度较高、县级财政管理较为规范、绩效管理水平较高的地区给予奖励。根据县级财政实际运行情况，动态调整奖补资金比重。

具体地说：

一是补。就是为支持地方提高县级基本财力保障水平，中央财政按照一定比例，对县级财政减收增支额、新增基本财力保障需求给予补助，并加强相关转移支付的统筹衔接。

二是奖。奖又分为两个大类：

第一类是为引导激励地方各级财政将财力向基层、向困难地区倾斜，改善县级财力分布横向、纵向的均衡度，缩小县域间财力分布差异，对县级财力均衡度较好的地区给予奖励。

这一类奖励本身分为横向奖励和纵向奖励。横向奖励，就是按照各地县级财力均衡度进行奖励，重点奖励均衡度较高的地区。纵向奖励，就是将各地年度间县级财力均衡度进行纵向比较，对改善的地区给予奖励。

第二类是为引导地方强化县级财政管理，依据县级财政管理水平，实施正向或逆向激励。

这一类奖励本身分为人员控制逆向激励、收入质量奖励和绩效评价奖励三个方面。人员控制逆向激励，就是为落实财政供养人员"只减不增"的要求，对财政供养人员增加的地区实施扣款。收入质量奖励，就是为促进县级政府提高收入质量，对县级税收收入占一般公共预算收入比重列前20名的省（自治区、直辖市），给予分档奖励。绩效评价奖励，就是为促进县级政府优化支出结构，加强资金监管，保障和改善民生，中央财政依据县级财政支出管理绩效评价结果，安排一定奖励。

《办法》的上述条款是中央财政对县级基本财力保障的激励机制。

为了完善中央财政对县级基本财力的保障机制，从当前和今后发展来看，必须发挥好对县乡基本财力保障机制的激励与补助的政策导向。

[①] 财政部财政科学研究所课题组：《建立和完善县级基本财力保障机制的基本思路和政策建议》，财政部网站，2012 年。

1. 在总体导向方面，要强化政策导向

在总体导向方面要强化政策导向，就是要进一步强化建立和完善县级财力保障机制的政策导向，加大县级基本财力保障机制奖补力度，省、市、县各级政府要为做好县级基本财力保障工作提供制度支撑和财力支持。

2. 在奖补范围方面，应分地区制定奖补标准

所谓分地区制定奖补标准，最主要的就是适当对东部地区、西部地区予以不同的支持。因为尽管东部地区经济相对发达，但部分省内的县域间发展差距大，其中一些县（市）经济发展水平低于全国平均水平甚至西部省份，单靠省级和少数发达县市，难以有效带动众多的欠发达地区。此外，发达地区由于标准支出比欠发达地区高，保障范围和标准的不同导致发达地区同样存在财力缺口。而西部地区由于经济整体欠发达，县级基本财力保障难度大。因此，中央应继续充分考虑东部省份的内部发展差距，特别是流动人口多、对基础设施和基础教育需求高的因素，加大对各地区县级基本财力保障机制的奖补力度。

3. 在奖补机制方面，应以激励为主

所谓在奖补机制方面应以激励为主，就是应该对做得好的地区给予更多的激励性奖励，引导其做好县级基本财力保障工作；而不宜以补缺口为主导，避免出现省级上收财力、下移支出责任，人为做大市县财力缺口现象。

4. 在扶持形式方面，可以采取多种形式

在扶持形式方面，一方面可以继续加大直接奖励力度，另一方面也可以通过调整收入划分，更多地留利予地方；或是加大对地方的收入返还、专项转移支付等，更多地支持地方发展经济，培养内生机制，支持地方经济和社会事业发展。

此外，在民生政策方面，中央在出台新的民生政策时，应根据各地的现实承受能力进行综合衡量，以决定民生支出的扩围提标及新增项目等问题，避免造成地方负担过重。一旦地方因财力不足而保障不到位，就可能影响社会和谐与稳定。[1]

七、建立健全县级财力保障机制的监督约束机制

对于建立健全县级财力保障机制的监督约束机制，财政部的《办法》也作了相应的规定。

---

[1] 财政部财政科学研究所课题组：《建立和完善县级基本财力保障机制的基本思路和政策建议》，财政部网站，2012年。

一是省、市级财政部门要建立县级财政运行监控体系，及时、准确掌握县级财政运行情况，科学、客观地评价县级政府落实县级基本财力保障责任的能力、努力程度和工作实绩，切实加强监督和指导。

二是对县级"三保"支出保障情况进行监控。在预算编制阶段，主要监控县级财政部门是否统筹财力，调整优化支出结构，优先保障"三保"支出，积极落实保障责任；在预算执行阶段，主要监控"三保"支出是否按照预算安排和进度有序支出。

三是每年2月底前，省级财政部门向财政部报送上年工作总结，包括本地区县级基本财力保障机制工作进展情况、减收增支额弥补情况、县级基本财力水平提高和均衡度变化情况等内容。

四是财政部根据工作需要，对地方分配、管理和使用县级基本财力保障机制奖补资金情况进行监督检查。

五是对县级基本财力保障机制奖补资金管理和使用中的违法行为，依照《预算法》《财政违法行为处罚处分条例》（国务院令第427号）等有关规定追究法律责任。

为了完善财政部《办法》关于县级基本财力保障机制的监督约束机制的运行及其成效，促进县级基本财力保障机制的建立健全和完善，提高财政管理水平，充分发挥财政资金使用效益，省、市、县各级政府和财政部门也要积极配合《办法》的实施，采取积极措施，进一步健全县级财力保障的监督约束机制。

（1）完善县级预算审核制度。上级财政部门要对财政困难的县（市、区）进行预算审核，重点审核县级支出预算安排的合理性，督导县级财政调整优化支出结构，保障和改善民生，缩小县乡两级财政经费保障差距，提高预算编制的科学性和完整性。

（2）完善地方财政运行监控体系。要准确、全面地掌握财政困难县的财政状况，不断提高县乡财政管理水平，充分发挥转移支付资金的使用效益。

（3）建立转移支付与县级财力保障的考核和监督机制。地方政府出于自身利益，对转移支付资金的使用往往会偏离中央财政的规定，造成转移支出使用的效率低下。因此，中央财政对于地方经济发展、公共产品和服务的提供状况应进行充分的了解，对一般性转移支付和专项转移支付，都应建立起有效的监督、审计系统。逐步健全财政转移支付监督机制。对违反规定的地方政府，制定相应的处罚措施，强化监督管理，使地方按照中央政府的要求来使用转移支付资金，提高转移支付资金的使用效率。

八、江苏省完善县乡基本财力保障机制的思路和实践

1. 明确事权与支出责任相对应

一是明确省以下政府间事权划分。制定政府职能清单，明晰政府职能范围，合理界定政府与市场、社会及不同层级政府之间的关系；制定财政供给清单，更加科学、清晰地界定财政支出和政策调控覆盖范围，优化支出结构，转变支持经济社会发展的方向、重心和投入方式，解决公共服务"越位""缺位"和"错位"的问题；制定省、市、县政府事权清单，充分考虑公共事务的受益范围、信息复杂性和不对称性以及激励相容性，合理划分省、市、县事权和支出责任范围。

二是强化省以下政府间支出责任。规范省级对地方的配套支出要求，凡属于地方政府的正常事务，省级财政若提供专项拨款则不应提出配套支出要求；削弱省级对地方支出安排的确定权限，给予地方财力安排的充分自主权，在有关支出项目和支出标准的安排上，应大幅度削减乃至取消省级对基层财政的事先安排权，省级部门不得对地方在支出安排上提出要求，也不得出台各种让地方负担的政策；相关政策、制度之间应做好匹配和衔接，包括考核体系、系统建设等应与地方实际状况和财力可能相适应，考核地方支出责任，应科学合理地确定考核口径和考核比重，与地方财力水平和收入分配结构相匹配。

2. 实行有利于财力合理下倾的财政体制

一是完善省以下财政管理体制。规范省与市县间收入分配关系，加大财政调节力度，强化财政体制约束力。保持现有省级与地方财力格局总体稳定及省级调控能力，实施新一轮省以下财政管理体制，继续加大财力下倾。完善县乡财政体制，提高乡镇财政保障运行和服务发展的能力。落实村级组织运转保障政策，实施省对经济薄弱地区村级运转经费补助标准动态调整机制。

二是探索建立事权和支出责任相适应的制度。遵循政府治理规律和中央改革要求，合理区分省及省以下政府职能职责，实现权力责任统一。在教育、卫生、交通等基本公共服务领域开展先行先试，划分省与市县政府事权和相应支出责任。跨地区且对其他地区影响较大的公共服务事项，省级通过转移支付承担部分地方事权支出责任。

三是优化转移支付制度。严控新增专项转移支付项目和规模，整合规范现有专项转移支付项目，省对地方专项转移支付项目减少 1/3 左右。增加一般性转移支付规模和比重，加大对经济薄弱地区转移支付力度。凡按人均等客观指标测算的专项转移支付资金原则上改由定向一般性转移支付下达。争取实现一

般性转移支付与专项转移支付比例达到1:1。实施省对市县转移支付资金分配与按照财政保障能力分类分档结果挂钩机制。

四是调整和完善市县基本财力保障机制。围绕中央"保工资、保运转、保民生"的要求和目标，完善基本公共服务保障体系，合理确定并动态调整基本保障项目和保障标准。省财政逐年加大资金支持的力度，不断健全奖补办法，鼓励市县提高自我保障能力并向乡镇下倾财力。

五是规范各地自行制定的财税优惠政策。要废止或修订与国家政策相抵触的财税优惠政策，明确优惠政策终止期限，执行到期的不再延续。省以下各级政府逐步建立并执行财税优惠政策合法性审查机制和问责制度，严禁各地政府违规或变相减免税费，控制对竞争性领域的财政支出。[①]

第四节 "乡财县管"的有效转型
——县乡财政体制改革创新思路之二

以"乡财县管"为核心的县乡财政体制改革，如果从国务院批转财政部《关于完善省以下财政管理体制有关问题意见的通知》（国发〔2002〕26号）下发算起，迄今已10年有余。"乡财县管"，作为既"带有强烈的制度创新性质"，又"仍然带有强烈的过渡色彩"（贾康、白景明，2002）的1994年分税制财政体制改革在"省以下实质性推进和贯彻"的重要举措之一，其"过渡性色彩"显然更加强烈，但其"制度创新性质"在实践中，则并不像该制度设计初衷那样，仅仅停留在政策性创新的初始阶段，即"以管为核心"的推行阶段，而是内在地涌动着超越政策性创新，走向机制性创新和体制性创新的持续制度创新的势头和需求。目前，"乡财县管"的实践已进入深水区，其政策性创新的空间相当有限，而体制性创新却大多因条件不具备近期尚无法实现，唯有机制性创新即县乡财政的转型与对接势在必行。因此，从更高的层面、更新的视角重新反思"乡财县管"的"过渡色彩"和"制度创新性质"，尤其是政策、机制和体制的协同创新与良性互动，以实现对"乡财县管"全过程的完整把握和科学认识，必然成为时下"三农"研究中值得引起高度重视的现实课题。

[①] 陈胜军："省以下构建现代财政制度探讨——基于江苏省的分析"，载《财政研究》2015年第1期。

一、推行阶段以"监管为主"的政策性创新：成就与局限

在以"管"为核心的制度设计下"乡财县管"全过程中，首先是以"监管为主"的推行阶段。继 2002 年国务院批转财政部《关于完善省以下财政管理体制有关问题意见的通知》的下发，2003 年，安徽省在和县、五河、太和等 9 县率先实施"乡财县管"改革；此后，湖北、河北、河南、黑龙江、吉林、内蒙古等省、自治区也先后展开试点；2006 年，财政部在"乡财县管"已有 28 个省区实施改革、16 个省区全面推行、12 个省区部分试点的基础上，又下发《关于进一步推进乡财县管工作的通知》，并要求 2008 年年底全面实行"乡财县管"；至 2008 年年底，全国已有 29 个省区约 2.3 万个乡镇实行了"乡财县管"改革试点；至 2011 年年底，全国实行"乡财县管"的乡镇已达 2.93 万个，约占全国乡镇总数的 86.1%。[①]"乡财县管"在全国的推行已经取得决定性的胜利。

"乡财县管"或"乡财县管乡用"财政体制改革在推行阶段的成就，主要是突出了以"管"为核心的制度设计，具体表现在以下方面：集中和加强了乡镇收入管理，控制和约束了乡镇支出需求，统一和规范了乡镇财务核算，遏制和缩减了乡镇债务规模。通过改革乡镇财政管理方式，堵塞了收入截留、流失和支出挪用、浪费的漏洞，提高了县乡财政管理水平；管住了乡镇"乱收费、乱进人、乱花钱、乱举债"的状况，减轻了农民负担，巩固了农村税费改革的成果；推进了乡镇公共财政改革的进程，缓解了乡镇财政困难；推动了乡镇政府职能的转变，促进了社会稳定。[②]

然而，鉴于"乡财县管"在分税制改革中的过渡性色彩，加上县乡财政之间缺乏有效转型和良性对接，其以"管"为核心的制度设计在推行阶段中的局限和弊端也很明显。第一，它既可能使乡镇政府因无权无为而产生对县级政府强烈的依附性[③]，也可能为县级政府滥用权力随意占用乡镇财力大开方便之门[④]；第二，它既可能使乡镇政府因财力上收而基本丧失为辖区居民提供公共服务的自主能力[⑤]，也可能使县级政府因包揽乡镇政府财权事权而在公共服务

[①] 杨发祥，马流辉："'乡财县管'：制度设计与体制悖论——一个财政社会学的分析视角"，载《学习与实践》2012 年第 8 期。

[②] 财政部财政科学研究所，吉林省财政厅联合课题组："中国财政体制改革研究"，载《经济研究参考》2011 年第 50 期。

[③] 周飞舟："从汲取型政权到'悬浮型'政权——税费改革对国家与农民关系之影响"，载《社会学研究》2006 年第 3 期。

[④] 朱钢，贾康：《中国农村财政理论与实践》，山西经济出版社 2006 年版，第 70 页。

[⑤] 杨之刚等：《财政分权理论与基层公共财政改革》，经济科学出版社 2006 年版，第 175 页。

方面不堪重负①；第三，它既可能使涉及乡镇的县级报账制单位的项目资金游离于就近就地的乡镇财政监督之外，造成"看得见的管不着"的监管缺位②，也可能使远离乡镇的县级财政因缺少实时实地监督而只能照单报账，造成"管得着的看不见"的监管缺位③；第四，它既可能使乡镇政府因"预算共编"而丧失乡镇预算管理职能，也有可能使县级政府以"预算共编"为名而代行或无视乡镇预算管理职能。④

换句话说，"乡财县管"以"管"为核心的制度设计在推行阶段的弊端和局限主要集中在县乡政府之间其非平等对话或非良性对接的思维方式上：一是"上级"比"下级"高明的行政思维，强化了乡镇政府对县级政府的依附性；二是"批款者"比"求款者"优越的强权思维，挫伤了乡镇政府挖潜增收的积极性；三是"监管者"比"被监管者"强势的管制思维，淡化了乡镇政府提供公共产品的服务性；四是"远离乡村者"行使"乡村所在者"职能的救世思维，加剧了乡镇政府远离乡村生活的"悬浮性"；五是"人大"委身于"政府"的传统思维，虚化了乡镇人大预算管理的民主性。正是这些弊端的存在，既极大地阻碍着"乡财县管"的发展完善，也明显地影响着分税制改革在省以下财政层级的实质性推进。由此可见，"监管为主"不是"乡财县管"的最高或最终价值取向，而只是其推行阶段的最低或最初价值取向，其政策性创新的效果有限，空间也有限，有待于进一步的深化和完善。

二、终结阶段以"服务为主"的体制性创新：理想与现实

如果说，"监管为主"是"乡财县管"的最低价值取向，那么"服务为主"则是"乡财县管"的最高价值取向，也是现代公共财政的最高价值取向。这一价值取向，在现阶段的中国，则体现为城乡基本公共服务的均等化，在现阶段的中国农村，则体现为县乡基本公共服务的制度均等化。与"服务为主"这一现代公共财政最高价值取向相对应的，是"乡财县管"的体制性创新阶段即终结阶段，其目标指向是减少县乡财政层级。所谓"乡财县管"的"终结"，是指其已经完成了"过渡"的历史使命，即"省以下实质性推进和贯彻分税

---

① 安徽省财政厅财政科学研究所编：《探索与创新——2008年安徽省财政科研课题报告》，经济科学出版社2009年版，第144页。

② 安徽省财政厅课题组："财政'大监督'理念与乡镇财政职能转换"，载《经济研究参考》2012年第11期。

③ 同上。

④ 范毅："'乡财县管'能不能整合'乡镇预算'"，载张献勇主编：《财政立宪与预算法变革——第二届中国财税法前沿问题高端论坛论文集》，知识产权出版社2013年版，第277~291页。

制"的目标已经实现,到了该谢幕的时候了。此时,如果继续实行"乡财县管",则"乡财县管"就已经不再是促进分税制财政体制改革的因素,而是掣肘的障碍了。至于"省以下实质性推进和贯彻分税制"完成的衡量标准,则既是减少县乡财政层级目标的实现,也是县乡财政体制性创新的实现,更是县乡基本公共服务制度均等化或县乡基本公共服务一体化的实现。

对于"乡财县管"终结阶段"服务为主"的体制性创新的衡量标准或理想状态,贾康、白景明在《县乡财政解困与财政体制创新》[①] 中,主要提出了三个方面的基本构想:一是减少政府层级和财政层级;二是在适当简化政府层级的前提下,按照"一级政府,一级事权,一级财政,一级税基,一级预算,一级产权,一级举债权"的原则,配之以自上而下转移支付制度的健全,完善以分税制为基础的分级财政;三是处理好深化省以下财政体制改革与相关改革的配套关系。其中最关键的基本构想是第一点,即减少政府层级和财政层级。

2005年,贾康、阎坤在《县乡财政解困与财政体制创新》一文的基础上,对其基本构想又作了一个中长期的思考[②],其构想也进一步被细化:一是在公共财政框架下明确地方职能,逐步划清政府间事权;二是在现行行政管理体制不变的情况下,鼓励各地通过"省直管县"和"乡财县管"等方式减少财政体制层级;三是逐步完善地方税收体系,调整各级政府间的财力划分;四是加大转移支付力度,调整转移支付结构;五是配套改革,如创造条件从行政体制上减少政府层级、调整税收征管机构设置、在一定前提条件制约下给予政府适度举债权等。

上述理想化的基本构想,在其提出已有8～10年的今天,尽管多数已有所进展,然而在事实上,大多数基本构想尚未能成为现实。仅就减少县乡财政层级和政府层级这一体制性创新的主要构想而言,近期尚无可能。以至十八大报告还谨慎地提出,"有条件的地方可探索省直接管理县(市)改革,深化乡镇行政体制改革"。可见减少政府层级的行政体制创新的构想近期尚无可能实现。财政部《关于2012年中央和地方预算执行情况与2013年中央和地方预算草案的报告》则明确指出:虽然"省直管县和乡财县管财政管理方式改革深入推进","构建有利于科学发展的财税体制机制取得重要进展",但"财税立法进度有待于加快,税收立法级次偏低","财政体制改革需进一步加快,政府间事权和支出责任划分仍不够明晰,转移支付制度还不够完善,专项转移支付项目过多;税制结构不尽合理,地方税体系建设相对落后"。可见减少财政层级的构想近期也难以提上议事日程。《国家基本公共服务体系"十二五"规划》的

---

① 贾康,白景明:"县乡财政解困与财政体制创新",载《经济研究》2002年第2期。
② 贾康,阎坤:"完善省以下财政体制改革的中长期思考",载《管理世界》2005年第8期。

提法则是,"经过努力,'十二五'时期,覆盖城乡居民的基本公共服务体系逐步完善,推进基本公共服务均等化取得明显进展,到2020年实现全面建设小康社会奋斗目标时,基本公共服务体系比较健全,城乡区域间基本公共服务差距明显缩小,争取基本实现基本公共服务均等化"。十八大报告更是明确提出到2020年"基本公共服务均等化总体实现"的目标。可见,"乡财县管"终结阶段县乡基本公共服务均等化的基本构想,即"服务为主"的理想目标与现实还相距甚远,决非近期所能实现。

三、深化阶段"监管为主"向"服务为主"转型对接的机制性创新:态势与思路

综上所述,"乡财县管"以"监管为主"的推行阶段已基本结束,其政策性创新的空间相当有限;以"服务为主"的终结阶段因条件不具备,其体制性创新的理想目标近期尚无法实现。而问题是,人们既不能因终结阶段的理想目标近期无法实现而放弃对理想目标的追求,也不能因推行阶段已基本结束而放任局限和弊端的存在。因此,"乡财县管"的深化和完善不可避免,其机制性创新势在必行,换句话说,县乡财政之间"监管为主"向"服务为主"的转型对接已经"势"在必"行"。

首先,县乡财政深化阶段"监管为主"向"服务为主"的有效转型是大势所趋。

就转型之"势"而言:第一,"乡财县管"财政体制改革缘于"县乡财政困难",而"县乡财政困难""主要源于制度缺陷",是"中国社会结构转型之中制度转型有效支持不足而积累的矛盾在基层政府理财层面上的反映"。[①] 换句话说,"乡财县管"本身就是"制度转型"不足的产物,因此,转型在"乡财县管"财政体制改革的发展变迁过程中不可避免。

第二,"乡财县管"深化阶段"监管为主"向"服务为主"的转型属于财政转型范畴,它的转型离不开国家层面的财政转型。县乡基层财政体制改革是国家层面财政体制改革的组成部分,国家层面财政转型的思路是"经济建设型财政"向"公共服务型财政"转型,而公共财政的宗旨以基本公共服务均等化为导向,就是"使更多的财力用于保障基本公共服务,"其目标就是到2020年"基本公共服务均等化总体实现"。因此,财政转型乃大势所趋。"乡财县管"发展变迁中"监管为主"向"服务为主"的转型也必然是大势所趋。

第三,"乡财县管"深化阶段"监管为主"向"服务为主"的转型,也离

---

① 贾康,白景明:"县乡财政解困与财政体制创新",载《经济研究》2002年第2期。

不开政府转型。这是因为，基本公共服务的均等化取决于财政能力的均等化，而财政能力的均等化又取决于政府间财政体制安排，尤其是政府的职能转变或政府转型。可见，2020年总体实现基本公共服务均等化的战略目标，关键在于推进政府转型，强化各级政府（包括县乡政府）在基本公共服务中的主体地位和主导作用，加快建设公共服务型政府。或者说，由"管制型政府"向"服务型政府"转型，是新阶段政府转型的基本目标。财政转型离不开政府转型。在一定意义上或某种程度上，政府能否有效转型是财政转型能否成功的关键，也是其他转型能否成功的关键。只要以政府转型为重点的相关改革取得突破，基本公共服务均等化的体制保障得到夯实，2020年国家就能够总体实现基本公共服务均等化。① 从这个意义上说，政府转型是大势所趋，以县乡政府为主体的"乡财县管"中，"监管为主"向"服务为主"的转型也必然是大势所趋。

其次，"乡财县管"深化阶段"监管为主"向"服务为主"转型的县乡财政的良性对接也是大势所趋。

就对接之"势"而言：对接是"乡财县管"制度创新的题中应有之义。"乡财县管"又称"乡财县管乡用"，"管"的主体是县级政府，"用"的主体是乡镇政府。"管"和"用"在"乡财县管"中的对接，既有作为主体的县级政府与乡镇政府的对接，又有作为手段的"管"与作为目的的"用"的对接，更有综合性的"县管"和"乡用"的对接。对接就是博弈，博弈或对接的后果或状态，在逻辑上有三种可能，一是"县管"与"乡用"之间的相互协调，即"县管"与"乡用"各自的效能都充分发挥且相互融合，无大的矛盾冲突；二是"县管"效能发挥过大以致妨碍了"乡用"的效能发挥且有大的矛盾冲突；三是"乡用"的效能发挥过大以致妨碍了"县管"的效能发挥且有大的矛盾冲突。其中，第一种状态属于良性对接的范畴，第二种和第三种状态属于非良性对接的范畴。显然，在现有体制下，"乡财县管"推行阶段的局限和弊端，无疑只能是属于第二种状态的非良性对接的范畴，而不可能属于第三种状态。要克服"乡财县管"推行阶段的局限和弊端，就必须变"乡财县管"中县乡财政的非良性对接为良性对接。只有这样，"乡财县管"深化阶段"监管为主"向"服务为主"的有效转型才能得到落实。

就有效转型与良性对接的相互关系而言：第一，"乡财县管"深化阶段"监管为主"向"服务为主"的有效转型是县乡财政良性对接的必要前提。一般而言，在"乡财县管"的全过程中，始终都存在"管"与"用"的对接问

---

① 迟福林："'基本公共服务均等化总体实现'：夯实体制基础"，载《光明日报》2012年11月30日，第11版。

题，两者之间不是良性对接，就是非良性对接，没有第三种情况存在。从这个意义上说，"乡财县管"的每一个阶段既可能是良性对接，也可能是非良性对接。但为什么"乡财县管"推行阶段的县乡财政会呈现出非良性对接的状况呢？其关键原因，就是"监管为主"的政策性创新在基本"缓解县乡财政困难"这一历史使命大致完成之后，没有立即实施从"监管为主"向"服务为主"的有效转型，而是依然停留在"监管为主"的状态，甚至以"监管"代替"服务"，或者用"监管"压倒了"服务"。既然"监管"压倒了"服务"，代替了"服务"，或者说是"手段"压倒了"目的"，"手段"代替了"目的"，以致"监管"本身成了"目的"，就必然出现"县管"压倒"乡用"、取代"乡用"以至取消"乡用"的现象。或者说，没有上升到"服务为主"的"乡财县管"，不可能上升为公共财政，不可能产生县乡基本公共服务的均等化，也不可能促进省以下分税制的实质性推进，"乡财县管"也就失去了它的本来意义和价值取向。失去本来意义和价值取向的"乡财县管"还能是良性对接的县乡财政吗？从这个意义上说，"乡财县管"深化阶段"监管为主"向"服务为主"的有效转型是县乡财政良性对接的必要前提。

　　第二，县乡财政良性对接是"乡财县管"深化阶段"监管为主"向"服务为主"有效转型的必然结果。县乡财政的有效转型与良性对接是相互促进相互推动的辩证关系。如果说，县乡财政的有效转型是良性对接的必要前提，那么县乡财政的良性对接就是有效转型的必然结果。这是因为，有效转型使县乡政府的价值取向从"监管为主"向"服务为主"转换，相应地，"乡财县管"的努力目标也必然从"缓解县乡财政困难"逐渐向"减少县乡财政层级"转换，而转换的过程，就是县乡政府之间在财政监管和服务方面的理念逐渐变换和确立的过程。当县乡政府思维中"监管为主"的理念逐渐让位于"服务为主"的理念时，县乡财政的对接就会逐渐从支配式对接（推行阶段）向协商式对接（深化阶段）转换，亦即完成从非良性对接向良性对接逐渐转换。反过来，县乡财政之间的对接形式对县乡财政的转型也具有一定的影响作用。如果说，县乡政府之间在财政转型问题上树立了从"监管为主"向"服务为主"转换的共同理念，其财政对接就会呈现出对话、沟通、协商和平衡的行为，其良性对接的框架就会趋于构成、强化并逐步完善，这一过程也就是县乡财政良性对接的过程。这种良性对接的过程，反过来又会强化县乡财政以"监管为主"向"服务为主"转型的力度、速度，扩大财政上"监管为主"向"服务为主"转型的规模和态势，形成转型在量上的迅速扩张，最后形成有效转型和良性对接的有机统一。

　　县乡财政从"监管为主"向"服务为主"有效转型的思路，主要表现在以下三个方面：

一是县乡财政与制度创新研究。主要是必须搞清楚以下问题或关系：什么是转型和有效转型；转型与创新；有效转型与制度创新；财政转型与制度创新；县乡财政转型与制度创新。

二是县乡财政转型的基本内容。县乡财政转型的内容十分丰富，但基本内容集中在以下方面：层级财政向辖区财政转型；维持运转向保障民生转型；监管为主向服务为主转型；行政监督向社会监督转型。其中的核心和重点是监管为主向服务为主转型，其他转型都是围绕这一核心转型或重点转型服务的。

三是县乡财政转型的特点。县乡财政转型是国家财政转型的重要组成部分，所以，县乡财政转型与国家财政转型有共性和普遍性，但又有其个性或特殊性，故县乡财政转型是普遍性和特殊性的有机统一。同时，全国东中西部县乡财政状态千差万别，县乡财政转型必须从各地的实际情况出发，不能一刀切。所以，县乡财政转型要注重条件，从实际出发。另外，县乡财政转型要循序渐进，做到有序转型。

从"监管为主"向"服务为主"转型的县乡财政良性对接的思路，主要表现在以下三个方面。

一是县乡财政对接与制度创新研究。主要是必须搞清楚以下问题或关系：什么是对接和良性对接；对接与对话；对接与沟通；对接与协同；对接与平衡；对接与创新；良性对接与制度创新；县乡财政对接与制度创新。

二是县乡财政对接的基本内容。县乡财政对接的内容也十分丰富，但基本内容集中在以下方面：基本公共服务制度均等化的县乡对接；财政预算审批的县乡对接；财政转移支付的县乡对接；涉农项目与资金监管的县乡对接；财力与事权的县乡对接。其中的核心和重点是基本公共服务制度均等化的县乡对接，其他的对接都是为这一核心对接或重点对接服务的。

三是县乡财政对接的创新机制。县乡财政对接的创新机制是一个内容丰富的有机统一的整体，它主要包括以下方面，即对话机制；沟通机制；协同机制；平衡机制；博弈机制；激励机制；民主机制和法律机制等，其中核心是协同机制，其他机制则同属于辅助性机制。

四、从转型对接到协同创新

本书认为，以"乡财县管"为核心的县乡财政体制改革是一个由推行阶段到深化阶段再到终结阶段的不断发展过程。相应地，也是一个由政策创新到机制创新再到体制创新的不断创新过程。目前，以"监管为主"的推行阶段已基本结束，其政策性创新的空间相当有限；而以"服务为主"的终结阶段因条件不具备，其体制性创新的理想目标近期尚无法实现。因此，"乡财县管"的深化完善即机制性创新势在必行，即"乡财县管"深化阶段"监管为主"向"服务为主"的转型对接势在必行。或者说，"乡财县管"深化阶段的机制性创新，就是"监管为主"向"服务为主"的转型对接。具体而言，就是通过创新驱动，把县乡财政转型与县乡财政对接有机地结合、协调、融通起来，让县乡财政在"监管为主"向"服务为主"的有效转型中实现县乡财政的良性对接，让县乡财政在良性对接中完成"监管为主"向"服务为主"的有效转型，以实现"乡财县管"的深化与完善。

然而，无论是推行阶段"监管为主"的政策性创新，还是终结阶段"服务为主"的体制性创新，抑或是深化阶段从"监管为主"向"服务为主"转型对接的机制性创新，它们在关于"乡财县管"财政体制改革的静态分析中是各自独立的，有着各自明确的含义和相对有效的空间或时间范围，不能互相替代；但是，在"乡财县管"财政体制改革的动态发展过程中，它们又是有机联系的统一整体，不可分割。其中任何一种制度性创新，都不能离开另外两种制度性创新而孤立地存在，都同其他两种制度性创新有着千丝万缕的联系。如果说，政策性创新的充分展开，为机制性创新奠定了坚实的基础，那么，机制性创新的充分展开，则为体制性创新开辟了前进的道路。反过来，如果说，体制性创新的厚重和深远，为机制性创新预留了波澜壮阔的发展空间，那么，机制性创新的理性和全面，则为政策性创新打开了五彩斑斓的时空隧道。从这个意义上说，对"乡财县管"财政体制改革全过程的科学认识和完整把握，仅有制度性创新中的政策性创新或体制性创新或机制性创新，都是不全面、不科学的。只有在"乡财县管"财政体制改革的各个阶段，尤其是"乡财县管"财政体制改革的全过程中，实行政策、机制和体制三个层面的协同创新和良性互动，"乡财县管"才能得到科学发展和持续发展。其具体思路，就是从"乡财县管"深化阶段的"监管为主"向"服务为主"的转型和对接入手，通过创新驱动，让县乡财政在有效转型中实现良性对接，在良性对接中完成有效转型，建立起县乡财政转型对接的创新机制。对上，它可以进一步打开"乡财县管"终结阶段以"服务为主"的体制性创新的空间；对下，又可以与"乡财县管"推行阶段以"监管为主"的政策性创新形成很好的互动，从而综合起来形成政策、机制、体制三个层面协同创新的良性互动，从整体上推动"乡财县管"的深化完善和持续发展。[①]

---

① 范毅："从转型对接到协同创新——'乡财县管'深化完善探析"，载《南京财经大学学报》2014年第6期。

第五节　农村公共服务项目制供给的有效对接
——县乡财政体制改革创新思路之三

一、农村公共服务项目制供给的由来

（一）农村公共服务供给模式的历史变迁

中国农村公共服务供给先后经历了由传统社会（1949年之前）的"自给自足"模式，到高度计划经济时期（1949~1978年）的国家组织、公社主导、农村自我投入为主的"统筹供给"模式，再到分税制改革之前（1978~1994年）的权力本位的驱动供给模式的历史演变。

1. 传统乡土社会的"自给自足"模式

在传统社会，国家主要的目标是在农村汲取税收和维持治安，除了大型的治水、道路和救济之外，很少直接在农村投入财力进行公共建设和服务。农村的基本公共品，如学校、医疗、社会保障等，主要靠乡绅组织农民自己提供。有些公共服务，虽然地方政府有所参与，到明清时期也形成了一些地方官府参与甚至主导的社仓、社学制度，但是乡绅仍然起着不可替代的作用。自明清、民国开始，国家开始设立自上而下的公共事业部门，如交通、水利、教育等，但是在乡村社会，只有在现代教育和公共安全方面建立了比较完善的服务体系。从民国时期的资料来看，最重要的就是教育和警察两项[1]。全面的农村公共事业制度的建设主要是在中华人民共和国成立之后完成的。

2. 高度计划经济时期的国家组织、公社主导、农村自我投入为主的"统筹供给"模式

农村的基础公共服务，在中华人民共和国成立之后，经历了两次大的转变。第一次是国家组织、公社主导、农村自我投入为主的"统筹供给"模式。它是指在20世纪50年代农业合作化之后，农村的农业、水利和交通主要依靠国家组织、农民投劳的方式进行。农业的社会主义改造和合作化运动在农村建立了人民公社、生产大队、生产队的三级体系，公社一方面是一级政府组织，另一方面又对公社范围内的各种经济和社会资源有强大的动员能力。在改革开放之前，尤其在"大跃进"时期，公社强调"一大二公"，"平调风"盛行，各地政

---

[1] 黄宗智：《华北的小农经济与社会变迁》，中华书局2000年版。

府热衷于大规模、"大兵团作战",以密集的劳动修建了大量的农田水利、防洪工程、道路桥梁,这被视为新中国农村建设的最伟大的成就之一。在农村医疗方面,建立了以农村合作医疗和赤脚医生为主体的农村卫生体系,普及农村的基础教育,使得识字率大大提高。这个时期的农村公共服务,在组织上以公社为主导,在财政上则以农村的自我投入尤其是投劳为主。

3. 分税制改革之前的权力本位的驱动供给模式

改革开放以后,随着家庭承包责任制的实施,人民公社体制在20世纪80年代初开始瓦解,同时农村的公共服务体制也发生了重大的变化。

从组织上看,县、乡、村三级在公共事业的分工趋于明确。例如,在教育上,县负责办高中,乡镇负责办初中,村庄负责办小学;在医疗上,县负责县医院,乡镇负责乡镇卫生院,村则负责村级诊所;在水利、交通、农业方面,县水利局、交通局、农业局负责统筹指导县域内跨乡镇的水利、交通和农业工作,并对各乡镇相应的站所进行业务指导;各乡镇政府下设功能齐全、分工细致的所谓"七站八所",负责本乡镇的各种公共服务工作。虽然这些站所经过了多次乡镇机构改革的调整、合并,但是大部分乡镇都对应着相应的功能。

从财政方面来看,在改革开放之后,农村的公共服务大部分是靠向农民收取的税费来提供的。"税"的部分一般属于预算内的收入,包括农业税、农业特产税和一些工商税收,这些税收在和上级财政进行体制分配之后,多数用于行政、事业单位人员的工资和公用经费,即通常所说的"吃饭财政"。税收用于吃饭,"办事"则要靠收费,收费是一些地方政府尤其是乡镇政府预算外的主要收入来源。

预算外收入大致可以分为"三提五统"、集资收费、欠款借债三个大的部分。前面两部分形成了我们通常讨论的农民负担的主要内容,最后一部分则一般是针对上级政府、银行、工程队的欠款或负债。这些收入大部分都是以公共事业、公共服务的名义收取的,其中"三提五统"是从改革前人民公社体制中遗留下来的,集资摊派更是以修路、架桥、办学的名义收取,各种欠款也大多是欠的工程款。[①]

(二) 项目制供给——农村公共服务供给模式的转型

1. 分税制:农村公共服务向项目制供给模式转型的制度根源

分税制改革,是项目制形成的一个重要基础,也是农村公共服务向项目制供给模式转型的制度根源。

改革开放以来,"财税包干"和"行政分权"改革导致了地方政府职能及

[①] 周飞舟:《以利为利:财政关系与地方政府行为》,上海三联书店2012年版,第129~130页。

行为方式发生重大变迁，乡镇企业发展迅速，村民自治制度开始逐步推行，地方政府成为地方经济社会发展的主要力量，促成了中国经济的快速增长。然而，上述改革造成的弊端也不容忽视，其中最突出的问题是中央与地方收入"两个比重"极不协调，这种不协调最终导致了分税制改革的出台。

分税制改革改变了财政包干制下中央政府与省级政府间逐年就税收分享展开的讨价还价关系，通过确立税收分享方案，推进了中央与地方财政关系的规范化。① 分税制改革 20 多年来，国家税收的汲取能力迅速提高，国家以财政手段平衡地方财政权力、调控宏观经济的能力迅速提高，国家"抽取"和"下放"财政资金的能力迅速提高，从总体上贯彻总体治理理念的能力也迅速提高。特别是 1999 年开始实行的预算改革，通过"预算国家"的方式，强化了财政集权和再分配的能力。②

从这个意义上说，分税制改革是项目制形成的一个重要基础和制度根源。换句话说，只有中央政府财政权力真正实现集约化，才能通过项目的方式实行财政再分配。③

2. 税费改革：农村公共服务向项目制供给模式转型的历史契机

收费和农民负担问题变得日益严重是从 20 世纪 90 年代中期分税制实施之后开始的。分税制导致的中央地方关系的变化使得地方各级政府财力层层上收，事权层层下放，而作为政府层级最底层的县乡政府尤其是乡镇政府的财政出现了比较严重的危机，这使得基层政府尤其是乡镇政府对农民负担的依赖日益加重，形成了备受关注的"三农问题"。"三农"危机严重影响国家政权的合法性，"反倒逼"中央政府采取措施，促成了始自 2002 年的农业税费体制改革。

农业税的取消及其配套制度改革增强了农民对中央政府的认同，实现了中央预期的政治目标，却致使基层政权财政困难。问题是税费改革以后，国家大幅度地减少了基层政府和村级组织的治理资源，压缩了村民自治运作的物质基础，使得以农业税费为主要收入的农村基层政府陷入了"空壳"和"悬浮"的尴尬困境，治理资源和行动能力普遍都极其衰弱，甚至连自身的运转都成了问题，缺乏为农民提供公共产品或服务的条件和能力。④ 由于农村社会发展过程中所面临的财政投入与农村治理实际所需的经费呈现出非均衡匹配的现象，义务教育、新农合、新农保等方面，其供给水平供给质量相对于城市而言，差距

---

① 周飞舟："分税制十年：制度及其影响"，载《中国社会科学》2006 年第 6 期，第 100~115 页。
② 马骏：《中国公共预算改革》，中央编译出版社 2005 年版。
③ 陈硕："分税制改革、地方财政自主权与公共品供给"，载《经济学（季刊）》2010 年第 4 期，第 1427~1446 页。
④ 吴毅："'诱民致富'与'政府致负'"，载《读书》2005 年第 1 期。

甚大，亦进一步致使农村公共服务供给非有效性的发生。

为破解这一难题，中央政府加大了对基层政府的财政转移支付力度和规模，农村公共服务在很大程度上依靠财政转移支付和专项资金来维持供给，而项目制也正是在这种背景下逐渐成为当前我国政府一种新的治理体制。

在这个意义上，税费改革成为农村公共服务向项目制供给模式转型的历史契机。

二、农村公共服务项目制供给的内涵及其本质

1. 项目的概念及其特征

所谓"项目"，是一个含义较宽泛的概念。它原本是指一种事本主义的动员或组织方式，即依照事情本身的内在逻辑出发，在限定时间和限定资源的约束条件下，利用特定的组织形式来完成一种具有明确预期目标（某一独特产品或服务）的一次性任务。① 因此，从组织的角度说，项目组织不同于常规性的组织，是一种临时性的组织形式。

项目有一个非常独特的特点，即它并不归属于常规组织结构的某个层级或位点，而恰恰要暂时突破这种常规组织结构，打破纵向的层级性安排（条条）和横向的区域性安排（块块），为完成一个专门的预期事务目标而将常规组织中的各种要素加以重新组合。②

简而言之，"项目是为创造独特的产品、服务或成果而进行的临时性工作"③。具有"临时性"和"独特性"的特征。临时性代表项目开始和结束的时间具有确定性，而特殊性则是指项目的产品、服务或成果拥有具体的针对性或指向性。项目的运作和实践表现出"渐进、明细"的总体特征。④

2. 项目制的内涵及其本质

与上述宽泛定义不同，财政项目制或项目之中的"项目"具有明确的内涵和指向。折晓叶、陈婴婴等认为，"项目"是一种国家财政资金再分配的方式，"特指中央对地方或地方对基层的财政转移支付的一种运作和管理方式"，"是

---

① ［美］项目管理协会：《项目管理知识体系指南》，王勇、张斌译，电子工业出版社 2009 年版。

② 渠敬东："项目制：一种新的国家治理体制"，载《中国社会科学》2012 年第 5 期，第 113~130 页。

③ ［美］项目管理协会：《项目管理知识体系指南》，王勇、张斌译，电子工业出版社 2009 年版。

④ 田孟，苏莉："转型期财政项目制研究述评"，载《湖南农业大学学报（社会科学版）》2016 年第 6 期。

在国家财政制度由包干制改为分税制,在财政收入越加集权的体制下,资金的分配却出现了依靠'条线'体制另行运作的情形,即财政转移支付采用项目制的方式在行政层级体制之外灵活处理"。① 周飞舟也指出,在上下级政府间转移的财政资金中,有相当大一部分被指定了专门用途、戴上了各种帽子,以期严格体现资金拨付部门的意志,因此是一种"专项化"了或"项目化"了的财政资金。②

按照渠敬东的说法,作为国家财政再分配方式的"项目"之所以具备"项目制"的意义,主要是因为这些项目在具体执行的过程中,从项目的制定、申请、审核、分配、变通、转化、检查与应对等一系列的环节和过程看,已经超出了单个项目所具有的渐进、明细的事本主义特性,转而成了一种使整个国家社会体制联动运行的机制,可以说财政"项目制"不仅是单个"项目"的组织形式,同时也对从中央到地方,以及社会各领域进行了联结、组织和动员,是在特定历史阶段的一种"社会事实"。因而"项目制"不仅是一种体制,也是一种使体制运转起来的机制,还可以扩展成为一种个体或组织的思维方式和意识形态,从而形成一种全新的"社会习俗"。③

综上所述,"项目制"首先是一种体制,是一种关于政府间关系的一种组织、规范和管理的体系。其次,通过"项目"实践和运作的"项目制",具有组织和动员体制运转起来的机制,从而使项目制具有不同于一般体制的特殊性。第三,正是因为这种特殊性,项目制成为了一种"制度化的体制",深刻影响了社会结构以及个体思维和行动策略等方方面面,将一个特定的历史阶段变成一个"项目制的时代(社会)"。项目制也是一种国家治理的基本方式。第四,项目制也可能构成了一种特定时代的精神品质,具有文化意识形态的含义。④

3. 农村公共服务项目制供给的内涵及其实质

与一般意义上的项目和项目制相区别,农村公共服务的项目制供给,主要是指为了有效提升农村生活的生活质量与社会质量,积极回应农民对农村公共服务的合理性需求,中央政府设计和制订农村项目并提供一定财政资金支持,

---

① 折晓叶、陈婴婴:"项目制的分级运作机制和治理逻辑——对'项目进村'案例的社会学分析",载《中国社会科学》2011 年第 4 期,第 126~148 页。
② 周飞舟:"财政资金的专项化及其问题:兼论'项目治国'",载《社会》2012 年第 1 期,第 1~37 页。
③ 渠敬东:"项目制:一种新的国家治理体制",载《中国社会科学》2012 年第 5 期,第 113~130 页。
④ 田孟,苏莉:"转型期财政项目制研究述评",载《湖南农业大学学报(社会科学版)》2016 年第 6 期。

通过"项目发包"到基层政府,再由村庄内部自治组织以"项目申请"形式提出农村公共服务需求,进而再由基层政府职能部门负责组织实施项目,或者以"项目"外包于承包商,以此来实现农村公共服务以及农村公共品的供给。项目制不仅仅作为农村公共服务与公共品供给模式,同时还作为农村社会治理的新模式。[1]

作为认识农村公共服务项目制供给的新视野、新维度和新思路,农村公共服务项目制供给的实质或意义主要体现在以下方面。

(1) 国家与社会的有效衔接。项目制强调在实施过程中同一层级的治理意图和治理目标的相互嵌入与融合,以便于形成乡村治理的"规制与变通""支配与反应"相互互动性网络。

1994 年的分税制改革之后,中央政府依托"项目下基层"形式的农村公共服务供给模式,实现对广大农村区域公共服务的普及。中央以及地方政府越来越多地是以财政转移支付的方式,带动"项目制供给"模式,实现农村公共服务的有效供给。[2] 这种以"项目分配"式的"链条状"资金流转,实现了农村公共服务供给体制的财政资金运行的新方向,或者说是农村公共服务供给财政支付经费是以"项目制"形式在各层级体制中流转的。[3] 实质上,这是分税制改革之后,国家力量再一次对农村社会实现对接,不再局限固有的政府"直接介入"于农村生活的传统方式,而是以"农村项目"为载体,嵌入转移支付为核心的杠杆效应,以图达到对农村区域与基层政府(县乡政府)的"撬动效应",最终实现农村公共服务的供给有效性。

由此可见,以项目为链接点,有效衔接了中央政府、基层政府、外部市场化主体(承包商)以及村庄内部农民群体,从国家与社会的互动效应层面展现了农村公共服务供给的现实样态。因而项目制治理是一种"以点带面"的社会治理体制,有效嵌入了国家与社会的互动关系。项目制的治理模式能够有效整合从国家到社会的各项力量,实现农村公共服务供给机制的有效运转。[4]

通过将项目作为杠杆支点,进而以一种"自上而下"的多层级运作模式,尝试将分散化的农村社会治理力量形成整合力,旨在有效缓解当前农村公共服

---

[1] 詹国辉,张新文:"农村公共服务的项目制供给:主体互动与利益分配",载《长白学刊》2017 年第 2 期。

[2] 周飞舟:《以利为利:财政关系与地方政府行为》,上海三联书店 2012 年版,第 10~16 页。

[3] 杜春林,张新文:"从制度安排到实际运行:项目制的生存逻辑与两难处境",载《南京农业大学学报(社会科学版)》2015 年第 1 期。

[4] 周雪光:"项目制:一个'控制权'理论视角",载《开放时代》2015 年第 2 期。

务供给的现实顽疾，最终促成国家与农村社会在农村公共服务供给上的有效链接。由此可以认为，在乡村场域空间中的项目制供给的实质是国家与社会的链接关系的集中体现。①

（2）中央政府与地方政府的权力互动。项目制供给作为农村公共服务供给新模式，这种自上而下运作机制有效整合了中央政府、地方政府（尤其是县级政府）、村庄以及外部市场力量（项目承包商），从项目制生成到项目考核的一系列过程，各项主体均参与其中。② 其运行逻辑主要是"中央政府—地方政府—基层政府—农村—村民个体"的项目流转，国家（中央政府）通过介入基层政府与农村社会生活，试图将上述角色纳入农村公共服务供给的项目制中，有效重构基层政府的合法性认同。

事实上，项目制的自上而下的实践运作模式，的确有效重构和强化了国家在农村社会治理过程中的合法性认同。但与此同时，项目制治理模式又使得地方政府尤其是县级政府处于边缘处境，农民对基层政府的认同呈现出递减趋势。然而，农村社会治理与公共服务供给的过程又始终离不开县级政府的有效参与，因而有必要进行地方政府尤其是县乡政府的合法性重构。为此，就需要在项目运作机制上实现中央政府与地方政府的有效互动，重点依托于互动过程中配套资金的合理流转。同时，设计项目制供给的激励机制，以期实现地方政府尤其是县乡政府和农村在公共服务供给中的应有成效与责任效应的发挥。③

（3）地方政府与农村的资源互动。农村公共服务从上而下的项目制供给有效衔接了中央政府与地方政府，而在地方政府中扮演最重要角色的是县级政府。因而不管是中央政府立项还是县级政府自立项目，农村在自下而上的项目申请模式中，县级政府的区位不可或缺，农村公共服务项目资金的"竞争、抓包以及流转等"都有赖于县级政府。同时，在后期项目支农资金分配、项目发包与管理过程中，核心启动力在于县级政府的各个相关职能部门（发改委、民政局、农业局、水利局、交通局等等），至此就构成了农村公共服务的"县级项目供给模式"。之所以会发生上述状况，源于县级政府区位的优势，有效衔接了代表国家力量的中央政府与社会力量的乡村。同时县级政府对本县农村区域

---

① 詹国辉，张新文："农村公共服务的项目制供给：主体互动与利益分配"，载《长白学刊》2017年第2期。

② 付伟，焦长权："'协调型'政权：项目制运作下的乡镇政府"，载《社会学研究》2015年第2期。

③ 詹国辉，张新文："农村公共服务的项目制供给：主体互动与利益分配"，载《长白学刊》2017年第2期。

的实地实情比较明晰，再以项目管理权限移交县级政府，有利于项目的再次分配，力图达成农村公共服务的区域均衡性供给。①

但由于项目立项及分配存在的稀缺性，县级政府与农村村庄之间存在着项目信息的不对称性。因此，县级政府在项目的二次分配过程中容易产生"权力寻租"现象，同时也容易引发农村村庄对项目的"恶性竞争"（专职"申项目、跑项目、争项目"等）。村委会为了村庄自身利益，势必会以"寻租"手段来获取稀缺的项目。如"宴请"县级职能部门的人员、动员生活在村庄外部的本村"能人"等。各类农村精英分子也必将伴随着乡镇政府参与到"项目争取"的过程。至此，以县级政府为纽带的农村公共服务项目制供给中，权力、资源、人情、社会资本以及现实"面子"等都相互交织博弈于项目"申请及后续执行"环节。只有农村社会中的村委会与农村组织在这种互动过程中集体表现为"社会失语"状态。

所谓"社会失语"，主要是指在县级政府项目供给农村公共服务过程中，由于项目发包的角色是由县级政府的职能部门担当，而项目的承包商是以营利性为主的农村市场主体，农村村庄内部在相当程度上扮演着积极配合与协调的角色。② 因此，农村社会中的村委会与农村组织对项目资金以及项目工程的规划是缺失话语权的。根源在于农村村庄内部自组织网络的组织能力有限，限制了农村话语权的提升。

此外，项目主管的职能部门与市场主体的承包商之间一定程度上会发生权力寻租行为，缘起于所承接项目的有限性、不透明性以及项目发包的隐性机制。另外，在农村公共服务供给的项目流转过程中承包商与农村村庄之间还存在着隐性成本。村庄内部自身组织的结构性滞后，导致了诸多结构性困境，亦会引发农村居民与村委会干部之间的利益博弈与外在冲突。③ 上述环节在农村公共服务项目制供给中，都产生了隐性的交易成本和时间成本。

三、农村公共服务项目制供给存在的条件及其运作

1. 项目制产生、形成和存在的条件

渠敬东④认为，分税制改革仅仅构成了项目制产生的一个基础，而不是项

---

① 周雪光："项目制：一个'控制权'理论视角"，载《开放时代》2015年第2期。
② 张新文，詹国辉："整体性治理框架下农村公共服务的有效供给"，载《西北农林科技大学学报（社会科学版）》2016年第3期。
③ 郭琳琳，段钢："项目制：一种新的公共治理逻辑"，载《学海》2014年第5期。
④ 渠敬东："项目制：一种新的国家治理体制"，载《中国社会科学》2012年第5期，第113~130页。

目制形成的唯一制度原因。如果从项目制作为一种具有治理意义的体制机制来看，必须具备更多的结构要件。

（1）在财政关系上，不仅要建立一种自下而上的财政资金抽取制度，即财政收入的集约化制度，还要建立一种自上而下的财政资金再分配制度。前者是通过分税制改革实现的，后者则是1999年预算改革所推行的"部门预算"和"国库集中支付制度"实现的。

（2）项目制的财政资金必须能够对地方政府或基层社会产生强大的激励作用。这种"激励作用"既可能是项目资金本身的增量，也可能是项目所带来的合法性空间的增量。

（3）项目制的产生必须符合当前我国市场经济发展阶段的客观要求，能够为政府积极应对经济增长中的结构性压力提供支持。

（4）项目制的形成不仅表现在经济增长的结构压力上，也表现在政府提供公共产品和公共服务的事业要求上。20世纪90年代分税制对地方财政的"抽取"，使得许多基层财政的负担转嫁在了农民身上，再加上资本条件下劳资矛盾的加深，致使社会矛盾多发，社会冲突频繁出现。对此，中央政府必须将财政资金的抽取有效转化为对广大基层社会的财政"反哺"，才能调节和平衡社会发展带来的社会分化。因此，以项目制为核心的治理体制和治理理念在财政上就体现为为基层社会提供公共服务的各类项目措施。在中央对地方的三大类转移支付中，专项转移支付所占的比重越来越大，而常规性的税收返还已经从1994年的79.6%下降到36.1%。专项转移支付连同中央各部门向其下属部门系统下达的"体外循环"的专项资金，多带有公共服务项目的特点，是构成项目制运行最基本的财政盘子。①

（5）从根本上说，项目制的存在也离不开通过技术理性或形式理性来实现绩效合法性的思维模式。

2. 农村公共服务项目制供给的运作机制

折晓叶等②认为，项目制属于一种"分级运作机制"，其基本逻辑是：由于在项目制度框架之内存在中央政府、地方政府和村庄三个行动主体，基于利益诉求的差别，不同主体的行为方式和行动逻辑存在差异，但在中央集权的总体模式下，即便存在利益差别且有扩权之必要，也不足以形成真正意义上的分权，于是便最终形成了"分级治理"的制度安排和行政架构。分级治理使中央政府

---

① 周飞舟："财政资金的专项化及其问题：兼论'项目治国'"，载《社会》2012年第1期。
② 折晓叶、陈婴婴："项目制的分级运作机制和治理逻辑——对'项目进村'案例的社会学分析"，载《中国社会科学》2011年第4期，第126~148页。

在某些特定领域和某些公共事项上对地方政府进行非科层的、竞争性的授权，而不是采取传统的行政指令性授权，从而有可能在"条线"直接控制能力有限时，形成一种不同于"条线"运作的分级运作体系。

这是一种既不同于行政科层制下纯粹的纵向权力运作，又不同于"多中心制度安排"下的权力运作模式。从纵向上看，下级政府需要通过积极运作才可能获得资源。项目资源对于农民而言，属于自上而下给定的财政资源。因此他们根本没有自下而上表达需求的机会和空间。折晓叶等人[①]把这种项目过程分级制度的运作机制概括为：国家部门的"发包"机制、地方政府的"打包"机制和村庄的"抓包"机制。其具体模式如下：

（1）国家部门的"发包"。国家部门的"发包"是指上级部（委）以招标的方式发布项目指南，下级政府代表最终投标方的意向向上申请项目。申请过程兼有行政配置和自由竞争的两面性。上级部门作为发包方，将项目管理的一揽子权力发包到获得项目的地方政府，地方政府有权依法选择项目的最终承包方，并且对各类项目的各项事务实施专门的"条线"管理。

这种"发包"，显然与财政支付"专项化"和"项目化"有着必然的联系。并且需要通过"竞争"才能去获得"项目"。通过引入"专项"和"竞争"的机制，国家试图以此方式来增加财政资金利用的绩效，从而实现提供公共产品和动员地方资源的双重目标。

（2）县（市）级政府的"打包"。在分级治理和分级运作机制的作用下，项目作为上级竞争性的"发包"行为和方式，调动了地方各基层单位"跑部"争取的行动，县乡政府和村庄都可能是积极或消极的行动主体，只不过各自担当着不同的权力、目标、责任和利益。其中最为突出的是地方政府即县（市）级政府的"打包"行为和方式。

县（市）级政府不仅是项目承上启下的中转站，而且可以为项目的"再组织"搭建制度空间和社会场域，这个过程可以帮助地方实现利益最大化，因此在项目运作中处于非常关键的位置。这种再组织的过程，就是"打包"。具体地说，"打包"，就是县（市）级政府按照某种发展规划和意图，把各种项目（主要是财政项目和资本项目）融合或捆绑成一种综合工程，使之不仅可以利用财政项目政策来动员使用方的资源，而且可以加入地方意图，借项目之势，实现目标更加宏大的地方发展战略和规划。

---

① 折晓叶，陈婴婴："项目制的分级运作机制和治理逻辑——对'项目进村'案例的社会学分析"，载《中国社会科学》2011年第4期，第126~148页。

（3）村庄的"抓包"。村庄、企业和项目户是项目制的最终承担者。经过上级的"发包"和"打包"运作后，项目输入村庄之时，村庄开始"抓包"行动，即村庄主导调适与项目之间的关系，并在这个过程中加入村庄自己的发展宏图和诉求。地方往往会将"新农村建设"等一类建设工程或"打包向上争取"资金，或将分属于条线部门的项目"打包"，捆绑成诸如开发、扶贫、农林、水利、交通、能源等专项资金，集中投向创建村。村庄只有挤进创建村，抓到打包好的项目，才有可能大规模地改变村貌。不同的村庄具有不同的行动能力和资源禀赋，那些行动能力较强、资源禀赋较多的村庄更有可能获得项目。显然，"抓包"既是地方政府主要是县（市）级政府"打包"过程的延续，又是村庄主动争取项目的过程。

综上所述，如果说政府部门或上级政府的项目部门化及其"发包"，是将国家"大盘子"进行"条条"分割的过程，它所遵循的是自上而下的控制逻辑。"打包"反映的是地方的应对策略，是将"条条"重新又做成"块块"、"小盘子"的过程，它所遵循的有可能（不排除其他可能）是自下而上的反控制逻辑，而村庄"抓包"虽是打包过程的延续，但也有可能（不排除其他可能）是村庄加入自己发展意图，借用外力组织自己公共事务，提高村庄治理能力的过程，它所遵循的也是自下而上的反控制逻辑。只不过，在分级治理的基本架构里，控制与反控制的项目制的运行逻辑更多表现出的是一种既对立又互补、既竞争又合作的关系，而非单纯的冲突关系。[1]

四、农村公共服务项目制供给的实践意义

1. 项目制是一种新的国家治理体制

在任何社会中，国家的存在是常态[2]，现代市场的存在也是常态[3]，仅靠权力和利益的分析逻辑，不能揭示社会存在的真实样态。我们必须寻找能够将社会经济诸领域的结构要素统合起来，并形成具体运行机制的线索，才能牵一发而策动全身，发现社会总体运行的内在规则或主导性的制度逻辑。事实上，在社会演化的不同历史阶段中，总有某种主导性的制度逻辑起着关键性的作用。

---

[1] 折晓叶、陈婴婴："项目制的分级运作机制和治理逻辑——对'项目进村'案例的社会学分析"，载《中国社会科学》2011年第4期，第126~148页。

[2] 波兰尼认为，从来就不存在所谓自我调节的纯粹市场。参见［匈］波兰尼：《大转型：我们时代的政治与经济起源》，冯钢等译，浙江人民出版社2007年版。

[3] 塞勒尼认为，社会主义体制中总有市场因素存在。参见［美］塞勒尼等：《社会主义经济体制》。

以项目制为核心确立的新的国家治理体制，即中央与地方之间的分级治理体制，便具有这种主导性的制度逻辑，起着将政府与市场有机结合起来并揭示其社会存在真实样态的关键性作用。

项目现象是我国十多年来社会治理体制机制运行中的一个极为独特的现象：国家财政若不以转移支付的形式来配置资源，就无法通过规模投资拉动经济增长，各种公共事业也无法得到有效投入和全面覆盖；地方政府若不抓项目、跑项目，便无法利用专项资金弥补财政缺口，无法运行公共事务；甚至本以市场经营和竞争为生的众多企业，也多通过申请国家各级政府的专项资金来提高自己的收益率；更不用说今天的出版、教学和科研等文化活动，似乎一刻也离不开课题或项目资助了。因此，项目制不单指某种项目的运行过程，也非单指项目管理的各类制度，而更是一种能够将国家从中央到地方的各层级关系以及社会各领域统合起来的治理模式。项目制不仅是一种体制，也是一种能够使体制积极运转起来的机制；同时，它更是一种思维模式，决定着国家、社会集团乃至具体的个人如何构建决策和行动的战略和策略。①

2. 项目制是一种将行政体制和市场体制有效结合起来并保证持续产生绩效的机制和技术治理理念

几十年改革开放的发展模式，使各阶层充分认识到，倘若现行体制回到以往单纯由国家支配的行政科层制和指令性计划，中国经济将毫无绩效和收益可言；倘若任由市场体制的自由放任，缺少国家推行的社会保障和公共服务，资本对劳动的剥夺则会愈演愈烈。因此，必须在维持国家自主性的同时，寻找一种依旧能够保证持续产生绩效的机制，将行政体制与市场体制有效结合起来。21世纪以来，在以公共服务为本的新型治理体系逐步形成的同时，法治化、规范化、技术化和标准化已经成为行政建设和监督的核心议题。人们坚信，只要行政机构设计合理、分工明确且守持程序规则，就会提高公共服务的效率，使社会建设走上公平公正的轨道。这种技术治理的理念，极为强调理性化的目标管理和过程控制。而项目制，则恰恰最符合这种意义上的制度精神，既可强化国家体制对自由市场的引导和规制，亦能尽可能规范、合理、有效地提供公共产品和服务。专项资金的"抽取"和"下放"，只有通过一整套严密设计的技术系统，通过立项、申报、审核、监管、考核、验收、评估和奖罚等一系列理性程序，才能最终使项目生效，获得全社会的认可和信任。当全社会都具有一种只有通过技术理性才能保证绩效合法性的思维模式的时候，项目治国的理念

---

① 渠敬东："项目制：一种新的国家治理体制"，载《中国社会科学》2012年第5期，第113~130页。

才能获得精神性的土壤,遍布于社会经济诸领域而畅行无阻。①

3. 农村公共服务项目制供给是分税制改革以后政府推动农村公共服务有效整合与供给的主要方式

农村公共服务的项目制供给实际上是分税制改革以后政府供给公共服务的一种方式。分税制改革20余年来,国家的汲取能力不断强化,中央政府的财力不断加强,地方政府在"分灶吃饭"的财政体制下财政支出日趋吃紧,央地之间的财权与事权关系日益不平衡。与此同时,中央政府试图以"项目"为载体的专项资金来调节央地之间财权与事权的不对称问题,以保障基本公共服务的有效供给。而现阶段我国农村基本公共服务主要依靠自上而下的项目来供给,上级政府设立项目,下级政府申请项目获得财政专项资金来提供公共服务。不仅如此,税费改革以后,乡镇政府失去了财力支撑,农村公共服务在很大程度上依靠自上而下的项目来维持供给,项目制也正是在这种背景下逐渐成为当前我国政府一种新的治理体制。从农村公共服务项目制供给的运作实践来看,项目是自上而下由各级政府部门负责管理,由各级政府进行统筹,项目制在很大程度上调动了各级政府及其部门的积极性,尤其是县(市)级政府及其部门的积极性,受到乡镇政府、村级组织和广大农民群众的欢迎和支持。因此,项目制在推动农村公共服务整合,实现农村公共服务有效供给方面发挥着积极作用。②

五、农村公共服务项目制供给存在的问题:"碎片化"

1. "碎片化"的概念与"公共服务碎片化"的提出

"碎片化",原意是完整的东西破碎成诸多零块。它最先在传播学中使用,是描述社会传播语境的一种形象性说法。"碎片化"一词在20世纪80年代常见于后现代主义。"后现代"是与现代的断裂和折裂,更多强调的是对现代的否定,是一种认知的扬弃,它肢解或消解了"现代"的一些确凿无疑的特征。③西方学者李侃如(Lieberthal. K)、兰普顿(D. M. Lampton)等用"碎片化"来描述有关中国的决策体制,强调政府各部门的官僚会根据其所在部门的利益进行政策制定或影响政策制定过程,中央政府各部门之间、中央和地方政府之间、

---

① 渠敬东:"项目制:一种新的国家治理体制",载《中国社会科学》2012年第5期,第113~130页。

② 杜春林,张新文:"农村公共服务项目为何呈现出'碎片化'现象?——基于棉县农田水利项目的考察",载《南京农业大学学报(社会科学版)》2017年第3期。

③ [英]迈克·费瑟斯通:《消费文化与后现代主义》,刘精明译,译林出版社2000年版,第3~4页。

各级地方政府之间通过在项目谈判中的争论、妥协、讨价还价，最后才制定出公共政策。[1] 如今，"碎片化"一词广泛运用于技术领域、社会领域和政治领域。在政府管理领域，"碎片化"指向的是部门内部各类业务间分割、一级政府各部门间分割以及各地方政府间分割的状况。[2]

公共服务供给碎片化问题近年来开始引起不少学者的关注。实际上公共服务供给碎片化与需求表达的碎片化密切相连，底层碎片化使得底层群体难以进行有效的利益表达，难以参与对其生活造成重大影响的公共决策。[3] 郑秉文从社会保险制度的角度指出社会保险五个险种之间呈明显的碎片化形态，并对中国社会保险制度的碎片化原因进行了探索。[4] 曾凡军指出科层制结构狭隘的服务视野、政策目标与手段相互冲突、资源运作重复浪费、政府机构设置出现重叠、公共服务分布于各部门间，具有明显的分散性和不连贯性。[5] 孔娜娜则进一步指出，社区公共服务碎片化表现为服务信息的碎片化、服务方式的碎片化和服务流程的碎片化，其根源在于政府碎片化，而职能分工、部门利益、权力关系、软预算是影响政府碎片化的因素。[6] 汪锦军从农村公共服务供给主体单一化的角度指出，政府单一主体供给、市场主导的供给以及民间自给自足这些传统的供给模式在公共服务供给中过于碎片化，无法为农村公共服务提供整体协调的机制安排。[7]

2. 公共服务供给"碎片化"的根源：政府碎片化

公共服务碎片化根源于政府碎片化，只有从政府碎片化中才能知道公共服务碎片化的症结之所在。一般认为，政府碎片化是指政府部门之间的隔离、不协调、不合作的状态。我国各级政府相当程度呈现着碎片化[8]。从行政学的视

---

[1] 参见 Lieberthal, Kenneth G. & David M. Lampton, Bureaucracy, Politics and Decision: Making in Post - Mao China, Berkeley: University of California Press, 1992, p. 278.

[2] 谭海波、蔡立辉："论'碎片化'政府管理模式及其改革路径——'整体型政府'的分析视角"，载《社会科学》2010年第8期。

[3] 晋军、何江穗："碎片化中的底层表达——云南水电开发争论中的民间环保组织"，载《学海》2008年第4期。

[4] 郑秉文："中国社保'碎片化制度'危害与'碎片化冲动'探源"，载《甘肃社会科学》2009年第3期。

[5] 曾凡军："由竞争治理迈向整体治理"，载《学术论坛》2009年第9期。

[6] 孔娜娜："社区公共服务碎片化的整体性治理"，载《华中师范大学学报（人文社会科学版）》2014年第5期。

[7] 汪锦军："农村公共服务提供：超越'碎片化'的协同供给之道——成都市公共服务的统筹改革及对农村公共服务供给模式的启示"，载《经济体制改革》2011年第3期。

[8] Authority Fragmented 的部门权威体系。Hillman, Ben. "Factions and Spoils: Examining Political Behavior within the Local State in China." The China Journal, No. 7 (2010): 64.

角来看，希克斯认为碎片化政府是指在不同职能部门面临共同的社会问题时各自为政，缺乏相互协调、沟通和合作，致使政府的整体政策目标无法顺利达成的现象。① 因此，碎片化政府就是过度遵循专业分工的政府职能部门设计而产生的。事实上，碎片化政府不仅仅包含因政府内部的专业分工而导致的部门分工，还包括因政府层级划分所带来的辖区的划分，即通常我们所说的属地划分，这也是碎片化政府所体现的我国特征。因此，碎片化政府是指政府内部由于专业分工与属地划分而导致的政府之间各自为政，缺乏相互协调、沟通和合作，致使政府的整体政策目标无法顺利达成的现象。②

3. 政府碎片化的理论渊源：官僚制或科层制

碎片化政府建立在官僚制或科层制理论的基础上。从这个意义上讲，碎片化政府实际上是对传统官僚制或科层制理论的一种批判和总结，是对传统官僚制或科层制体系中过度职能分工和地区划分现象的理论升华。因此，对于碎片化政府的理论渊源可以追溯到官僚制或科层制理论下的政府组织设计。

政府碎片化或"碎片化"政府管理模式的形成和发展经历了一个较长的时期，有其独特的历史条件和社会背景，它萌芽于18世纪资本主义时期亚当·斯密在《国富论》中提出的"劳动专业分工论"，形成于19世纪末20世纪初以泰勒为代表人物的"科学管理理论"，成熟于此后韦伯提出的"官僚制"理论。

"劳动专业分工论"认为，"劳动生产上最大的增进以及运用劳动时所表现的更大的熟练、技巧和判断力，都是分工的结果"③。这个分工出效率的原理在以后的社会生产中得到了极大的证明和应用。19世纪中期，工业革命中涌现出来的各种新发明和新技术为劳动专业分工在社会各领域的扩展提供了更为坚实的社会条件，传统的"通才式"工匠生产方式逐渐让位于基于专业分工而形成的工业化大生产。在工业化模式的影响下，政府组织结构逐渐按照亚当·斯密在《国富论》中提出的分工原则进行设计，开始以各种划分为特征，形成大规模、组织化的政府职能部门。④

泰勒的"科学管理理论"则建立在其对不同工厂的绝大多数处于生产第一线的工人进行科学的时间和动作研究的基础上，其目标是把工作分解为能够被

---

① Perri 6, Leat D, Seltzer K, etc. Towards Holistic Governance: The New Reform Agenda, London: Palgrave Macmillan Press, 2002, p. 33.
② 杜春林、张新文：“农村公共服务项目为何呈现出'碎片化'现象？——基于棉县农田水利项目的考察”，载《南京农业大学学报（社会科学版）》2017年第3期。
③ ［英］亚当·斯密：《国富论》，郭大力、王亚南译，商务印书馆1981年版，第5页。
④ 谭本波、蔡立辉：“论'碎片化'政府管理模式及其改革路径——'整体型政府'的分析视角”，载《社会科学》2010年第8期。

那些只接受了极少教育的工人迅速掌握和完成的最简单任务。泰勒的工作进一步推动了管理活动朝着劳动分工、专业化、严格控制以及计划者与执行者分离的方向发展。在科学管理理论的影响下,早期的行政学者如怀特、威洛比、古利克等人开始探索公共行政的一般原则和原理,专业化分工、管理层次与幅度、统一指挥等原则在邮政、教育、卫生保健、警察工作等政府部门的工作中得到了广泛的应用。① 韦伯的"官僚制"理论则是为适应工业化大生产对组织理论的需要,在"劳动专业分工"理论和"科学管理理论"的基础上进一步的概括、总结和提升。官僚制组织体系的特点是:合理的分工,等级森严的权力体系,依照规程办事的运作机制,形式正规的决策文书,组织管理的非人格化,适应工作需要的专业培训机制,合理合法的人事行政制度。② 根据这些原则,官僚制能够成为层次结构分明、规章制度严格、职权职责明确、各级官员称职的行政管理体系。韦伯坚信,"推进官僚制度的决定性理由一直是超过其他组织形式的纯技术优越性……精确、速度、细节分明……减少摩擦、降低人和物的成本,在严格的官僚制治理中,这一切都提高到最佳点"③。在工业化时代,人们普遍认为官僚制意味着组织方式的理性和效率,是指挥和控制现代社会最有效、最标准的方式。它给政府带来的逻辑规范就像装配流水线给生产企业带来的逻辑规范一样。这种基于专业分工、等级制管理的官僚制组织形式虽然曾遭到过不少批评和诟病,但在 20 世纪 80 年代以前一直占据着公共行政的正统地位。④

4. 政府碎片化理论与农村公共服务项目碎片化的关系

农村公共服务项目制供给是建立在政府条块分割的资源分配机制基础之上的,而农村公共服务项目制供给碎片化与碎片化政府密切相关。农村公共服务项目制供给的运作过程以及碎片化的表现形式与碎片化政府之间存在内在契合性。碎片化政府理论对于分析农村公共服务项目制供给碎片化具有重要的理论意义。

就理论基础而言,碎片化政府理论与农村公共服务项目碎片化之间的关系是一个必须关注的焦点,即如何用碎片化政府理论来解释农村公共服务项目碎

---

① 谭海波,蔡立辉:"论'碎片化'政府管理模式及其改革路径——'整体型政府'的分析视角",载《社会科学》2010 年第 8 期。
② 参见丁煌:《西方行政学说史》,武汉大学出版社 1999 年版,第 83~86 页。
③ 引自[美]文森特·奥斯特罗姆:《美国公共行政的思想危机》,毛寿龙译,生活·读书·新知三联书店 1999 年版,第 37 页。
④ 谭海波,蔡立辉:"论'碎片化'政府管理模式及其改革路径——'整体型政府'的分析视角",载《社会科学》2010 年第 8 期。

片化现象。就两者的关系而言，主要表现为两个方面：

一是项目制依附于科层制或官僚制体系。尽管项目制在制度设计上打破了条块分割的科层制体系，但在实际运作过程中无法完全冲破科层制体系的束缚，农村公共服务项目在实际运作过程中仍然要遵循区域划分和部门划分，项目的分配始终与地区或部门紧密相连。因此，从总体上看项目制是依附在科层制体系上的一套完整的政府管理机制，依附于科层体系是项目制运作的组织基础。[1]

二是碎片化政府导致项目碎片化。正是项目制对科层制体系的依附关系，使科层制体系中的职能分工与地区划分对农村公共服务项目也产生深远影响。农村公共服务项目之所以呈现碎片化现象，从根本上来看应当归因于科层制体系根深蒂固的条块划分特征，即碎片化政府。更进一步说，项目制不仅仅是农村公共服务的一种供给方式，更是一种利益分配方式。项目不仅仅是资源，更是利益所在，项目制在运作过程中涉及各地区与部门，而各地区、各部门之间对于项目存在需求与利益差异，进一步强化了项目制运作过程中的碎片化现象。

综合上述两点，概括地说，农村公共服务项目制供给是依附于科层制体系的一套制度设计，项目制在运作过程中依附于以职能划分和地区划分为特征的科层制体系，这是农村公共服务项目制供给为什么会出现碎片化现象的重要理论依据。碎片化政府表现为科层制组织运作过程中的条块分割现象，即科层制组织遵循专业分工和层级划分的运作模式，而农村公共服务项目制供给实际上是政府供给的一种方式，项目制基层运作遵循科层制组织条块分割的运作逻辑，自上而下的项目也遵循地区划分和部门划分的运作逻辑。由于条块分割的科层制体系在运作过程中必然会导致部门之间的地盘战和地方保护主义的利益分化，这在一定程度上也加剧了农村公共服务项目在运作过程中的碎片化现象。[2]

5. 我国农村公共服务供给碎片化的历史变迁

从中华人民共和国成立至今，我国农村公共服务供给都延续着碎片化的逻辑，根据各个时期碎片化的特征，可分为制度隔离型碎片化、资源匮乏型碎片化和府际竞争型碎片化。

（1）制度隔离型碎片化。制度隔离型碎片化是指乡村公共服务供给在人民

---

[1] 杜春林，张新文："从制度安排到实际运行：项目制的生存逻辑与两难处境"，载《南京农业大学学报（社会科学版）》2015年第1期。

[2] 杜春林，张新文："农村公共服务项目为何呈现出"碎片化"现象？——基于棉县农田水利项目的考察"，载《南京农业大学学报（社会科学版）》2017年第3期。

公社体制的限制下，使得公社之间在公共服务供给过程中很难实现资源流动与优化配置。在当时"多取少予、农业哺育工业"的制度安排下，国家财政用于乡村公共服务供给的份额十分有限，我国合作社或人民公社成为村级公共服务供给的主要供给主体。根据"三级所有、队为基础"的《农村人民公社工作条例（修正草案）》，人民公社之间关于合作提供公共服务仅限于兴办几个公社共同的水利建设和其他的基本建设，即使生产队之间关于共同提供公共服务的协作也要得到公社的批准。因此，可以说人民公社体制割裂了公社之间甚至生产队之间的资源流动，乡村公共服务供给只限于公社内部自给自足，其供给范围仅限于建立小型农田水利工程、乡村公路、畜牧兽医站、农业技术推广站、村级学校、供销合作社，推广新式农具、农业生产技术和先进经验等基本的公共服务。可以看出，大部分乡村公共服务的提供均可在合作社或公社内部完成，无需借助公社之间的协作。公社之间的公共服务供给绝大部分是独立分散的，缺乏更高层次的资源整合，正是人民公社体制导致这一时期公共服务供给的碎片化，而且是低水平的碎片化。

（2）资源匮乏型碎片化。资源匮乏型碎片化是指，在改革开放之后、分税制改革之前，乡村公共服务供给受制于国家财政和乡镇财政的有限支出，使得乡村公共服务的供给依赖于以家庭为单位的摊派筹资模式。家庭联产承包责任制逐渐取代人民公社体制之后，包产到户调动了农民的生产积极性，但我国农村又回到了以家庭为单位的自给自足的小农经营模式时代，分散的小农经营增加了筹资的难度。由于财政包干体制下国家财政有心无力，乡镇财政无暇顾及，再加上基层筹资困难，资源的匮乏导致乡村公共服务供给依赖于乡镇范围内的摊派筹资模式，这一模式的非制度化、随机性使乡村公共服务供给呈零散化的形态，缺乏总体规划。另外，摊派筹资模式仅仅限于乡镇内部甚至村庄内部的公共服务供给，乡镇之间、村庄之间也缺乏公共服务供给的协同机制。

（3）府际竞争型碎片化。府际竞争型碎片化是指分税制改革尤其是税费改革之后，中央政府重新向上集中财权，地方各级财政日益趋紧，"财权"与"事权"不匹配现象日益突出，只能依靠以项目为依托的上级政府转移支付来提供乡村公共服务，而上级政府有限的转移支付必然导致下级政府之间的竞争，府际竞争的结果便是缺乏合作，从而导致乡村公共服务供给在区域间形成碎片化。

由于乡村公共服务供给逐渐依赖自上而下的项目，在压力型体制下，乡村之间围绕有限的转移支付资金形成了"跑项目""争项目""跑部钱进"和"跑项争资"等相互竞争的态势，以此来打造当地的"政绩工程"，不仅为当地发展、也为官员晋升添筹加码。从纵向的层级划分来看，乡村在相互竞争的环境下闭门打造形象工程，项目资金分散到各个乡镇或村庄，不能在乡镇之间甚至村庄之间实现有效整合；从横向的职能划分来看，绝大部分项目资金分散在各职能部门，乡村为获得更多的项目资金，在自下而上向各职能部门申请项目时，容易在各职能部门之间形成重复立项的现象。①

6. 农村公共服务供给"碎片化"的现实影响

中国乡村公共服务供给所呈现的碎片化特征，对现实有如下三方面的负面影响：

一是府际之间、政府与社会之间缺乏协作，导致供给过程中的资源浪费和效率低下。公共服务提供中跨政府职能部门协同困难，是因为"专业化—部门化—利益化—制度化"的路径依赖直接造成了"高成本、低效率"制度困境的产生（唐任伍等，2012）。在财政分配体制上，从"吃大锅饭"到"分灶吃饭"再到分税制改革及税费改革，之所以乡村公共服务的供给一直都呈现出碎片化的形态，其主要缺点在于乡村之间缺乏协作，导致公共服务供给效率低下。比如，从20世纪80年代中后期开始，人民公社体制下的农机站、水利站和畜牧兽医站等部门的管理权由县级逐渐下放至乡镇，并实现"块块"为主的管理体制，这些机构由于和相关部门关系断裂，加之经费紧缺，导致服务质量直线下降（苏振华，2013）。因此，农村公共服务"块块"为主的管理体制并不能调动相关部门的积极性，反而导致农村公共服务提供部门职能衰落，导致农村大部分公共品主要依靠农民自筹资金来提供（Lily，2002）。因此，乡村公共服务"块块"划分的碎片化供给阻碍了政府间协作，直接影响公共服务的供给效率。

二是基层盛行的公共服务供给的摊派筹资模式缺乏制度规范，导致基层严重的"三乱"现象。不论是在财政包干体制下还是分税制改革及税费改革之后，摊派筹资模式在乡村公共服务供给中始终占据重要地位，但是在缺乏制度规范的环境下，摊派模式极易导致基层的乱收费、乱摊派和乱罚款的"三乱"现象。20世纪80年代中后期，家庭联产承包责任制虽然使农业生产增产但增收却不明显，再加上乡镇企业普遍不景气，使得乡镇财政不得不依靠对农民的汲取，由此便形成了所谓"三提五统加两工"，由于缺乏有效的内部和外部监督，对于乡村公共服务的提供也缺乏合理论证和规划，这一时期形成大量的面子工程、政绩工程，不仅导致资源的浪费，还加重了村庄债务和农民负担，由此也形成了农村普遍存在的名目繁多的"三乱"现象。20世纪90年代中期，除乱罚款外，国家正式公布的需要取消、暂缓执行和修改的各种乱收费、集资

---

① 杜春林，张新文："乡村公共服务供给：从'碎片化'到'整体性'"，载《农业经济问题》2015年第7期。

摊派农村项目即达56项。由此可见农村集资之乱、农民负担之重。

三是分税制改革和税费改革之后，基层组织之间的竞争态势使乡村公共服务供给成为其彰显政绩的重要途径。因此，对现实需求的忽视，导致供给与需求之间的不符。从地方政府官员政治晋升博弈的角度剖析，不同地区的地方官员不仅在经济上为 GDP 和利税竞争，同时也在"官场"上为晋升而竞争。对于那些利己不利人的事情激励最充分，而对于那些既利己又利人的双赢合作则激励不足（周黎安，2004）。不仅是地方政府官员，乡村干部也遵循此行为逻辑，乡村干部并非为了有效提供公共服务而去争取项目或筹集资金，在很大程度上是为了在与其他乡村之间的竞争中获得优势才去争取项目资金。因此，在当前以政绩为导向的官员考核机制下，乡村公共服务供给的碎片化不仅导致各自为政，还会使基层政府好大喜功、不切实际，盲目追求政绩导致乡村公共服务供给与村庄需求不符，对于有利于凸显政绩的项目盲目上马，对于有利于民生而不显政绩的项目则一拖再拖。韩国明等（2012）在对西北某县示范村建设的调研中发现，非示范村的基础设施虽然得到一定改善，但与示范村项目相比则明显投入不足，因此大部分非示范村的公共服务供给不能满足需求，自上而下的项目资金都重复堆积于示范村，以满足乡镇政府或县级政府凸显政绩的需要（甘肃经济日报，2005）。如吉林省桦甸市八道河子镇为建设小康示范村拨款335万元打造30栋别墅以显示示范村建设的成果（新华网，2006）；陕西省石泉县政府花数百万粉刷危房、厕所以遮羞（西部网，2008）；内蒙古赤峰市不根据实际情况在敖汉旗新惠镇红娘沟村大力兴建沼气池，造成近70万元资金的浪费（辛阳，2010）。事实上，对于村民而言，最需要的是收入的提高，而政绩导向的县乡政府并不能满足这一需求。①

六、农村公共服务项目制供给的完善："整体性治理"

1. 整体性治理理论兴起的背景

20 世纪 90 年代末，以英国、澳大利亚、美国、加拿大为代表的西方发达国家继新公共管理后又进行了新一轮政府改革，用以解决传统公共行政带来的科层制弊端和新公共管理带来的碎片化弊端。根据各国改革实践，以英国学者佩里·希克斯为代表的学者们提出了整体性治理理论。作为一种解决问题的途径，该理论将"协调"与"整合"作为两个重要概念进行描述和解释。"协调"指的是在信息、认知和决策方面理解相互介入和参与的必要性，并非定义不精

---

① 杜春林，张新文："乡村公共服务供给：从'碎片化'到'整体性'"，载《农业经济问题》2015 年第 7 期。

确的行动";而"整合是指通过为公众提供满足其需要的、无缝隙的公共服务,从而达致整体性治理的最高水平"①。

2. 整体性治理理论的核心诉求

为破解公共服务碎片化,整体性治理理论提出了三个方面的核心诉求②:一是整体思考,强调从整体上应对社会问题;二是重视整体人,强调以公民需求的核心特质为完整性,管理者应当尽可能从整体人的完整需求出发来设计政府机构的设置和服务供给模式;三是整合行动,即整合不同的行动机构和主体,通过跨越职责边界进行工作,以一种目标共享、整体化政府的方式回应特定议题。政府内部的协调与整合,其本质是权力、利益、资源的再分配和供给机制的再造。③

3. 整体性治理理论的建构

整体性治理理论的建构是基于以下三条假设:一是民众经常有需要政府解决的问题,这些问题往往要求政府必须从整体性角度出发才能够解决;二是政府机构行为以民众最为关注和担忧的问题为导向,而不是以有效的管理过程为导向,即政府机构主旨更倾向于解决普通民众最担忧的实际问题,而大多数这样的问题是跨部门的,是单一部门无法独立解决的;三是为了解决民众提出的问题,政府必须实现内部机构、部门、专业与各层级间的协调与整合,实现政府整体性运作(寇丹,2012)。

4. 整体性治理理论是乡村公共服务供给碎片化治道变革的理论基础

由上可见,整体性治理的关键理论内核在于破解主体单一、组织结构分割、功能重叠与服务真空等碎片化问题,注重多元主体的参与、机构边界的调整、职能权责的整合、运行机制的再造优化、无缝隙服务的优质高效、公民多元需求的充分满足等。整体性治理主张政府内部机构和部门的整体性运作,管理从分散走向集中,从部分走向整体,从破碎走向整合(竺乾威,2008)。从这个意义上说,整体性治理理论是乡村公共服务供给碎片化治道变革的理论基础。整体性治理理论为走出乡村公共服务供给碎片化指明了方向。

5. 整体性治理视角下农村公共服务项目制供给碎片化的破解之路:有效对接、有效整合与有效协调

阿尔文·托夫勒在 1980 年写道:"我坚信我们今天已经处于一个新的综合

---

① Perry, Dinna Leat, Kimberly Seltzer and Gerry Stoker. Towards Holistic Governance: The New Reform Agenda, London: Palgrave Macmillan Press, 2002, p. 34.

② 转引自孙志建:"论整体性政府的制度化路径与本土化策略",载《广东行政学院学报》2009年第5期。

③ 孔娜娜:"社区公共服务碎片化的整体性治理",载《华中师范大学学报(人文社会科学版)》2014年第5期。

时代的边缘。在所有的知识领域……我们都可以看到对大思路、对普遍理论以及对将零碎的部分重新整合为整体的回归"。[1] 在当今网络信息技术迅速发展和普遍应用的数字化时代，"通过清除内部障碍、组建职能交叉的团队、为顾客提供一步到位的信息和服务，以及以一种综合的而不是分散、常人的眼光评估自身的工作，我们最优秀的组织确实正在将支离破碎的部分重新整合为一个整体"。[2] 在政府管理领域，打破"碎片化"模式下的组织壁垒和自我封闭的状态，强化政府部门之间的合作和协调，促进政府信息资源的共享，加强政府服务方式和渠道的整合，构建无缝隙、一体化的"整体型政府"，实行"整体性治理"，已成为当前国际公共行政改革的一种新趋势。在这种构建"整体性政府"，实行"整体性治理"的视角下，探讨乡村公共服务项目制供给碎片化的破解之路，无疑是一个具有重要意义的课题。

根据"整体性政府"和"整体性治理"的核心内容，针对当前乡村公共服务项目制供给碎片化的现实状况，就项目制的基层运作而言，其破解之路，主要是在"以县为主"的原则下，通过县级政府、乡镇政府和村庄三个行动主体之间在权力、利益和创新关系方面相互博弈之中凸显出的有效对接、有效协调和有效整合。其中，有效对接是前提，有效协调是关键，有效整合是目标。三者的有机结合才是完整的破解之路。

6. 有效对接：农村公共服务项目制供给碎片化整体性治理的必要前提

说到整体和整体性，人们往往忽略从部分与整体的相互关系去考虑和把握，也容易忽略从"碎片化"到"整体性"的逻辑中介，更容易忽略由部分构成整体的必要前提，这就是对接。从一定意义上说，没有对接就没有整体。忽略对接，即使是协调与整合，也将失去对应的主体和对象，而没有对应的主体和对象，协调与整合本身也将不复存在。从这个意义上说，对接不仅是整体性治理的必要前提，也是协调与整合的必要前提。

所谓对接，在《现代汉语词典》（第7版）中，是"指两个或两个以上的航天器（航天飞机、宇宙飞船等）靠拢后接合成为一体。泛指互相衔接，互相联系起来"[3]。简要地说，对接的内涵就是指互相衔接，互相联系。整体就是部分的连接、对接与衔接。整体性就是部分之间对接、衔接、联系的性质。

"对接"这一概念，在目前有关的整体性治理的相关理论中未曾提及，但

---

[1] Toffler, A., The Third Wave, New York: Bantam Books, 1980, p.130.

[2] [美] 拉塞尔·M. 林登：《无缝隙政府——公共部门再造指南》，汪大海译，中国人民大学出版社2002年版，第5页。

[3] 《现代汉语词典》（第7版），第330页。

在农村公共服务项目制供给的基层运作中,却不可或缺。这是因为,按照项目制设计的初衷,所有的中央政府部门、省级部门、市级部门包括县(市)级政府部门的项目申请立项,都必须通过县(市)级政府。县(市)级政府不仅是项目承上启下的中转站,还可以为项目的再组织搭建制度空间和社会场域,因此在项目运作中处于非常关键的位置。然而,其基层运作在县级政府、乡镇政府和村庄这三个行动主体所构成的体系中,所有的项目申请、审核、批准、立项、实施和监督,都是县(市)级政府和部门绕过乡镇政府直接与村庄对接。而问题是,一个县(市)级政府,若干个县(市)级政府部门,他们的项目运作,对接的是十几个或数十几个乡镇组成的成百上千个村庄,这就导致项目的申报、立项、审核、实施和监督无暇应对,很难真正如实了解村庄的公共服务现状、实际需要,很难做到所立项目真正符合村庄的实际,其项目和资金配置也很难切实对接村庄的利益诉求。

因此,对接作为农村公共服务项目制供给碎片化整体性治理的必要前提,首先是要做到有序对接。所谓有序对接,就是按层级有序对接。县(市)级政府和部门应就项目运作的基本要求和相关程序首先与乡镇政府对接,然后由乡镇政府就项目运作的相关要求与村庄进行对接。其优势就在于乡镇政府与村庄的对接相对于县(市)级政府与村庄的对接,不仅仅是在数量上是一对几或一对十几的小范围对接,从容淡定,有暇应对,更是因为乡镇政府对所辖村庄的经济、环境、生产、生活、公共服务、基础设施等相关情况的熟悉程度,远远高于县(市)级政府和部门。因此通过乡镇政府与村庄对接所提供的项目申报和资源配置的方案或建议,当然就更加切实符合村庄情况,更能反映村庄真实的公共服务需求。

其次就是有机对接。在有序对接的基础上,所谓有机对接,就是"以县为主"的统筹对接,是指县(市)级政府在有序对接的基础上,将县(市)级政府部门之间的横向对接,与县、乡、村三级政府组织的纵向对接,按一定原则结合为一个有机的整体,以指导、安排和统筹全县乡村公共服务的项目运作。

最后是有效对接。有效对接的要义是有效。有效对接与有序对接和有机对接的区别是内容和形式的区别。无论是县乡村三级的纵向对接,县(市)级政府部门之间的横向对接,还是纵向对接与横向对接纵横交错而成的有机对接,主要还是侧重于形式上的对接,即外延式对接;只有有效对接,才是内容和实质上的内涵式对接。

作为判断对接是否有效的标准,主要是看在项目运作中,县乡村三个行动主体间的信息是否对称,思路是否对接,自上而下的项目供给与自下而上的利益诉求是否对接,县(市)级政府部门间的运作思路是否对接,步调是否一致，县（市）级政府自上而下的项目配置与资源配置与村庄自下而上的需求偏好是否相适应。如果对上述问题的回答是肯定的，就是有效对接或良性对接，否则就是无效对接或非良性对接。

7. 有效整合：农村公共服务项目制供给碎片化整体性治理的核心内容

如果说，有效对接是农村公共服务项目制供给碎片化整体性治理的必要前提，那么，有效整合就是农村公共服务项目制供给碎片化整体性治理的核心内容。

整合是整体性治理理论的一个重要命题。在希克斯看来，整合指的是通过确立共同的组织结构和合并在一起的专业实践来贯彻这些想法。[1] 而在《现代汉语词典》里，"整合"是指"通过整顿、协调重新组合"[2]。如果将这两种界定结合起来，不难发现，"合并"与"重组"（重新组合）无疑是"整合"概念的最深内涵。而整合的对象，一是项目，二是资金。因此在项目运作中，整合，就是将现有的项目按照一定的原则、意图、计划和目标进行"合并"和"重组"，或者将项目的资金按照一定的原则、意图、计划和目标进行配置和调整。

首先是项目的层级横向整合，即村庄与村庄的项目整合，乡镇与乡镇的项目整合，县（市）级政府部门之间的项目整合。

村庄与村庄的项目整合，多是源于交通、水利等基础设施类型的公共服务项目因需跨越相邻的两个或若干个村庄所形成的项目横向整合。这一类型的项目整合既需要相邻村庄之间以一种合作的方式和意愿，相互主动的沟通和协商，更需要县（市）级政府相关部门（如水利局、交通局、农业局等）会同村庄所属乡镇政府与相关村庄一起交流、沟通、协商，将项目"合并""重组"而成。这种村庄间的项目合并与重组，同时也伴随着一定比例的项目资金配置。

与村庄之间的项目整合同理，如果村庄与村庄之间的水利交通类项目，跨越了不同乡镇的区域，那就不再是村庄与村庄之间自愿沟通协商所能直接解决的问题，而是涉及乡镇与乡镇之间的同类型横向项目整合。

乡镇与乡镇之间的同类型横向项目的整合，与村庄与村庄之间的横向项目整合一样，也需要乡镇之间首先以一种合作的方式，在自愿的基础上，进行初步的沟通和协商，然后由县（市）级政府会同相关政府部门与所涉乡镇，根据村庄的要求与实际，一起交流、沟通、协商而成。这种相邻乡镇间的项目合并

---

[1] Perry, Dinna Leat, Kimberly Seltzer and Gerry Stoker. Towards Holistic Governance: The New Reform Agenda, London: Palgrave Macmillan Press, 2002, p.34.

[2] 《现代汉语词典》（第7版），第1669页。

与项目重组，也同样伴随一定比例的项目资金配置。

如果村庄的项目涉及两个或两个以上县（市）级政府部门（如水利局与交通局，或水利局与农业局），那就涉及县（市）级政府部门之间的横向项目整合。在这种情况下，首先，只能由相关部门之间进行沟通和协商，然后在县（市）级政府的指导和管控下进行项目合并或项目重组，包括资金配置。

其次，是项目的纵向层级整合。项目的纵向层级整合主要体现在乡镇政府层面。乡镇政府扮演了政策传递者的角色，是在县（市）级政府的宏观组织协调下，将自上而下的项目加以整合、细化和分类，并传递到村庄。从政府结构中可以看出，乡镇政府要处理与县（市）级政府、县（市）级政府部门、同级政府以及村庄等至少四类关系。乡镇政府要遵循县（市）级政府的组织协调以及县（市）级政府统筹全局的政策指向，实现上下级之间资源的有序流动。乡镇政府在项目的分类与细化中，应当遵循县（市）级政府宏观协调的政策指向，结合相关村庄的实际情况，尽可能地将项目的目标与县级政府的目标，还有乡镇政府的目标结合起来，实现对项目的重组和资源的配置。

再次，是项目的统筹整合。统筹整合的主体是县（市）级政府。县（市）级政府在项目横向整合与纵向整合的基础上，会根据国家和上级政府在一段时期的中心工作，以及本级政府一定时期内经济社会发展的规划、战略、方案、思路和目标，将现有的相关项目进行更高层次、更高程度、更高水平、更大力度、更高目标上的合并和重组，即综合性整合或统筹整合，让统筹整合后的项目为县（市）的经济社会发展长期、持续地发挥作用。

最后，是项目的有效整合。有效整合的有效性判断标准，主要是看整合后的项目是否满足了村庄公共服务的需要；是否受到村民群众的好评；是否发挥出它应有的公共服务的效能；是否充分体现出资金配置的合理性；是否无浪费项目资金的情况等。如回答是肯定的或基本肯定的，则该项目整合就是有效整合，否则就是无效整合。

8. 有效协调：农村公共服务项目制供给碎片化整体性治理的关键环节

如果说，在项目申报阶段，整体性治理侧重于对接；在项目立项阶段，整体性治理侧重于整合；那么，在项目实施阶段的整体性治理，则侧重于协调。有效的协调是处理县乡村关系以及县（市）级政府与县（市）级政府部门之间关系的必要保障，也是农村公共服务项目制供给碎片化整体性治理的关键环节。

这是因为，无论是对接还是整合，表面上看，只是项目的对接与项目的整合，然而，透过项目对接和项目整合的表面现象，任何人都心知肚明：项目的背后是利益，是资源，是财政转移支付资金。项目对接，实质上是利益和资金的对接；项目整合，实质上是利益和资金的整合。项目对接或整合的两个或若干个村庄之间,项目资金的配置,总的额度是已定的,在某一对接或整合的项目中,甲村庄的配置资金多一些,乙村庄的配置资金就会相应地少一些。一条水渠或一条道路的项目施工,地势平缓不一,土质软硬不一,难易程度不一,用工多少不一,施工成本不一,所以,项目资金要绝对公平合理的配置是有难度的。况且,不管项目管理部门和施工技术部门如何力争做到资金合理配置,也很难让相关项目的当事双方都感到满意,且往往立项双方都认为自己村庄吃了亏,对方村庄得了便宜。因此,矛盾、纠纷、冲突常常不可避免。严重者,还会导致上访等群体性事件的发生。项目施工的接合部、断头渠、断头路等现象的出现并不鲜见。为了防止这种现象的出现,协调就成为项目供给碎片化整体性治理的重要环节、关键环节。在一定意义上可以说,在乡村公共服务整体性治理的治理链条中,协调是不可或缺的关键环节。

那么,何谓协调?在希克斯看来,协调指的是确立有关合作和整体运作、合作的信息系统,结果之间的对话、计划过程以及决策的想法。在《现代汉语词典》里,协调是指"配合得适当"[①]。将两者综合起来,不难发现,"合作"与"配合"是"协调"这一概念的深刻内涵。或者说,没有"合作",就没有协调;没有"配合",也没有协调。"合作"与"配合"的广度、力度和深度,决定了协调的程度、水平和效果。

协调首先是纵向层级间的协调。主要是指县(市)级政府对乡镇之间为项目竞争而产生矛盾、分歧的协调以及乡镇政府对村庄之间为项目实施而产生矛盾、分歧和冲突的协调。

就乡镇政府之间的协调而言,县(市)级政府起主导作用,成为项目协调中的主角。在财政包干体制下,乡镇政府之间曾围绕增加本级政府的财政收入而展开激烈竞争;而分税制改革后,乡镇政府之间便倾向于围绕获得更多转移支付而展开竞争;当农村公共服务项目供给制逐渐取代转移支付后(尽管项目制也是转移支付的一种),乡镇政府之间又围绕获得更多的项目和专项资金而展开竞争。可见乡镇政府之间的关系始终以竞争为主。尽管县(市)级政府为解决上述矛盾冲突想了很多办法,并主动参与财政分配,但仍没有达到乡镇之间协调的效果,原因就在于当前自上而下的转移支付体系并没有有效的制度规范,未发挥其应有的作用。从整体性治理的角度来看,县(市)级政府就应以统筹整合的相关项目及其财政资金的再分配等方式,来尽力平衡和协调县乡间以及乡镇间关系。

就村庄之间的项目实施而产生矛盾的协调而言,乡镇政府起主导作用,成

[①] 《现代汉语词典》(第7版),第1449页。

为协调村庄之间矛盾的主角。

在项目资金以县为主的格局下,在乡镇落地的大部分项目都是县(市)级政府相关部门负责立项、招标,乡镇政府在项目分配和实施过程中的权力很小。但乡镇政府在主要项目实施中承担的"协调"职责却很大。这是因为"协调"在项目进入乡村社会过程中具有实质性的意义。比如市交通局的项目,签订合同的业主单位是县(市)交通局,但是在实施过程中必须由乡镇政府承担协调征地、拆迁、后期管理的任务。正是通过这些"协调"事务,乡镇政府大量参与到了项目执行过程中,并且这些工作日益成了乡镇政权的核心任务。乡镇政府在项目运作中的"协调"地位,并不是说它们在项目执行过程中的作用不重要,相反,离开了乡镇政府的参与,上级政府和施工队根本无法摆平项目实施过程中的各种矛盾。乡镇政府在这个过程中成了各个项目的协调主体,对项目能否顺利进行发挥着关键作用。[1]

其次,协调是横向部门间的协调。传统的科层制理论关注的焦点是分工明确,却忽视了政府作为一个有机整体存在的事实。农村公共服务项目制供给碎片化,与传统科层制的分工过细紧密相关。分工过细就会凸显职能部门之间的"缝隙"而导致相互之间的推诿扯皮以及职责不清,而如何解决科层制体系中职能部门分工过细导致的农村公共服务项目制供给碎片化问题,就需要发挥县(市)级政府的协调功能。因此县(市)级政府需协调各职能部门之间的关系,明确各部门的职责,在此基础上实现各部门之间关于农村公共服务供给项目的职能整合。[2]

最后,协调是项目的有效协调。有效协调的有效性判断标准,主要是看项目实施中的矛盾、纠纷和冲突是否已经化解;项目实施中的矛盾双方是否还存在纠纷或遗留性问题;经协调后的项目当事方事后是否发生上访等群体性事件;项目当事的乡镇各方或村庄各方是否在协调后的施工中和谐相处并圆满完成项目施工任务等。如果答案是正面肯定的或正面基本肯定的,则该项目协调就是有效协调,否则就是无效协调。

---

[1] 付伟,焦长权:"'协调型'政权:项目制运作下的乡镇政府",载《社会学研究》2015年第2期,第98~123页。

[2] 杜春林,张新文:"项目制动员的碎片化及其治理研究——基于S县后扶项目的实证考察",载《甘肃行政学院学报》2015年第5期。

参考文献

文件：

习近平：《决胜全面建成小康社会 夺取新时代中国特色社会主义伟大胜利——在中国共产党第十九次全国代表大会上的报告》，载《光明日报》2017年10月28日第1、2、3、4、5版。

《中共中央关于全面深化改革若干重大问题的决定》，载《光明日报》2013年11月16日第1、2、6版。

习近平：《关于〈中共中央关于全面深化改革若干重大问题的决定〉的说明》，载《光明日报》2013年11月16日第1、5版。

习近平：《切实把思想统一到党的十八届三中全会精神上来》，载《人民日报》2014年1月1日。

习近平：《完善和发展中国特色社会主义制度推进国家治理体系和治理能力现代化》，载《人民日报》2014年2月18日第1版。

著作：

范毅：《走向财政民主：化解乡村债务长效机制研究》，法律出版社，2013年。

张晓山，李周：《新中国农村60年的发展与变迁》，人民出版社，2009年。

厉以宁：《中国经济双重转型之路》，中国人民大学出版社，2013年。

刘剑文，熊伟：《财政税收法》，法律出版社，2014年。

李萍主编：《中国政府间财政关系图解》，中国财政经济出版社，2006年。

王恩奉：《县乡财政面临的问题及对策研究》，经济科学出版社，2009年。

刘尚希，傅志华主编：《缓解县乡财政困难的路径选择》，中国财政经济出版社，2006年。

李一花：《中国县乡财政运行及解困研究》，社会科学文献出版社，2008年。

赵树凯：《乡镇治理与政府制度化》，商务印书馆，2010年。

《2003年中国财政年鉴》，中国财政杂志社；《国家财政工作概况》，中国财政经济出版社。

钟晓敏：《中国地方财政体制改革研究》，中国财政经济出版社，2010年。

周飞舟：《以利为利：财政关系与地方政府行为》，上海三联书店，2012年。

王绍光：《美国进步时代的启示》，中国财政经济出版社，2002年。

马骏，谭君久，王浦劬：《走向"预算国家"：治理、民主和改革》，中央编译出版社，2011年。

黄佩华，迪帕克等：《中国：国家发展与地方财政》，中信出版社，2003年。

阎坤：《中国县乡财政体制研究》，经济科学出版社，2006年。

陈文胜：《乡村债务的危机管理》，湖南人民出版社，2007年。

王颉，樊平，陈光金，王晓毅：《多维视角下的农民问题》，凤凰出版传媒集团，江苏人民出版社，2007年。

高培勇主编：《财政学》，中国财政经济出版社，2004年。

陈共：《财政学》，中国人民大学出版社，2012年。

许毅，沈经农主编：《经济大辞典·财政卷》，上海辞书出版社，1987年。

高培勇等：《公共经济学》，中国社会科学出版社，2007年。

朱钢，谭秋成，张军：《乡村债务》，社会科学文献出版社，2006年。

张厚安，徐勇：《中国农村政治稳定与发展》，武汉出版社，1995年。

[匈]波兰尼：《大转型：我们时代的政治与经济起源》，冯钢等译，浙江人民出版社，2007年。

朱钢，贾康：《中国农村财政理论与实践》，山西经济出版社，2006年。

牛若峰，李成贵，郑有贵：《中国的"三农"问题：回顾与展望》，中国社会科学出版社，2004年。

高帆：《中国城乡二元经济结构转化：理论阐释与实证分析》，上海三联书店，2012年。

杨海坤主编：《宪法基本权利新论》，北京大学出版社，2004年。

时红秀：《财政分权、政府竞争与中国地方政府的债务》，中国财政经济出版社，2007年。

[匈]雅诺什·科尔奈：《大转型》，《比较》第17辑，中信出版社，2005年。

郭玉林：《我国经济转型面临的挑战》，复旦大学出版社，2010年。

[美]詹姆斯·N.罗西瑙：《没有政府统治的治理》，剑桥大学出版社，1995年。

[美]库伊曼，范·弗利埃特：《治理与公共管理》，见库伊曼等编：《管理公共组织》，等萨吉出版公司，1993年。

俞可平主编：《治理与善治》，社会科学文献出版社，2000年。

孙立平：《断裂——20世纪90年代以来的中国社会》，社会科学文献出版社，2003年。

宋健主编：《现代科学技术基础知识》（干部选读），科学出版社、中共中央党校出版社，1994年。

中国社会科学院语言研究所词典编辑室：《现代汉语词典》（第7版），商务印书馆，2016年。

杨之刚等：《财政分权理论与基层公共财政改革》，经济科学出版社，2006年。

安徽省财政厅财政科学研究所编：《探索与创新——2008年安徽省财政科研课题报告》，经济科学出版社，2009年。

黄宗智：《华北的小农经济与社会变迁》，中华书局，2000年。

马骏：《中国公共预算改革》，中央编译出版社，2005年。

[美] 项目管理协会：《项目管理知识体系指南》，王勇，张斌译，电子工业出版社，2009年。

[英] 迈克·费瑟斯通：《消费文化与后现代主义》，刘精明译，译林出版社，2000年。

[英] 亚当·斯密：《国富论》，郭大力，王亚南译，商务印书馆，1981年。

丁煌：《西方行政学说史》，武汉大学出版社，1999年。

[美] 文森特·奥斯特罗姆：《美国公共行政的思想危机》，毛寿龙译，生活·读书·新知三联书店，1999年。

[美] 拉塞尔·M.林登：《无缝隙政府——公共部门再造指南》，汪大海译，中国人民大学出版社，2002年。

《全国乡镇地名录》，测绘出版社，1986年。

Seltzer and Gerry Stoker. Towards Holistic Governance: The New Reform Agenda. , London: Palgrave Macmillan Press, 2002: 34.

Perry, Dinna Leat, Kimberly Seltzer and Gerry Stoker. Towards Holistic Governance: The New Reform Agenda. , London: Palgrave Macmillan Press, 2002: 34.

Perri 6, Leat D, Seltzer K, etc. Towards Holistic Governance: The New Reform Agenda, London: Palgrave Macmillan Press, 2002: 33.

论文：

范毅："从转型对接到协同创新——'乡财县管'深化完善探析"，载《南京财经大学学报》2014年第6期。

贾康，白景明："县乡财政解困与财政体制创新"，载《经济研究》2002年第2期。

王雍君:"地方政府财政自给能力的比较分析",载《中央财经大学学报》2000年第5期。

周飞舟:"从'汲取型'政权到'悬浮型'政权——税费改革对国家与农民关系之影响",载《社会学研究》2006年第3期。

王绍光,马骏:"走向'预算国家'——财政转型与国家建设",载马骏,谭君久,王浦劬主编:《走向预算国家:治理、民主和改革》,中央编译出版社,2011年。

温铁军:"关于化解乡村债务的提案",载《改革内参》2005年第11期。

范毅:"'乡财县管'能不能整合'乡镇预算'",载张献勇主编:《财政立宪与预算法变革——第二届中国财税法前沿问题高端论坛论文集》,知识产权出版社,2013年。

傅光明:"论省直管县财政体制",载《财政研究》2006年第2期。

李一花,乔敏,仇鹏:"县乡财政困难深层成因与财政治理对策",载《地方财政研究》2016年第10期。

李茜宇:"'撤乡并镇'改革对基层政府治理影响的理论分析",载《消费导刊》2009年第8期。

伍红,浙江省财政厅课题组:"浙江省事权与支出责任划分研究",载《财政科学》2016年第6期。

梁红梅,李晓荣:"省以下政府间财力分配研究——以甘肃省为例",载《经济研究参考》2015年第68期。

潘世华:"破解县域财力困境的思考——基于某样本县数据的实证分析",载《财政研究》2015年第6期。

于海峰,崔迪:"防范与化解地方政府债务风险问题研究",载《财政研究》2010年第6期。

徐鲲,郑威:"县级政府债务风险治理的制度创新",载《经济体制改革》2015年第1期。

财政部财政科学研究所课题组:"城镇化进程中的地方政府融资研究",载《经济研究参考》2013年第13期。

马柱,王洁:"地方融资平台成因探究——纵向财政竞争的新视野",载《经济学家》2013年第5期。

封北麟:"地方政府性债务风险及其防范",载《中国金融》2013年第7期。

董再平:"地方政府'土地财政'的现状、成因和治理",载《理论导刊》2008年第12期。

高培勇，汪德华："本轮财税体制改革进程评估：2013.11 – 2016.10（上）"，载《财贸经济》2016年第11期。

高培勇，汪德华："'十三五'时期的财税改革与发展"，载《金融论坛》2016年第1期。

薛菁："县乡基本财力保障：现实困境与破解思路——基于福州市的调查"，载《福建江夏学院学报》2014年第1期。

赵阳、周飞舟："农民负担和财税体制：从县、乡两级的财税体制看农民负担的制度原因"，载《香港社会科学学报》2000年秋季卷。

刘尚希，邢丽："从县乡财政困难看政府间财政关系改革——以西安贫困县为案例"，载《地方财政研究》2006年第3期。

"广西乡财县管改革研究"协作课题组："广西乡财县管改革研究"，载《经济研究参考》2008年第11期，第18~27页。

余红艳，沈坤荣："公平与效率的权衡：中国财政体制改革的路径选择"，载《经济学家》2016年第3期。

杨志勇："分税制改革是怎么开始的？"，载《地方财政研究》2013年第10期。

杨志勇："中央和地方事权划分思路的转变：历史与比较的视角"，载《财政研究》2016年第9期。

刘尚希："基于国家治理的新一轮财政改革"，载《当代经济管理》2013年第12期。

高培勇："论国家治理现代化框架下的财政基础理论建设"，载《中国社会科学》2014年第12期。

高培勇："论中国财政基础理论的创新——由'基础和支柱说'说起"，载《管理世界》2015年第12期。

楼继伟："一场关系国家治理现代化的深刻变革——财政部部长楼继伟详解深化财税体制改革总体方案"，载《当代农村财经》2014年第8期。

陈少强，姜楠楠："规范中央和地方财政关系的新举措"，载《中国发展观察》2016年第17期。

李宏斌，钟瑞添："中国当代社会转型的内容、特点及应然趋向"，载《科学社会主义》2013年第4期。

刘燕，万欣荣："中国社会转型的表现、特点与缺陷"，载《社会主义研究》2011年第4期。

宋林飞："中国社会转型的趋势、代价及其度量"，载《江苏社会科学》2002年第6期。

［英］罗伯特·罗茨："新的治理"，载《政治研究》1996 年第 154 期。

王浦劬："国家治理、政府治理和社会治理的含义及其相互关系"，载《国家行政学院学报》2014 年第 3 期。

李龙，任颖："'治理'一词的沿革考略——以语义分析与语用分析为方法"，载《法制与社会发展》2014 年第 4 期。

竹立家："社会转型与国家治理现代化"，载《科学社会主义》2014 年第 1 期。

许耀桐："中国国家治理的特色、要义和体系"，载《人民论坛》2016 年第 13 期。

郑慧，何君安："试论国家治理体系和国家治理能力现代化"，载《新视野》2014 年第 3 期。

张文显："法治与国家治理现代化"，载《中国法学》2014 年第 4 期。

李适时："充分发挥立法在国家治理现代化中的引领和推动作用"，载《求是》2014 年第 6 期。

何代欣："大国财政转型轨迹及其总体框架"，载《改革》2016 年第 8 期。

徐茂华，李晓雯："新时代我国社会主要矛盾变化的三重维度及现实价值"，载《重庆社会科学》2017 年第 11 期。

吕晨飞："对我国财政体制分权化改革制度演进的分析及政策建议"，载《财政研究》2007 年第 1 期。

余红艳，沈坤荣："公平与效率的权衡：中国财政体制改革的路径选择"，载《经济学家》2016 年第 3 期。

熊伟："财政分税制的规范意旨与制度进阶"，载《苏州大学学报（哲学社会科学版）》2016 年第 5 期。

杨志勇："现代财政制度：基本原则与主要特征"，载《地方财政研究》2014 年第 6 期。

张丽华，闻勇："中国深化财税体制改革面临的难点"，载《学习与探索》2015 年第 12 期。

卢洪友："西方现代财政制度：理论渊源、制度变迁及启示"，载《公共财政研究》2015 年第 1 期。

张勇："新一轮财税体制改革的收权与放权"，载《税务研究》2016 年第 7 期。

刘尚希，邢丽："中国财政改革 30 年：历史与逻辑的勾画"，载《中央财经大学学报》2008 年第 3 期。

楼继伟："深化财税体制改革　建立现代财政制度"，载《预算管理与会计》2014 年第 12 期。

肖捷："加快建立现代财政制度"，载《新理财（政府理财）》2017 年第 11 期。

高培勇："对财政监督的几点认识"，载《财政监督》2009 年第 13 期。

张斌："把握社会主要矛盾转化加快建立现代财政制度"，载《财经智库》2017 年 11 月 10 日。

王瑞民，陶然，刘明兴："中国地方财政体制演变的逻辑与转型"，载《国际经济评论》2016 年第 2 期。

尹恒，朱虹："县级财政生产性支出偏向研究"，载《中国社会科学》2011 年第 1 期。

陶然，王瑞民，潘瑞："新型城镇化的关键改革与突破口选择"，载《城市规划》2015 年第 1 期。

齐守印："关于地方自主探索推进财政改革创新的若干问题"，载《预算管理与会计》2014 年第 8 期。

李英利，黄力明，刘青林："建立广西县级基本财力保障机制研究"，载《经济研究参考》2011 年第 5 期。

周自军："完善我国县级财力保障机制的建议"，载《现代经济信息》2015 年第 1 期。

寇明风："省以下政府间事权与支出责任划分的难点分析与路径选择"，载《经济研究参考》2015 年第 33 期。

陈胜军："省以下构建现代财政制度探讨——基于江苏省的分析"，载《财政研究》2015 年第 1 期。

杨发祥，马流辉：" '乡财县管'：制度设计与体制悖论——一个财政社会学的分析视角"，载《学习与实践》2012 年第 8 期。

财政部财政科学研究所，吉林省财政厅联合课题组："中国财政体制改革研究"，载《经济研究参考》2011 年第 50 期。

安徽省财政厅课题组："财政'大监督'理念与乡镇财政职能转换"，载《经济研究参考》2012 年第 11 期。

贾康，阎坤："完善省以下财政体制改革的中长期思考"，载《管理世界》2005 年第 8 期。

周飞舟："分税制十年：制度及其影响"，载《中国社会科学》2006 年第 6 期。

陈硕："分税制改革、地方财政自主权与公共品供给"，载《经济学（季刊)》2010 年第 4 期。

吴毅："'诱民致富'与'政府致负'"，载《读书》2005年第1期。

渠敬东："项目制：一种新的国家治理体制"，载《中国社会科学》2012年第5期。

田孟，苏莉："转型期财政项目制研究述评"，《湖南农业大学学报（社会科学版）》2016年第6期。

折晓叶，陈婴婴："项目制的分级运作机制和治理逻辑——对'项目进村'案例的社会学分析"，载《中国社会科学》2011年第4期。

周飞舟："财政资金的专项化及其问题：兼论'项目治国'"，载《社会》2012年第1期。

詹国辉，张新文："农村公共服务的项目制供给：主体互动与利益分配"，载《长白学刊》2017年第2期。

杜春林，张新文："从制度安排到实际运行：项目制的生存逻辑与两难处境"，载《南京农业大学学报（社会科学版）》2015年第1期。

周雪光："项目制：一个'控制权'理论视角"，载《开放时代》2015年第2期。

付伟，焦长权："'协调型'政权：项目制运作下的乡镇政府"，载《社会学研究》2015年第2期。

张新文，詹国辉："整体性治理框架下农村公共服务的有效供给"，载《西北农林科技大学学报（社会科学版）》2016年第3期。

郭琳琳，段钢："项目制：一种新的公共治理逻辑"，载《学海》2014年第5期。

杜春林，张新文："农村公共服务项目为何呈现出'碎片化'现象？——基于棉县农田水利项目的考察"，载《南京农业大学学报（社会科学版）》2017年第3期。

谭海波，蔡立辉："论'碎片化'政府管理模式及其改革路径——'整体型政府'的分析视角"，载《社会科学》2010年第8期。

晋军，何江穗："碎片化中的底层表达——云南水电开发争论中的民间环保组织"，载《学海》2008年第4期。

郑秉文："中国社保'碎片化制度'危害与'碎片化冲动'探源"，载《甘肃社会科学》2009年第3期。

曾凡军："由竞争治理迈向整体治理"，载《学术论坛》2009年第9期。

孔娜娜："社区公共服务碎片化的整体性治理"，载《华中师范大学学报（人文社会科学版）》2014年第5期。

汪锦军："农村公共服务提供：超越'碎片化'的协同供给之道——成都

市公共服务的统筹改革及对农村公共服务供给模式的启示",载《经济体制改革》2011年第3期。

杜春林,张新文:"乡村公共服务供给:从'碎片化'到'整体性'",载《农业经济问题》2015年第7期。

孙志建:"论整体性政府的制度化路径与本土化策略",载《广东行政学院学报》2009年第5期。

杜春林,张新文:"项目制动员的碎片化及其治理研究——基于S县后扶项目的实证考察",载《甘肃行政学院学报》2015年第5期。

王一鸣:"稳中求进是做好经济工作的重要方法论",载《光明日报》2017年1月24日,第11版。

吕凤勇:"《中国县域经济发展报告(2016)》发布——县域经济总体增长出现下滑",载《社会科学报》2016年11月24日,第2版。

高培勇:"将央地财政关系调整落到实处",载《光明日报》2015年12月23日,第15版。

张晓晶,常欣:"中国杠杆率的最新估算",载《社会科学报》2017年2月9日,第2版。

李英:"规范地方政府债务地方人大大有可为",载《社会科学报》2016年12月22日,第3版。

夏锋:"让土地成为农民财产性收入来源",载《上海证券报》2008年3月5日。

程洁:"高全喜:2011,转向中国研究",载《南方周末》2012年1月12日。

莫静清:"'省直管县'为何这样难",载《法治周末》2011年2月24日。

陈金龙:"治国理政基本理念的重大突破",载《中国社会科学报》2013年11月23日,第A07版。

高培勇:"将一张财税体制改革蓝图绘到底",载《光明日报》2017年12月12日,第15版。

毛立言:《新中国五十五年经济发展与未来前景》,载《中国社会科学院院报》2004年10月17日。

陈剑:"用转型理论破解转型中的问题",载《社会科学报》2015年8月13日,第3版。

吴晓明:"新时代条件下的哲学任务",载《社会科学报》2017年10月26日,第1版。

汪仲启:"G20峰会:推进全球治理体系革新",载《社会科学报》2016年

8月25日，第1版。

秦均华："新时代全面深化改革方法论"，载《社会科学报》2017年11月9日，第3版。

迟福林："'基本公共服务均等化总体实现'：夯实体制基础"，载《光明日报》2012年11月30日，第11版。

陈章龙："社会转型时期的价值冲突与主导价值观的确立"，南京师范大学，博士论文，2005年。

Toffler, A., The Third Wave, New York: Bantam Books, 1980, p. 130.

Authority Fragmented 的部门权威体系。Hillman, Ben. "Factions and Spoils: Examining Political Behavior within the Local State in China." The China Journal, No. 7 (2010): 64.

Lieberthal, Kenneth G. &David M. Lampton, Bureaucracy, Politics and Decision: Making in Post-Mao China, Berkeley: University of California Press, 1992, p. 278.

Reinhart C. M., Rogoff K. S.. Growth in a Time of Debt. American Economic Review, 2010, 100 (2): pp. 573 – 578.

Bohn, H.. Who Bears What Risk? An Intergenerational Perspective, Paper Prepared for Presentation at the 2005 Pension Research Council Symposium, 2005, April, 25 – 26: pp. 1 – 37.

后　记

　　1999年，我以《试论农民增收问题的现状、原因及其对策》① 一文的刊发涉入"三农"问题尤其是乡村治理问题的探索研究领域，至今已20余年。

　　20余年来，我在从事宪法学与行政法学的教学与研究的同时，试着用宪法和法律的视角去审视和探索一些与"三农"问题相关特别是与乡村治理相关的问题，以丰富和充实对宪法学和行政法学的教学和研究，先后也刊发了一些相关文章，如《论村民委员会组织法的价值取向及其理论依据》②《依法治国，实现"乡政"与"村治"的良性对接》③ 《原始民主：现代跨越的"卡夫丁峡谷"》④《从"农业支持工业"到"工业反哺农业"——"两个趋向"的路径依赖之中外比较》⑤《从农民权利看待新农村建设》⑥ 《乡村债务的宪政解读》⑦《中国基层群众自治：前行与忧思》⑧ 等，但较为系统的成果则主要集中于以下三部专著：

　　一是2001年4月由中国文联出版社出版的《当代中国农村"乡政村治"研究》⑨；二是2013年8月由法律出版社出版的《走向财政民主：化解乡村债务长效机制研究》⑩；三是由知识产权出版社于2019年出版的《创新驱动县乡

---

①　载《首都师范大学学报》1999年第3期，人大复印报刊资料《农业经济》专题1999年第8期全文转载。

②　载《首都师范大学学报》2000年第1期，人大复印报刊资料《宪法学·行政法学》专题2000年第3期全文转载。

③　载《求索》2000年第3期，先后获省"五个一工程"奖和省社会科学优秀成果二等奖。

④　载《求索》2002年第2期，人大复印报刊资料《政治学》专题2002年第4期全文转载。

⑤　载《中州学刊》2006年第2期，人大复印报刊资料《农业经济导刊》专题2006年第9期和《新思路》专题2006年第5期同时全文转载。

⑥　载《学术界》2006年第5期，封面首篇，人大复印报刊资料《宪法学·行政法学》专题2007年第1期全文转载。

⑦　载《太平洋学报》2008年第5期，《中国社会科学文摘》2008年第10期详细摘要3500余字，人大复印报刊资料《宪法学·行政法学》专题2008年第11期全文转载。

⑧　载《调研世界》2009年第8期，本刊特稿及封面首篇，人大复印报刊资料《中国政治》专题2009年第11期全文转载。

⑨　系湖南省1999年度社科规划项目的后续成果，立项批准号：湘宣字〔1999〕11号。

⑩　系2009年度国家社科基金项目，立项批准号：[09BJY059]。

财政转型对接研究》[1]即本书。

《当代中国农村"乡政村治"研究》一书，主要是就当代中国农村"乡政村治"的治理模式要不要和为什么应继续坚持下去，村民自治究竟有无现实性与合理性等问题进行了系统的研究。该书首先从历史的角度，纵向考察了中国几千年来的乡村政治社会结构及其治理方式，得出了"历史最终将治理乡村的光荣使命托付给了代表中国先进生产力的发展要求、中国先进文化的前进方向和中国最广大人民的根本利益的中国共产党"的结论；又从现实的角度，横向概述了国际社会自20世纪90年代以来的治理浪潮对中国乡村治理的深刻影响，提出了"乡政村治是当代中国乡村治理模式的创造性转换"的论断，还力图在理论思维的层面上，就"乡政村治"的理论基础、价值取向、运作模式和所获成效以及存在问题、原因分析、基本对策，以及"乡政村治"下村民自治的发展趋势等，做出了自己理性的思考和回答。

《走向财政民主：化解乡村债务长效机制研究》一书，主要是就乡村治理中存在的乡村债务问题，尤其是对乡村债务的现实考量与理论思考问题进行了比较系统的研究。该书认为，中国的乡村债务及其化解，先后历经前税费时代、税费时代和后税费时代，目前已进入"深水区"。总体来说，对其的技术性化解已无空间，政策性化解空间有限，体制性化解相对滞后。因此，机制性化解应运而生，构建化解乡村债务的长效机制势在必行。但乡村债务的机制性化解不能离开政策性化解和体制性化解。化解乡村债务的长效机制是在政策性化解、机制性化解和体制性化解三个层面的良性互动中综合形成并发挥作用的。事实上，仅从"省直管县""乡财县管"的财政体制完善的层面，进入到"省直管县""强县扩权""乡镇机构改革"等行政体制改革的层面是不够的，只有上升到"财政立宪""预算民主""税收法治""有限政府"的宪法法律制度及其实施的层面，乡村债务的根本解决才有最终的制度保障。

《创新驱动县乡财政转型对接研究》一书，主要就"四个全面"转型理论视野下的中国财税体制改革，尤其是中央与地方财政事权和支出责任划分改革下的县乡财政体制如何深化改革、如何创新驱动、如何转型对接等问题，进行了比较系统的研究和思考。本书认为，财政是国家治理的基础和重要支柱，也是乡村治理的基础和重要支柱。乡村治理中的县乡财政困难问题之所以持续多年却始终未能从根本上得到解决，主要是以分税制为核心的财税体制不完善，突出地表现为政府间财权、财力和事权划分不相匹配。只有在"四个全面"的前提下，深化财税体制改革，建立起与国家治理相匹配的现代财政制度，推进

---

[1] 系2013年度教育部规划基金项目，立项批准号：[13YJA790019]。

中央与地方财政事权与支出责任划分改革下县乡财政体制改革的创新驱动和转型对接，县乡财政困难问题才能从根本上得到解决，乡村治理体系才能得到健全，乡村治理的体制和机制才能得到完善，乡村治理能力才会得到增强，农村社会才能保持和谐稳定，乡村振兴才能得到实现。

毋庸讳言，以"三农"为主要内容的乡村治理是一个不断发展变迁中的复杂巨系统，无论是乡村治理体系的健全，乡村治理体制和机制的完善，乡村治理能力的增强，乡村治理模式的变迁等，都有许多的问题需要和值得更多的有识之士不断深入全面地去长期探索和研究。

然而，笔者深知，即使是水平极其有限的上述成果，也是本人在多年调查研究的基础上汲取许多专家学者研究成果之后所获得的，更是在诸多师长、专家、同行、同事和领导诚挚的关心、爱护、支持、帮助和鼓励下获得的，我从心底里向他们表示衷心的感谢。

我的上述成果的获得更离不开家人的关心、支持和包容，没有家人多年的关心、支持和包容，我不可能取得上述的成果，更难以支撑到今天。

感谢南京财经大学法学院宪法学与行政法学2016级研究生冯向明同学在书稿文字录入和书籍出版中不求回报的默默奉献。

感谢知识产权出版社和彭小华编辑的辛勤劳动。我对他们认真负责的工作态度和严谨细致的职业精神表示由衷的谢意。

范毅
2019年5月于上海金鼎路上海家园